应用文写作

王新菊 冯雨晴 主编

苏州大学出版社

图书在版编目(CIP)数据

应用文写作 / 王新菊,冯雨晴主编. —苏州：苏州大学出版社,2012.8(2022.6重印)
ISBN 978-7-5672-0165-1

Ⅰ.①应… Ⅱ.①王…②冯… Ⅲ.①汉语－应用文－写作－高等职业教育－教材 Ⅳ.①H152.3

中国版本图书馆 CIP 数据核字(2012)第 182514 号

应用文写作

王新菊　冯雨晴　主编

责任编辑　张　希

苏州大学出版社出版发行
(地址：苏州市十梓街1号　邮编：215006)
广东虎彩云印刷有限公司印装
(地址：东莞市虎门镇北栅陈村工业区　邮编：523898)

开本 787 mm×1 092 mm　1/16　印张 14.75　字数 368 千
2012 年 8 月第 1 版　2022 年 6 月第 6 次印刷
ISBN 978-7-5672-0165-1　定价：36.00 元

苏州大学版图书若有印装错误，本社负责调换
苏州大学出版社营销部　电话：0512－67481020
苏州大学出版社网址　http://www.sudapress.com

编委会名单

主　编　王新菊　冯雨晴
副主编　丛彬彬　吴益群　王　彬　朱　杰
编　委　朱志海　王雨菡　刘祖凯　姜本红
　　　　张宝琪　刘文涛

前言

高等职业技术教育主要承担培养拥护党的基本路线,适应生产、建设、管理、服务第一线所需要的全面发展的高等技术应用型专门人才的使命。应用文是在生产、生活和工作中无处不在、无处不用的实用性极强的文体。作为高等职业技术学院的学生,理应掌握应用文常用文体的写作知识和文体规范。

本教材以教育部制定的《高职高专教育基础课程教学基本要求》为指导方向,根据高等职业教育学制缩短、基础课学时减少的实际情况,结合目前强调基础课中理论讲授的"够用"与"适用"原则和相关的专业课紧密结合的新特点,由从事多年应用文教学、研究的教师精心编写而成。

在编写过程中,撰稿者为了博采众长,参考吸收了有关专著、教材、杂志和网站上的文章,承蒙学院领导的大力支持和有关专家、教授的热情帮助,方顺利成书,在此深表感谢。

由于水平有限,加之时间匆促,书中出现遗缺、错误在所难免,敬请专家、读者赐教。我们一定会在今后的教学实践中不断改进与完善。

编者

2012 年 2 月 2 日

第一章　绪　论	/001
第一节　应用文写作概述	/001
第二节　应用文写作基础	/006
思考与练习	/016

第二章　行政公务文书	/017
第一节　行政公务文书概述	/017
第二节　请示	/028
第三节　批复	/031
第四节　通知	/033
第五节　通报	/037
第六节　公告　通告	/040
第七节　函	/044
第八节　会议纪要	/049
思考与练习	/051

第三章　日常文书	/054
第一节　日常文书概述	/054
第二节　条据	/055
第三节　书信	/059
第四节　启事	/075
思考与练习	/082

第四章　事务文书	/084
第一节　事务文书概述	/084
第二节　计划	/085
第三节　总结	/090
第四节　简报	/096
第五节　慰问信	/103

第六节　感谢信　　　　　　　　　　/106
第七节　请柬　　　　　　　　　　　/108
第八节　欢迎词　欢送词　　　　　　/111
第九节　开幕词　闭幕词　　　　　　/113
思考与练习　　　　　　　　　　　　/119

第五章　经济文书　　　　　　　　　/122
第一节　经济文书概述　　　　　　　/122
第二节　市场调查报告　　　　　　　/124
第三节　市场预测报告　　　　　　　/127
第四节　可行性研究报告　　　　　　/132
第五节　招标书　投标书　　　　　　/136
第六节　经济合同　　　　　　　　　/141
第七节　审计报告　　　　　　　　　/148
第八节　广告文案　　　　　　　　　/153
思考与练习　　　　　　　　　　　　/157

第六章　司法类文书　　　　　　　　/159
第一节　司法文书概述　　　　　　　/159
第二节　民事诉状　　　　　　　　　/162
第三节　法庭辩论文书　　　　　　　/170
第四节　申请文书　　　　　　　　　/175
第五节　授权委托书　　　　　　　　/182
思考与练习　　　　　　　　　　　　/183

第七章　新闻报道类文书　　　　　　/185
第一节　新闻报道类文书概述　　　　/185
第二节　消息　　　　　　　　　　　/186
第三节　通讯　　　　　　　　　　　/192
思考与练习　　　　　　　　　　　　/201

附　录　应用文书拟写拓展实训　　　　/202

参考文献　　　　　　　　　　　　　　/230

第一章 绪 论

学习目标

- 了解应用文写作的基本知识。
- 准确掌握应用文写作中主题、材料、结构、语言的概念和要求。
- 熟悉应用文写作的一般特点和作用,认识应用文写作的意义。

美国未来学家阿尔温·托夫勒指出,信息时代家庭工作的任务是编制电脑程序、写作、远距离监测生产过程。信息时代作为三项家庭工作任务之一的写作,自然不是文学写作而是常用文体写作,特别是应用文写作,因为与社会发展关系密切、直接的是各种常用文体而不是文学。从预见变化、促成变化这个角度来说,社会愈是进步,应用文在社会发展中的地位愈是重要。

第一节 应用文写作概述

李明刚刚参加工作就陪同经理下基层考察,考察地点是建筑工地,有几百名建筑工人不分昼夜地在那里施工。临行前,经理对李明说:"这是市政府的重点工程,我要给工人们鼓鼓劲。你帮我拟个发言稿,有300字就成。"李明笔头来得快,下车就将稿子递给经理。不料,经理用眼睛一扫就皱起了眉头:"怎么'彩旗飞扬''晴空万里'都来了?你以为是写记叙文?"李明说:"我没有去过工地。"经理说:"你去没去过工地不重要,重要的是你必须了解应用写作的性质!"

假如你是李明,你将怎样完成这个任务?你知道应用写作与文学写作的区别吗?

一、应用文的概念和特点

(一)应用文的概念

应用文是机关单位(国家机关、企事业单位、社会团体)和个人在处理各种公私事务时经常使用的、具有惯用格式和直接应用价值的文体。

随着市场经济的发展和信息时代的到来,作为处理公私事务时人们沟通信息的载体,应用文越来越被人们所重视。不论是个人还是机关企事业单位,在彼此的交往中,可以说应用文随时随地用得到。因此,应用文的写作方法与技巧,成为人们需要学习掌握的一种重要的基本技能。

(二)应用文的特点

1. 鲜明的实用性

应用文不同于其他文体,其写作目的就是为了解决工作和生活中人们沟通信息时需要解决的实际问题,其实用价值非常明显和直接。例如,通知的写作,通知谁、何时、何地、干什么都非常明确。其他文体则不同,诗歌、小说、散文等文学作品,其实用价值比较间接。诗歌更多表现在需要人们去阅读欣赏和思索品味,在潜移默化中陶冶情操。

2. 内容的真实性

文学作品源于生活,可以高于生活,可以虚构加工。应用文写作则必须坚持实事求是的原则,来不得半点虚假。比如市场预测报告、市场决策方案,如果不在科学的市场调查的基础上,在没有掌握市场真实信息的情况下,就匆忙地作出市场预测,主观地作出市场决策方案,那么轻则给企业造成损失,重则会导致企业破产。因此,应用文的内容必须真实,拒绝虚构与杜撰。

3. 格式的规范性

应用文的写作格式具有一定的规范性。写文章贵在创新,而应用文的写作格式却不允许创新。应用文写作的规范性是人们在应用文写作实践中约定俗成或法定的,不可随意更改和随意创新,大家必须严格遵循。

4. 语体的独特性

应用文的语言具有准确性、简明性、质朴性和庄重性。在人们长期的应用写作实践中,已逐步形成了一系列的专用词汇和习惯语。

二、应用文的发展

我国应用文的发展、演变,大致经历了五个阶段:先秦至魏晋南北朝为第一阶段,隋至宋朝为第二阶段,元明清为第三阶段,近现代为第四阶段,电子化时代的应用文写作为第五阶段。

(一)先秦至魏晋南北朝时期的应用文发展

我国的应用文源远流长,至今已有3000多年的历史,也就是说,自有文字产生,便出现了应用文。目前所知我国最早的文字形式是甲骨文,我们的先民把他们使用的语言契刻在龟甲和兽骨上。这些文字主要记录了先民们的日常劳作、狩猎、祭祀等活动,用今天应用文的种类划分来看,这些文字可归之于"记录类"应用文。它们简单、如实地记录时间、地点、人物、事件,文风朴实。甲骨文、钟鼎铭文反映了应用写作是随着人类文明共同发展的。

商代末期专职公文机构——太史寮的出现,意味着应用写作中的公文撰制度化进程的全面展开。

《尚书》是现在所能见到的最早的公文集,收录了当时最主要的六种文体:典、谟、训、诰、誓、命,代表了殷商时期公文的基本形式,意味着中国封建社会的公文种类初现雏形。

春秋战国时百家争鸣的文化氛围,也形成了应用写作特有的繁荣局面。

秦朝时,公文文种、格式等得到国家确认。使用的"令"是指皇帝颁发的诏书,天子开始称自己为"朕",首开了公务应用文体裁的规范化。

到了汉代,由于"文景之治",应用文创作进入了全盛时期,出现了汉武帝、司马相如、东方朔、司马迁等一大批应用写作高手。

汉末魏晋之际,我国应用文的发展进入了一个新阶段,成就较突出的有曹丕的《典论·论文》、刘勰的《文心雕龙》、陆机的《文赋》和挚虞的《文章流别论》。

魏晋时期应用文写作理论的特点:一是应用写作理论论题全面、理论系统,标明我国古代文牍写作理论基本形成。二是应用文写作理论研究明显呈现出继承与发展的历史轨迹。曹丕高度评价应用写作的社会政治功用,其著名的《典论·论文》论析了文体问题,对不同文体应具有的风格作出自己的诊断。他说,"奏议宜雅,书论宜理,铭诔尚实,诗赋欲丽",把属于应用文范畴的一些文体看得与文学创作一样重要。同一时期的刘勰则具体评价了应用文文体。在文体研究上,曹丕提出"四科八类",到陆机则扩展为十类,再到挚虞增论四类,最后到刘勰发展得更为周详完备。在研究方法上,曹丕创"以体论文",但概括文体特点侧重于表现形式;陆机进而从内容与形式的主从关系考虑,较为辩证地从不同层次探索文体研究理论;挚虞则从新角度溯其源流、析其正变,由此明确性质、把握特点,使文体研究更具科学性;最后,刘勰集古今方法、成果之大成,从不同层次、不同角度全面、深入地研究,并提出了明确、系统的研究理论。在写作规律上,曹丕肯定了应用文要讲究写作艺术,陆机进而广泛、深入地探索写作规律,最后刘勰全面总结应用文写作的一般规律和不同文体的个性规律,并提出写作原则、要求。这种继承与发展的轨迹,表明中国古代应用文写作理论是历史发展的产物。三是应用文理论研究与应用文写作实践的联系非常紧密。

这一时期各种公私应用文的体裁特点明显形成。公务应用文体如《出师表》;私务应用文如书信、颂赞、哀祭、诔碑,著名的有嵇康的《与山巨源绝交书》、贾谊的《吊屈原文》等。

(二) 隋至宋朝时期的应用文写作成就

到了隋唐时期,我国有了主要以文章取士的科举制度,这是国家选拔人才的最重要的方式,应用文便得到了普遍重视。唐宋时期是中国封建社会政治经济文化发展的高峰时期。这一时期,公文的语言、格式有了较为固定的规范,而且不同的公文都有了细致的区别,各有规范,不相混同,如下行公文常用的"敕",在唐代就分为"发日敕"、"敕旨"、"论事敕"、"敕牒"四种。这一时期应用文语言上的发展水平更高,遣词、构思、布局、格式等都相应得到了全面的推进和丰富。许多应用文作品不仅平实精练,而且极为生动和富有表现力。

这一时期,骈散应用文文体文风得到演变,各种应用文文体成熟,大量应用文大家出现,许多应用文名篇得到传播,自《文心雕龙》以来的"文"、"笔"之分至此又合流,使应用文写作成为社会政治生活中的一部分,并成为文人实现自我价值的重要手段,成为文人的价值取向。

隋朝的应用文盛行骈体文,到了唐朝,开始由骈体文向散文化方向发展,各种应用文体成熟,出现了许多大家,如魏徵、韩愈、柳宗元等。许多应用名篇得到传播,尤其是受唐宋诗词影响的名篇,如韩愈的《答李翊书》、骆宾王的《讨武曌檄》等至今脍炙人口。

宋朝的欧阳修、苏轼、苏洵、王安石、司马光等在应用文写作的理论和创作实践上都作出了巨大贡献。欧阳修倡导"诗文革新运动",第一次提出了"应用文"的概念,对应用文从

上行、平行、下行三个方面作了分类。苏轼在他的《答刘巨济书》一文中曾说："向在科场里，不得已而作应用文，不辜为人传写，深为羞愧"。

（三）元明清时期的应用文写作

元朝出现了粗俗体应用文，接近口语。明朝的应用文多朴实晓明，文理并茂。到了清朝，鸦片战争后，西方现代应用文开始引入，清朝的应用文写作由以曾国藩、左宗棠、李鸿章为代表的三大秘书体系形成异彩纷呈局面。

（四）近现代时期的应用文写作

近现代时期是应用文写作的一个重大的变革时期。表达上发生了重大的变化，白话文逐步替代文言文成为主要特征；体裁上的重大变化体现在许多封建时代的应用文名目被废除，如制、诏、诰、敕、戒、第、表、奏、上书等，同时也产生了新的应用文体裁。新中国成立后，我国公文制度不断完善，书信类别众多，经济文书、法律文书不断完善。新中国成立前，应用文主要特征是使用标点符号和白话文，并出现了新的公文文体。新中国成立时，增加了决议、纲领、文件等新文种。新中国成立后，经多次修改，现已建立起完备的公文写作系统。

（五）电子化时代的应用文写作

写作电子化主要体现在以下几个方面：一是写作手段更新，由手写、印刷发展为电脑输入、排版、打印。二是载体的变化，从最早的用绳子、龟甲记事，到竹简、纸张的运用，发展为今天主要以磁盘、光盘及网络为载体。三是传播方式改变，由原来速度较慢的人力、物力的邮寄、专人传递向网络化发展。四是应用文写作开始向专业化、知识化方向发展。五是应用文写作越来越趋向快节奏、高效率。六是应用文写作的普及，逐步向社会化、民众化发展。七是由于经济发展全球化，语言表述呈现多语化。

当代应用文写作要转变观念，主动适应应用文写作电子化的时代，思想上要有充分的准备，行动上率先垂范，充分发挥网络传播的特点，丰富应用写作的信息形态，力求从过去单一的文字形态向多媒体应用文转变，在应用写作中不仅采用字符，还要采用声音、图像、动画等，从而大大改善应用文的传播效果。

三、应用文的种类

应用文种类繁多，应用广泛，不同的分类标准导致划分的情况也不尽相同。考虑到应用文写作以及适应学生学习的实际情况，按照其内容的适用范围，我们将应用文大致分为公务文书、日常文书、事务文书、经济文书、司法文书和新闻报道类文书等。

四、学习应用文写作的方法

法国著名作家莫泊桑年轻时曾向福楼拜学习写作。福楼拜要求很严，从来不称赞他的作品。莫泊桑练呀，写呀，习作堆得比书桌还高。功夫不负苦心人，莫泊桑终于成为蜚声世界文坛的大作家。

俄国批判现实主义大师托尔斯泰写《安娜·卡列尼娜》时，也付出了艰苦的努力，每一页手稿上都有反复修改的痕迹。光是小说开头，托尔斯泰就用了十种不同的写法，然后才确定下来。因此，富兰克林说："天才的十分之一是灵感，十分之九是血汗。"

清代著名文学家曹雪芹披阅十载，才写成《红楼梦》。这十年中，他遇到的困难是难以想象的，有时家里连稀饭都喝不上。因此，他发出了"字字看来都是血，十年辛苦不寻常"的感慨。

明代医药学家李时珍为了整理我国千百年来积累的药物知识和药方,博览古代医书,写的笔记装满了几只大箱子。他步行或骑驴,四方游历,尝遍百草。又集编纂、撰文、刻书于一身,经过三十载春秋,终于完成了辉煌巨著《本草纲目》。

这些事例告诉我们,任何成功都要付出艰辛的努力,它没有捷径可走,更无秘诀可循。

写文学作品要多练、多修改、多推敲,写作应用文同样如此。要想学好应用文写作,就必须付出努力,要勤学苦练。学习应用文写作可以从以下两个方面下工夫:一是认真学习,理解掌握应用文写作的基本理论和基础知识。二是刻苦训练,提高写作能力。怎样提高写作能力呢?欧阳修说过一段至今仍有指导意义的话:"惟勤读而多为之,自工。"即只有勤读多练,才能提高写作能力、写好文章。但怎样读、如何练?俗话说:"食人之鱼,只供一饭之需。学人之渔,则终身受用无穷。"即如果学会了捕鱼的方法,则不仅自己一辈子有鱼吃,还能造福他人。也就是说,在学习的过程中要学会应用文写作的方法,要从依赖型的学习观向主体型的学习观转变。多年的应试教育造成了学生在学习过程中的"四个依赖",即依赖课堂、教师、教材、死记硬背,这种学习方法严重阻碍了学生的主动性、自主性,扼杀了他们的积极性、创造性。为此,只有改变学习方法——向老师讲述、学生总结、发现的方式转变,努力促使学生用多种思维方式去探究自己所学的东西,以自己独有的方式方法去积极地参与社会生活。

五、学习应用文写作的意义

如果说应用文写作在古代还是少数"文化人"的专利,那么在现代社会则已成为人们生存和发展必须具备的技能和本领,如同外语、计算机操作。

西方发达国家在录取公务员时,必定要考应用文写作。在美国,应用文已走向各行各业,无论是对大学本科毕业生还是对博士毕业生,用人单位在对其求职能力的考查中,必定要考查应用文写作能力。所以,美国的高等院校,无论是文科还是理工科,大多开设了应用文写作课。除了高等院校传播应用文写作知识、训练应用文写作技能外,社会上还开办了各类不同层次的专业应用文写作学校。不少公司不仅聘任法律顾问,还聘任应用文写作顾问。可以说,应用文写作已渗透到美国社会的各行各业。

我国目前应用文的使用范围也越来越广泛。在国家各级公务员的录用考试中,也必须考应用文写作——申论。同时,在中小学语文教材中,应用文写作知识和范围的比重也有较大增幅,这说明应用文写作正走向普及化。以往个人的财产或人身受到伤害,往往是找领导,求他们主持公道、解决问题;现在如果出现此类问题,可以翻阅有关法律条文,写一份诉状,交到当地人民法院,依靠法律来解决问题。以往无论是国有企业产品的销售,还是个人产品的推销,一律是靠相关行业的领导调配;现在,在报刊、电视上写一则广告,就能找到市场。因此,熟练掌握应用文写作,对于保护自身利益,维护社会的安定,促进社会的发展,都有积极的作用。在现代生活中,应用文写作日益成为衡量人们工作能力的重要标准之一。对于大学生来说,学会发现、策划、预测、调研、科研、写作,都可能为自己今后的成才、成功奠定基础,是大学生语文能力和职业素养的体现。在我国,应用文写作能力成了许多单位用人的标尺。从近几年的人才选择中可以看到,政府机关、企事业单位都愈来愈重视应用写作的能力了。

美国社会预测学家约翰·奈斯比特在著名的《大趋势——改变我们生活的十个新方向》一书中指出,"由工业社会向信息社会的过渡中,有三件最重要的事应该记住",而其中一件就是"在这个文字密集的社会里,我们比以往更需要具备基本的读写技巧"。著名教育家叶圣陶先生也告诫学子说:"工作中、学习中、生活中经常需要写作,所以写作是非学不可的,而且是非学好不可的……大学毕业生,不一定要能写小说、诗歌,但一定要能写应用文,而且非写得既通顺又扎实不可。"由此看来,站在推进社会发展和提高人的素质的高度来认识和对待应用文写作问题,并在实践中不断提高自己的应用文写作能力,掌握应用文写作本领,有助于适应社会发展的需要,有利于更有效地服务于社会。

第二节 应用文写作基础

在日常生活中,会经常需要应对各种各样的问题和任务,也会经常需要运用应用文处理和解决各种难题。因此,有必要了解并掌握应用文写作的基础知识。

一、应用文的主旨

(一)应用文主旨的含义

通过一篇应用文的全部内容表现出来的基本观点、看法、意见、主张或主要问题,就是这篇应用文的主旨。

主旨既是一篇应用文的核心、灵魂,又是其中心。它犹如一个指挥千军万马的统帅,文章的材料犹如各种部队,要把其组织成一支具有战斗力的部队,就得靠指挥力极强的统帅来统一指挥、统一调度、统一取舍。因此,一篇应用文材料的选取、语言的表达、结构的安排等都离不开主旨,都要受主旨的制约,并以主旨为核心将文章组成一个有机的整体。一篇应用文如果离开了主旨的制约,其材料的取舍、语言的表达、结构的安排就失去了依据,写出来的文章势必中心不明、主次不清、材料芜杂、语体不当、结构混乱,让人不知所云。

(二)应用文主旨的要求

1. 正确

主旨正确,是写好应用文的前提。就如部队统帅指挥一样,指挥不正确,部队就要打败仗,只有统帅指挥正确,才能确保部队战无不胜。因此,要做到主旨正确,就要了解党和政府的方针政策、法律法规,就要调查研究了解实际情况,就要遵循客观规律。

2. 鲜明

主旨鲜明,是为了确保主旨的统帅作用。所谓鲜明,指的是一篇应用文的主旨明确突出,让读者一目了然。具体来说就是要求作者态度明朗:反对什么、赞成什么,要求做什么、不准做什么,应该怎样做、不应该怎样做,或是要说明什么问题、解决什么问题等都要十分明确,毫不含糊。

3. 客观

主旨客观,是因为应用文不同于其他文体,它特别强调客观真实。应用文的写作常常是代表一个单位或一个部门立言的,由于受到应用文文体特点的严格制约,不能由作者随心所欲尽情发挥、尽情想象,更不能虚构。因此,要求写作者必须遵循客观规律,实事求是地表达集体的意志和领导的决策意图。

4. 集中

主旨集中,指的是应用文只能有一个主旨,要求主旨单一、集中、突出,要求应用文集中反映或解决一个问题,做到不枝不蔓,一文一旨。

(三) 应用文主旨的表现形式

应用文主旨的表现形式因人而异、因文而异,具体表现形式归结起来有以下几种。

1. 标题明旨

即用文章的标题直接概括出主旨,使读者一目了然。如《立即刹住用公款请客送礼、吃请受礼的歪风》(中共中央纪律检查委员会通报),这个通报就采用了标题明旨的形式,集中体现了通报的主旨。

2. 开头明旨

即在文章开头写明主旨,以统帅全文。如:

改革开放的关键是什么?我认为我们县改革开放的关键就是脑门、衙门、山门门门开。只有打开脑门,解放思想,打开衙门,深入调查研究,改变衙门作风,打开山门,兴修公路,畅通信息渠道,才能活跃山区经济,改变山区面貌,跟上全国改革开放的步伐。(摘自《改革开放的关键》)

这篇演讲稿的开头就采用了开头明旨的表现形式,非常明确地提出了演讲的观点。

3. 文中明旨

即在文章的主体部分直接或间接地显现主旨。行文中直接显现主旨,是在文章适当处写明主旨,使读者比较容易看出;行文中间接显现主旨,是将主旨融合于文章主体部分的字里行间,读者看完全文,加以概括,才能总结出文章的主旨。

4. 篇末点旨

即在文章的结尾点明主旨。如:

朋友们,民族要振兴,经济要腾飞,必须改革开放,而改革开放的关键就是脑门、衙门、山门门门开,别无他策。(摘自《改革开放的关键》)

这篇演讲稿的结尾采用重申式结尾,在结尾处重申了演讲的观点,以点明演讲的主旨。

二、应用文的材料

材料是作者为表现某一主旨而写进文章的,从生活、学习、工作或调查研究中摄取、搜集的事实依据、理论依据。材料对于表现主旨是非常重要的,古人云:"夫立言之要在于有物。"(章学诚《文史通义》)意为表现主旨的关键在于"物",即材料。

(一) 材料的种类

应用文材料按内容可分为政治材料、经济材料、军事材料等;按时间可分为现实材料、历史材料等;按联系可分为纵向材料、横向材料等;按性质可分为感性材料、理性材料或正面材料、反面材料等;按来源可分为直接材料、间接材料等;按范围可分为概貌材料、典型材料等。

(二) 材料的选择

从搜集到的材料中选取最有价值的写进文章的过程,就是材料的选择过程。选择材料在写作中至关重要,选择材料是否恰当,直接关系到文章中心是否突出,写作意图是否能完全实现。因此,人们在重视搜集材料的同时,也十分重视材料的选择。比如"申请",假如其说明理由的材料不真实、不典型、不充分,那么这篇申请的中心就不突出,就很难达到申请的目的。

材料既然要选,当然就有选择的要求。其一般要求如下:

1. 切题

材料为主题服务,主题是材料的统帅,因此,必须按照主题的需要来选择材料。只有围绕主题来选材,紧扣主题来选材,才能突出主题,达到写作的目的。应用文尤其如此,因为应用文的针对性、实用性、简明性特别强。

2. 真实

真实是应用文的生命,因此,选材必须以真实为前提,所用的材料要确凿无误、持之有据,人、事、地名和数据以及引文等都要真实准确。如果材料失真,哪怕是某些细节的失真,也会引起读者的怀疑,进而对主题的准确性产生怀疑。正因为如此,在选材时要尽可能选择第一手材料,对间接材料应该反复核实,以避免材料的失真和误差。

3. 典型

材料典型是选材必备要求,因此,选材必须选择那些特征鲜明、代表性突出,能以一当十,最能反映问题、揭示事物本质和规律的材料,来表现文章的主题。譬如《关于要求市政府拨款建造学校图书馆大楼的请示》中"现有的图书馆建于20世纪70年代,不仅面积容量小,而且楼板已出现不同程度的断裂,承重墙体出现了严重裂缝,最大处竟达十厘米,已属于危房,真的不能再用,也不敢再用了"。这段材料就非常典型,起到了以一当十、"窥一斑而见全豹"的作用。

4. 新颖

文章贵在"新、深、奇",其中"新"指的是立意新、题材新、角度新和材料新;"深"指的是立意深、问题深、所选材料有深度;"奇"指的是构思奇、布局奇、角度奇和选材奇。三者都和选材有关,因此,选材时应考虑材料的新奇。写文章应该选择新人、新事、新气象、新数据、新成果、新问题、新典型、新经验、新做法等令人新奇、耳目一新的材料。只有材料新颖,文章才能充满活力。

三、应用文的结构

如果说主旨是文章的灵魂,材料是文章的血肉,那么结构就是文章的骨架。离开了结构,主旨和材料就失去了依托。可见,结构在应用文写作中至关重要。

结构就是文章的组织方式和内部构造。组织方式指的是文章的体式布局,内部构造指的是文章材料间的逻辑联系。具体说就是所选的材料应该放在什么位置比较合适,将所选的材料按照什么顺序排列,文章如何开头、如何展开、如何过渡、如何结尾,主要材料和次要材料如何安排,详略如何斟酌,段落层次如何安排,等等。

(一)结构要求

写作应用文要求做到结构严谨明晰。"严谨"指的是结构严密完整,首尾圆合,段落层次衔接紧密,全篇文章各部分成为有机的整体;"明晰"指的是文章结构层次清楚,条理分明。

(二)结构类型

应用文总体结构一般由标题、正文和落款三部分组成。正文具体的结构类型有以下几种：

1. 总分式

其结构思路有三类："总—分—总"、"分—总"、"总—分"。

"总—分—总"式指的是先总说接着分说最后总结归纳。先总说即在开头部分直接点明主旨，以统领全文；接着分说即按照开头点明主旨，然后从不同层面、不同角度，有条不紊地加以分说；最后总结归纳即在分说的基础上，对全文加以总结归纳，得出结论，揭示写作目的或意图。

"分—总"式是先分说后总说。一般是先分说情况、原因、理由、依据等，然后在分说的基础上加以总结归纳，或点明主旨，或得出结论，或提出请求，或点明目的意图。

"总—分"式是先总说后分说。先在开头点明主旨，然后按主旨的要求，从几个方面加以分说，几个方面说完，文章就自然结束。

2. 并列式

其结构思路为"彼—此"、"此—彼"。并列式结构，不论是"彼—此"式，还是"此—彼"式，文章各部分之间都是并列平行的，或是问题的几个方面，或是事物的几个不同的侧面，或是市场不同区域的情况调查，等等。它们的共同点是部分与部分之间在内容上是相对独立的，彼此间为了阐明同一主旨，又是有一定联系的。这种结构的思路，一般是横向铺开，或按问题的几个方面展开，或按事物的不同侧面阐述，或按事物的类别层次分说，从而较为全面地阐明问题、解说事物。

3. 时序式

其结构思路为"起先—接着—最后"、"现在—过去—现在"。

"起先—接着—最后"的结构思路是按事物的进程顺序阐说，由因及果，即顺叙。

"现在—过去—现在"的结构思路是从事物的现状谈开，引出对事物过去发展进程的回顾或研究，最后再阐说事物发展到今天的结果，由果及因，即倒叙。

4. 递进式

其结构思路为"浅—深"、"深—浅"。

"浅—深"的结构思路是由表及里的思路，即从表面的浅层次阐说开去，一层进一层地展开，最后揭示本质。一般按提出问题、分析问题、解决问题的次序展开。

"深—浅"的结构思路是由里及表的思路，即从问题的主要矛盾谈开去，然后按"其次"、"再次"的次序展开。先主后次，主要矛盾解决了，次要矛盾也就迎刃而解了。

5. 条款式

其结构思路是"一、二、三、四……"、"甲、乙、丙、丁……"。这种结构思路是应用文所特有的，其实是一种特殊的并列式结构思路。如近期工作要点、本月工作小结、条款式合同等，均可用这种既简便又明了的结构思路来布局。

文章的结构并不是固定的，是因人而异、因文而异的，也不是单一的，往往是兼容合一的，即大的结构思路中又兼容了其他的结构思路。实际写作时要按照主旨的需要，灵活地选用，正确地布局。

（三）开头和结尾

文章的开头好比送给读者一束鲜花，令读者兴奋不已；文章的结尾犹如给读者敬献一杯甘醇的美酒，令读者回味无穷。因此，人们非常重视文章的开头和结尾的设计。应用文的开头和结尾有其共性,也各有其特殊性。下面介绍几种常见的开头和结尾的方式。

1. 开头

(1)"根据"式开头。这种开头通常用"根据"、"依据"、"按照"、"遵照"等词语领起下文,既能使行文有据,又能使文章具有权威性。通知、布告、请示、申请、补充条例、规章制度、函等应用文常用这种方式开头。

(2)"目的"式开头。这种开头通常用"为了"、"为"等词语领起下文,文章目的明确,主旨突出。命令、通知、请示、申请、计划、总结、调查报告、规章制度等应用文常用这种开头方式开头。

(3)"原因"式开头。这种开头通常用"由于"、"因为"、"鉴于"、"随着"等词语领起下文,文章写因明确,意图明了。请假条、留言条、托事条、请示、申请、暂行规定、通知等应用文常用这种开头方式开头。

除此之外,还有"拉家常式"、"开门见山式"、"质疑式"、"翻新式"、"引述式"、"故事式"、"提问式"等。

2. 结尾

(1)"指令"式结尾。这种结尾方式往往在结尾时提出指令性的要求或希望。命令、批复、通报、决定、会议纪要、演讲等应用文常用这种方式结尾。

(2)"请求"式结尾。这种结尾方式往往在结尾时诚恳提出请求或希望。请示、申请、建议、通知等应用文常用这种结尾方式结尾。

(3)"总括"式结尾。这种结尾方式往往在结尾时用概括性的语言对全文加以总括,常常用"总之"、"综上所述"、"总而言之"等词语引出结语。工作报告、演讲、述职述廉报告、总结、调查报告等应用文常用这种结尾方式结尾。

(4)"感召"式结尾。这种结尾方式往往在结尾时采用热情洋溢、令人振奋的语言作结,或以提出号召,或以预示前景来结尾。工作报告、演讲、计划、可行性研究报告、市场预测报告、总结等应用文常用这种结尾方式结尾。

除此之外,还有"启迪式"、"重申式"、"幽默式"、"决心式"、"赞扬式"、"祝愿式"、"戛然而止(自然)式"等。

(四)层次和段落

1. 层次

层次通常是一篇文章思想内容的先后次序。人们常说这篇文章从内容上看可分几个层次。一般内容相同或相近的可划分为一个层次。文章一层一层地写,这样文章的内容层次就非常分明,如果一层意思还没写完,就写另一层意思,势必导致文章内容层次的混乱。可见,文章的层次是极其重要的,在构思布局时,一定要仔细考虑。

2. 段落

段落通常指的是一篇文章文字上的自然间歇或停顿。段落有明显的标志,其标志就是另起一行空两格,也就是平常所说的"自然段"。

一般将内容相对完整的归为一个自然段,而不能随意间歇;也不能不间歇,从头到尾一大段,或写成三大块,从而影响文章的形式美。

层次和段落既有联系,又有区别。有时一个段落就是一个层次,有时要几个段落合起来才表示一个层次。一般来讲,层次大于或等于段落。也有一个段落含几个层次的情况,如一段式的新闻等。

（五）过渡和照应

1. 过渡

过渡指的是文章上下文之间的衔接转换。一般在层次与层次之间、叙述与议论等表达方式之间转换时需要过渡。通常采用过渡段、过渡句或过渡提示词来过渡，从而使文章承上启下、连接贯通，上下文衔接转换自然、条理清楚、结构严密。

2. 照应

照应指的是文章内容的前后关照和呼应。具体地说就是，下文要提到的，前面应有所交代；前面交代的，后面应有所着落。例如：文章前面提及"猎枪"，下文就应让"猎枪"派上用场，否则前面就干脆不提；如果前面没有提及或交代，后面却出现了"用猎枪打死了人"的表述，就会令人生疑："猎枪"哪里来的？因此，照应在写作中显得非常重要，不可忽视。

四、应用文的语言

语言是人类最重要的交际工具，是文章思想内容的直接体现，是构成文章的第一要素。应用文写作的成败与得失，最终依赖于作者的语言表达能力，依赖于作者的语言修养。

应用文的语言力求做到得体。得体，就是要求在写作时考虑语体的特点。各类文体都有自身的语体。应用文属于事务语体，有它自身的语言特点和词法特点。

（一）应用文的语言特点

1. 准确性

应用文一般比较简短，要求我们在写作时，应精心选择词语，注意语体特点，用最适合的语句和最贴切的词语来表达，力求做到用词准确、语句通顺得体。因此，在写作时应仔细辨别词语的异同、词义的轻重、范围的大小、程度的深浅、感情的褒贬、语体的雅俗等，同时还要考虑合乎语法、语义明了，并注意修辞和逻辑，以贴切地表达作者的写作观点和意图，在表述各种事物的性质、数量、范围、程度等情况时做到字斟句酌、精确恰当。

2. 简明性

应用文篇幅较短，要求在写作时用最经济的语句表达最丰富的内容，力求使语言做到明白、精练、质朴和通俗。为此，写作时应该反复锤炼、反复推敲，提高表达能力和概括能力，还应该精心修改，将可有可无的词句删除掉，避免乱用词语、乱用晦涩难懂的词句，以求简明。

3. 规范性

应用文具有一定的程式性。千百年来，人们在应用文写作实践中约定俗成，形成了一定的程式。程式指的是应用文的格式和用语规范要求。公务文书、事务文书、经济文书、司法文书等各类文书，都具有自身较为固定的格式和用语规范要求。因此，在写作时就必须掌握应用文的格式和用语规范要求，力求做到格式的规范和用语的规范。

4. 质朴性

应用文具有极强的实用性和广泛性，人们在日常生活中无时不用、无处不用，这就决定了事务语体语言应具有质朴性。应用文写作应力求语言的通顺流畅、通俗易懂，力求用语和文风的质朴。

5. 庄重性

应用文是具有庄重性和权威性的事务文体,因此,在写作时,应该考虑到文体的特点,力求文字严谨、用语得体、措辞得当、讲究分寸,以求用语的庄重。该用命令语气的,就不能用请求语气;该用请求语气的,就不能用命令语气。对上级或长辈,应该用尊敬、谦逊的语气;对平辈应该用平和、商量的语气;对下级或晚辈,应该用商量、鼓励的语气。

(二) 应用文的词法特点

1. 保留一些文言词语

应用文语体要求简明,而文言文是简明、表达内容极为丰富的语言形式,所以,在公文、规章制度、合同等应用文中依然保留一些文言词语,如兹、兹有、兹将、接洽、悉、勿、特、者、荷、于、而、依、逾、其、亦、以、未、之、予、资、业经、业已、即予、予以等。现举例如下:

(1) "兹"是"现在"的意思。"兹有"是"现在有"的意思。

兹定于2月12日上午8点30分,在学院多功能厅召开全院教职工会议。

兹有我院教师陈大兵前往贵厂,联系印刷教材事宜,请接洽。

(2) "悉"是"全部知道"的意思。常常在应用文里出现"知悉"、"顷悉"、"收悉"、"阅悉"、"谨悉"、"电悉"等组合词。

来信收到,详情知悉(详细情况全部知道),勿念。

(3) "荷"是承受他人恩惠时所表示的感激的词。

望函告为荷(为荷:感激你们的帮助)。

(4) "业经"是"已经经过"的意思。

业经了解,情况基本属实。

(5) "特"是"特地"的意思。

根据有关规定,特作如下补充规定。

(6) "逾"是"超过、超越"的意思。

逾期不予办理(超过规定的期限不给办理)。

2. 多一些单音单纯词

因为单音单纯词符合应用文简明性的要求,所以,在应用文中常常用一些单音单纯词。如:用"特通知你们"而不用"特地通知你们",用"希参照执行"而不用"希望参照执行",用"望函告为荷"而不用"希望函告为荷",用"接上级通知"而不用"接到上级通知",用"据有关规定"而不用"根据有关规定",用"请各知照"而不用"请各个人知道后,互相转告"。

3. 简称的运用

通过节缩词语,以达到精练、简短。节缩词语的方法有以下几种:

(1) 双变单。即变双音词为单音词。如:"应该"节缩为"应"或"该","特地"节缩为"特","经过"节缩为"经","决定"节缩为"定"。

(2) 缩合式。即抽取出联合词组的词素,重新组合成一个词。如:"经济贸易"节缩为"经贸","环境保护"节缩为"环保","广播电视"节缩为"广电"。

(3) 省略式。即省去相同的词素,重新组合成一个词。如:"海内海外"节缩为"海内外","大型中型小型"节缩为"大中小型","中档高档"节缩为"中高档"。

(4) 概括式。即把几个并列词语中相同的语素抽取出来,然后加上并列词语的项素。如:"海军指战员、陆军指战员、空军指战员"节缩为"三军指战员","无商标、无生产厂家、无生产日期产品"节缩为"三无产品"。

（5）删除式。即保留词组的主干部分,删除其他部分。如:"《中华人民共和国宪法》"节缩为"《宪法》","中国民主同盟"节缩为"民盟","加入世界贸易组织"节缩为"入世"。

在应用文中,除以上几种节缩词语的形式外,还有一些特殊的简称。如:

"中国共产党中央委员会所颁发的 2005 年第一号文件已经收到并了解了文件的全部内容"在行文中则简称为"中发〔2005〕1 号文件收悉"。

"中华人民共和国经济贸易委员会所颁发的 2005 年第十五号文件已收悉"在行文中则简称为"国经贸〔2005〕15 号文件已收悉"。

"生态立市、绿色兴市、工业强市,只有生态、绿色、工业一起抓,才能把我市做大、做特、做强"在行文中则简称为"三市并举"。

简称的运用不能乱用,必须是在众所周知或已出现于前文的基础上方能运用,否则,就会造成歧义或闹笑话。比如:"中国少年儿童乒乓球基金会"就不能随意简称为"中国少儿会",因为它容易与"中国少年儿童基金会"的简称相混淆,造成歧义,令人误解或费解。

如果将"上海重型吊车厂"简称为"上吊厂",将"自贡杀虫剂厂"简称为"自杀厂",就会贻笑大方。

如果将"工程测量"简称为"工测",就与"公厕"等同音词相混淆,显得庸俗。

4. 习惯用语的固定性

由于约定俗成,在应用文写作中一些习惯用语就渐渐地固定下来。举例如下:

（1）标题用语。习惯用"关于……",如"关于学习国家'十一五'规划的通知"等。

（2）开端用语。习惯用介词短语,如"为了……"、"根据……"、"按照……"、"遵照……"等介词短语。

（3）文尾用语(结束语)。习惯用"特此……",如"特此通知"、"特此函达"、"特此报告"等。

（4）称谓用语。习惯用"我"、"该"、"本"、"贵"等词语,如"我校"、"该厂"、"本公司"、"贵校"等。

（5）祈请用语。习惯用"请"、"特请"、"恳请"、"希"、"望"等词语。如"请准假"、"特请批示"、"恳请批准"、"望遵照执行"等。

（6）表态用语。习惯用"同意"、"可"、"不可"、"准予"、"不予"、"照此办理"等词语。

（7）尊称用语。习惯用"您"、"先生"、"阁下"、"恭候"、"惠顾"、"承蒙"、"谨启"、"拜托"等词语。

5. 喜用熟语,排斥歇后语

熟语指的是久经沿用而定型的短语或成语,如成语、惯用语、谚语、格言等熟语。因为熟语形式简洁、结构固定、言简意赅、通俗易懂、生动活泼、雅俗共赏,所以人们在应用文写作中喜用熟语。

歇后语即"俏皮话"。它由形象的比喻(似谜面)和本意说明(似谜底)两部分组成,是民间俗语的一种,具有诙谐、幽默、含蓄的特点。歇后语的这些特点,正好与应用文准确、简明、规范、质朴、庄重的语言特点相悖,因此在应用文写作中排斥歇后语。

（三）应用文的句法特点

省略句的运用是应用文最大的句法特点。省略是汉语语法中常见的现象,但省略是有条件的,并不是可以随意省略的。必须在一定的语境中,在读者心知肚明的情况下,方可省略,否则就会产生歧义或误解。例如"张三和李四走进房间,一不小心,把主人的热水瓶给敲破了"这句话,因为将不该省略的省略了,从而造成歧义。是张三和李四俩人不小心,一同把主人的热水瓶敲破了呢,还是张三或是李四不小心,把主人的热水瓶敲破了呢?如果改成"张三和李四走进房间,张三一不小心,把主人的热水瓶给敲破了",将省略的"张三"补上,语义就明白了,就避免了歧义和误解。

因此,应用文虽然多省略句的运用,但也应该在特定的语境里,才可以省略一些心知肚明的成分。最为常见的是省略主语和宾语。

1. 主语省略

应用文公文中,由于文头部分已标明发文单位名称,所以在公文行文部分常常省略发文单位名称。

例如:

建设银行江苏省分行文件

建苏银〔2005〕28号

关于加大外币储蓄存款工作力度的通知

【简析】

这份文件由于文件头已有发文机关名称"建设银行江苏省分行",所以文件行文部分中的文件标题"关于加大外币储蓄存款工作力度的通知"就省略了主语"建设银行江苏省分行"。

2. 宾语省略

在应用文中省略宾语相当普遍,尤其是在祈使句中。如"请准假"、"请批示"、"请函告"、"望批准"、"希遵照执行"、"望知照"等尾语中的祈使句都省略了宾语。

若加上有关的宾语就写成了"请班主任王老师准假"、"请上级领导批示"、"请贵公司函告"、"望市教育局批准"、"希下属单位遵照执行"、"望同学们知照",那样,语言就不精练,反而弄巧成拙。

五、应用文中的数字表达

数字在应用文写作中具有特殊的地位和作用。人们在分析事物的质量时,往往要从事物的数量变化开始分析,如经济类应用文"市场调查报告"、"经济活动分析报告"、"市场预测报告"、"市场决策方案"等都离不开数字的分析。在应用文写作中,对数字的表达应将数字同相关的量词、动词、介词、助词等结合起来使用。在使用时,有许多方面值得我们注意。

(一)注意数字的增加和减少

1. 数字的增加

要注意把净增数和增加后的和数表达准确。

"增加"、"增长"、"上升"、"提高"等动词后面带"了"字或不带"了"字的,则后面表达的数为净增数。如:原有9只面包,"增加10只"或"增加了10只",都表示净增数为10,实际数则为19。

"增加"、"增长"、"上升"、"提高"等动词后面带"到"、"至"或"为"字的,则后面表达的数为增加后的总数。如：原有9只面包，"增加到10只"或"增加为10只"，都表示净增数为1，总数则为10。

可见，"增加"等动词后面加"了"或不带"了"，是不包含基数的，只表示净增数；"增加"等动词后面加"到"，是包含基数在内的，指增加后的和数。

2. 数字的减少

要注意把净减数和减少后的余数表达清楚。

"减少"、"降低"、"下降"等动词后面带"了"字或不带"了"字的，则后面表达的数为净减数。如：原有10只面包，"减少2只"或"减少了2只"，净减数为2，实际数为8。

"减少"、"降低"、"下降"等动词后面带"到"、"至"、"为"字的，则后面表达的数为减少后的余数。如：原有10只面包，"减少到2只"或"减少为2只"，净减数为8，余数为2。

（二）注意倍数的表达

倍数只能用来表示增加，不能用来表示减少。

如：原有10只面包，增加到50只，可以说"增加了4倍"，而不能说"增加了5倍"，因为"增加到"应该包含基数。

如：原有10只面包，增加了50只，可以说"增加了5倍"，而不能说"增加到5倍"，因为"增加了"指净增数。

增加数较小（不到1倍）时，则用分数或百分数来表示而不用倍数。如：原有面包8只，增加了2只，可以说"增加了四分之一"或"增加25%"，而不能说"增加0.25倍"。

表示减少时，不能用倍数，只能用百分数、分数或绝对数。如：电视机原价是每台3000元，现每台2000元。不能说"现降价三分之一倍"，而只能说"现降价三分之一"、"现降价33%"或"现降价1000元"。

（三）注意"以上"、"以下"的用法

"以上"、"以下"附在数字之后起划界的作用。但是，在"以上"或"以下"是否包含基数的问题上，常常产生分歧。如"每学期请事假30天以上者，扣发本学期全部效益奖"，这句话是包含请事假30天的人呢，还是不包含呢？往往产生分歧。为了避免分歧，可以采用以下表达方式：一是在"请事假30天以上"的后面加括号注明"（含30天）"。二是在表述时将基数单独列出，即写成"每学期请事假30天或30天以上者，均扣发本学期全部效益奖"。三是在全文结束后附注说明："本文中所说'以上'或'以下'均包含基数。"通过以上表述方法，就可以避免分歧了。

（四）注意"二"和"两"的使用

"二"是序数。表示序数、分数、小数时用"二"，不用"两"。如："第二条"不能写成"第两条"；"二分之一"不能写成"两分之一"；"二点四倍"不能写成"两点四倍"。

"两"为基数。"两"与量词搭配，放在名词前面时，用"两"，不用"二"。如："两天时间"不能写成"二天时间"，"两匹马"不能写成"二匹马"，"两条路线"不能写成"二条路线"，"两种模式"不能写成"二种模式"，"两个邻居"不能写成"二个邻居"，由此类推。

一、基本技能训练

1. 在应用文中,为了使语言显得简洁和庄重,仍然保留文言词汇。请借助工具书,解释下列文言词汇:

兹因、承蒙、届期、谢忱、以资、鉴于、拟请、此复

2. 根据应用文的语言特点,请评改下文:

时间如白驹过隙,一转眼2009年将要过去了。在过去的一年中,我公司的经济效益犹如穿云燕子,飞向百尺竿头,比去年大幅度上升。公司上下兴高采烈,喜笑颜开。在新的一年到来之际,我们对去年的工作总结如下……

二、实践题

请以"学习应用文写作的重要性"为主题,在BBS论坛中进行发帖交流,感受网络应用文写作的优势。

第二章 行政公务文书

学习目标

- 了解行政公文的性质、特点等基本知识,学会区分行政公文的文种和使用范围。
- 掌握行政公文的行文规则和写作格式。
- 学会请示、批复、通知、函和通告等的基本写作方法。
- 能熟练拟写和使用各种行政公文,培养撰写行政公文的能力。

  公文是应用文的特殊分支,主要体现在其固定的体式、规范的语言和通畅的行政沟通职能等方面。公文的源头可上溯至西周时期,《尚书》是我国最早的公文与政论汇编。公文的写作极其严肃,其语言需经千锤百炼,故有"一字入公文,九牛拔不出"之说。

第一节 行政公务文书概述

  一天,某电子设备质检员由于工作疏忽,使一批不合格产品流入市场,导致了产品召回事件。为了公司信誉和消费者利益,公司决定一方面向上级主管部门报告事情发生的经过和处理意见,一方面通报全公司。假设你是该公司的秘书,你知道要写什么公文吗?你知道公文的写作格式吗?

一、行政公文的含义和特点

  行政机关的公文又称行政公文(以下简称"公文")。《国家行政机关公文处理办法》第二条规定:"行政机关的公文是行政机关在行政管理过程中所形成的具有法定效力和规范体式的文书,是依法行政和进行公务活动的重要工具。"行政公文主要用于传达贯彻执行党和国家的方针、政策,发布行政法规和规章,施行行政措施,请示和答复问题,指导、布置和商洽工作,报告情况,交流经验,等等,具有指导、教育、联系和凭证作用。

  行政公文具有严肃性,它由国家各级行政机关制发、使用,任何人不能以个人名义随意制发公文。行政公文一经发布即具有相应的行政效力,并在其作用范围内具有法定的权威性和普遍的行政约束力，任何受文单位和个人都不能随意改变公文的内容、形式。行政公文具有特定统一的体式，其文种选用、结构安排、标识等都有规范的要求，任何机关单位和个人都不能各行其是，别出心裁。行政公文具有严格的使用范围，它的拟稿、审核、缮印、承办、传递、归档、销毁等都有特定的处理程序和严格的要求。

二、行政公文的种类

按照不同的标准，公文可划分为不同的种类。

（一）按适用范围分

根据国务院办公厅2000年8月24日发布、2001年1月1日正式实施的《国家行政机关公文处理办法》规定，公文共有13种，即命令（令）、决定、公告、通告、通知、通报、议案、报告、请示、批复、意见、函和会议纪要。

1. 命令

适用于依照有关法律公布行政法规和规章；宣布施行重大强制性行政措施；嘉奖有关单位及人员。根据我国宪法规定，国家主席、国务院、国务院各部委和各委员会，县级以上的地方各级人民政府有权发布命令。主要有以下几种：

（1）公布令。公布各种法规，"令出法随"。

（2）行政令。发布重大强制性行政措施的命令。

（3）任免令。以个人名义发布的有关人事任免事宜的高层行政机关人事命令。

（4）嘉奖令。用于嘉奖有关人员而发布的命令。省级以下领导机关多使用"通报"。

2. 决定

适用于对重要事项或者重大行动做出安排，奖惩有关单位及人员，变更或者撤销下级机关不适当的决定事项。如《中共湖北省委湖北省人民政府关于加快发展民营经济的决定》《七届人大一次会议关于设定海南省的决定》《中共中央国务院关于加强职工教育工作的决定》。

3. 公告

适用于向国内外宣布重要事项或者法定事项。也有定义为"用来向国内外宣布重要事件和行政机关、执法部门用来公布法定事项的一种具有告知性的公文"的。

告知性文种一般公开发布或张贴。上至党和国家高级机关，下至基层、社会团体，例如《国务院办公厅关于夏时制的公告》《中华人民共和国国家安全部公告》《新华社公告》。

主要类型有：

（1）向国内外宣布重要事项公告。如省级以上国家行政机关及经授权的新华社等新闻机构宣布国家领导人出访、当选、外国领导人来访等。

（2）人大公告。主要用于各级人民代表大会及其常务委员会。

（3）法定专门事项公告。如国家职能机关发布有关专利、商标、破产、水土保持监测、税务文书送达、企业法人登记、房屋拆迁、公务员招考、中药品种行政保护、药品行政保护等公告。它不同于公共场所宣告某些事项，如"售房公告"就不符合。

（4）法院公告。

4. 通告

适用于公布社会各方面应当遵守或者周知的事项。

5. 通知

适用于批转下级机关的公文,转发上级机关和不相隶属机关的公文,发布规章,传达要求下级机关办理和需要有关单位周知或共同执行的事项,任免和聘用有关人员。

6. 通报

适用于上级机关表彰先进、批评错误或者向下级机关或人员传达精神或情况的一种周知性公文。

7. 议案

适用于各级人民政府按照法律程序向同级人民代表大会或人大常委会提请审议事项。

8. 请示

适用于下级机关向上级机关汇报工作、反映情况和问题、答复上级询问、提出解决问题的办法和建议等。

9. 报告

适用于下级组织向上级组织汇报工作,反映情况,答复上级机关的询问。

10. 批复

适用于上级机关回复、处理下级机关请示事项的一种具有答复和批示性的下行公文。

11. 意见

用于对重要问题提出见解和处理办法,具有建议性、指导性、规范性。2000年8月,国务院《国家行政机关公文处理办法》中把"意见"正式列入行政机关使用的公文。

12. 函

同级或不相隶属机关单位之间用来相互商洽工作、询问和答复问题的一种具有商讨性和往来性的公文。上级机关对下级机关询问一般性问题,也可用函。函在较小事项上可以代替请示、批复、通知。

13. 会议纪要

国家机关、人民团体、企事业单位等在会议记录、会议文件、会议的其他有关材料的基础上整理而制发的一种用来记载和传达会议情况和议定事项及会议主要精神,要求与会单位共同遵守执行的公文。适用于记载、传达会议情况和议定事项。

(二)按行文方向划分

行政公文可分为上行文、下行文、平行文和通行文四种。上行文是下级机关向上级机关报送的公文,如请示、报告。下行文是上级机关向下级机关发布政令、指导工作、通知事项时使用的公文,如命令(令)、决定、通知、通报、批复、意见、会议纪要等。平行文是平级机关或不相隶属机关之间联系工作、商洽事项、相互往来所传递的公文,如函、议案等。通行文是向社会公众发布政令和需周知执行事项时所使用的公文,如公告、通告。

(三)按办理时限划分

可分为特急件、紧急件、平件。

(四)按保密要求划分

可分为绝密件、机密件、秘密件、普通件。

三、行政公文的行文规则

行文规则是指行文时必须遵守的规章制度。

1. 平行文的行文规则

(1) 选准文种。

(2) 不相隶属机关一般用函。

(3) 写法上要态度谦和,多用商量口气,不能强加于人,更不能用指示性口吻。

(4) 同级政府、同级政府各部门、上级政府部门与下一级政府可联合行文;政府及其部门与同级党委、军队机关及其部门联合行文;政府部门与同级人民团体和行使行政职能的事业单位可联合行文;同级党的机关、党的机关与其他同级机关之间必要时可联合行文。

2. 通行文的行文规则

(1) 选准文种。

(2) 行文语言要规范,不要过多描述。

(3) 多用条文化写法,条目之间须按性质归类界定清楚。通行文表述上一般先讲正面,后讲反面,或在一个条目中全部从反面表述。

3. 上行文的行文规则

(1) 选准文种。

(2) 一般不能越级行文。例外的有:检举、控告上级机关的;根据规定或领导机关指定可越级的;情况特殊、紧急,逐级会延误时机、遭损失的。

(3) 主送一个上级机关。其他需阅知的,抄送;受双重领导的,需写明主送、抄送单位。

(4) 党的机关与行政机关不能交叉行文。国家行政机关公文不得向党的组织作批示、交任务。

(5) 党委各部门应向本级党委请示问题。未经本级党委同意或授权的,不得越过本级党委向上级党委主管部门请示问题。

(6) 一头请示。多头请示、多头审批会造成重复劳动和浪费;如果意见不一,会产生麻烦、矛盾而不利于工作。

(7) 一文一事。

(8) 不送个人。公务文书如果送达领导个人,容易越权,滋生不正之风,浪费领导时间。特殊情况除外。

(9) 不得抄送。上行请示不得抄送同级或下级机关,因为尚未得到批复的公文是不宜抄送的。

(10) 本机关职权范围内可解决的,或与其他部门可协商解决的,不用请示;请示事项涉及其他部门的,应协商一致后上报,意见不一致的,应写明;请示一般不要以个人名义上报。

4. 下行文的行文规则

(1) 选准文种。如人事任免,适宜使用命令、通知、决定等;上级对文件内容进行更正、下发企业的文件,常用通知。

(2) 依据各自隶属关系和职权范围确定行文:政府各部门职权范围内可相互行文,向下一级政府及相关部门行文;党委各部门向下级党委的相关部门行文;党委办公厅(室)根据党委授权,可向下级党委行文,其他部门不得对下级党委发布指示性公文。

(3) 公布性文件(包括经批准发布的行政法规和规章)凡通过报纸、电台、电视台等媒体直接和广大人民群众见面的,应视为正式公文依照执行,不需另外行文。

(4)向下级机关的重要行文,应同时抄送发文机关的直接上级机关。

(5)上级机关向受双重领导的下属单位下行批复、专门性的决定和通知时(领导成员任免、机构变动),应根据需要抄送另一上级机关。如中国人民建设银行同时受财政部和中国人民银行领导,央行向建行下发决定等文件时,应同时"抄送"财政部。

(6)上级机关不可与下级机关联合行文。如省政府不可与省经委联合行文。

(7)本机关党组(如机关党委)不能向下级机关直接行文,更不能向下一级行政机关行文;以党组名义报给上级党委的请示、报告,党委可批转、转发下属单位的党组织。

(8)各党政机关可自行下达或与有关机关联合下文的,不用报请上级批转。

(9)在政府部门党组撤销后,根据工作需要,党的领导机关可向下级政府部门行文。

(10)单位部门之间未经协商一致的,一律不得各自向下行文。

四、行政公文的书面格式

公文格式,又叫"体式",是指公文的组成部分及公文组成部分在文件中的位置。

非公文文种,不必加文件头即可直接报送领导机关的是简报;常用的向上级报送的事务文书,另加文件头方可报送;下发行政事务文书,应加"通知"作为文件主体,将下发事务文作为附件处理。

公文区别于其他文体的标志之一就是具有严格的格式要求。1999年12月27日发布的《国家行政机关公文格式》把公文的各要素划分为"眉首、主体、版记"三部分,一般由秘密等级、保密期限、紧急程度、发文机关标识、发文字号、签发人、标题、主送机关、正文、附件、成文日期、印章、附注、主题词、抄送机关、印发机关和印发日期等部分组成。

(一)眉首部分

公文眉首又叫文头,按规定由发文机关标识、公文份数序号、秘密等级和保密期限、紧急程度、发文字号、签发人等要素组成。与主体部分用红色反线分隔。党的领导机关的专用公文眉首,还要在隔离线(红色反线)中间印一颗红五星"★"。

完整的行政公文格式图例如下:

```
No.20                              机 密★5年
（公文份数序号）                      紧 急

           ××省人民政府文件
        ×政发（2006）12号    签发人：×××
                                  （红色反线）

                    标    题

    ××××××：
        ×××××××××××××××××××××××××
    ×××××××××××××××××××××××××。
        ×××××
      附件：1.《…… ……》
            2.《…… ……》

                                    发文机关
                                  二〇〇六年七月六日


主题词   ××    ××××    ××
  抄送：××××  ××××  ××××
  ××省人民政府办公厅（印发单位）      2006年7月6日印发
                                      （共印××份）
```

1. 发文机关标识（公文版头）

发文机关标识又叫公文版头，位于公文眉首的上部，居中排列。

发文机关标识由发文机关全称或规范化的简称后面加"文件"组成，如"××省人民政府文件"、"××公司文件"；对一些特定的公文可只标识发文机关全称或规范化的简称。

发文机关标识推荐使用小标宋体字，套红印刷。联合行文时应使主办机关名称在前，文件两字置于发文机关名称右侧，上下居中排列；联合行文机关过多时，必须保证公文首页显示正文。

在同一机关，可有不同规格的发文机关标识。如既有"发文机关名称＋文件"构成的发文机关标识，又有只以发文机关名称构成的标识。不同的发文机关标识有不同的适用对象，也有不同的格式要求。在国务院的发文机关标识中，就有"国务院文件"、"中华人民共和国国务院"等多种形式。

2. 公文份数序号

份数序号是指将同一文章印制若干份时每份公文的顺序编号。如需标识公文份数序号，可用阿拉伯数码顶格标识在版心左上角第1行。一般用两位数，即从"01"至"99"。

3. 发文字号

发文字号由发文机关代字、年份、序号三部分组成。发文字号的书写顺序是：先写发文机关代字,接着是年份,最后是序号。如"粤科院字〔2006〕12号",表示的是广东省科学院在2006年度内发的第12号文。

发文号中的年份,要用阿拉伯数字完整书写,并用括号括起来。不能把"2006"简化为"06",括号须用六角括号"〔　〕",不能用半圆括号"(　)"或方括号"[　]"。

联合行文的发文字号,只需标明主办机关的发文字号。若有版头,发文字号一般在发文机关标识下空2行处正中位置;若无版头,则放在标题之下正中。党政机关一般为"×发"、"××政发",职能部门则为"×字"。

发文字号的作用主要有三种:便于登记,便于分类、归档和便于查找、引用。

4. 签发人

上报的公文须在首页标识签发人姓名。签发人是指批准发出公文的机关领导人,标明在发文字号同行右侧空1字;签发人用3号仿宋体字,后标全角冒号,冒号后用3号楷体字标识签发人姓名。如有多个签发人,主办单位签发人姓名置于第1行,其他签发人姓名从第2行起在主办单位签发人姓名处同一列,并使红色反线与最后一名签发人相距4毫米。

5. 秘密等级

秘密等级是指公文内容涉及秘密程度的等级。秘密等级分为绝密、机密、秘密三级。秘密等级标注在版心右上角第1行,两字之间空1字。如需同时标识秘密等级和保密期限,用3号黑体字,顶格标注在版心右上角第1行。秘密标志为"★",无密不标。前标密级,"★"后写保密期限,如"机密★10年"。

6. 紧急程度

如需标识紧急程度,用3号黑体字,顶格标识在版心右上角第1行,两字之间空1字。如需同时标识秘密等级与紧急程度,秘密等级顶格标注在版心右上角第1行,紧急程度顶格标识在版心右上角第2行。

公文的紧急程度分为"特急"、"急件"。若标题中已有"紧急"字样,则可不标。

(二) 主体部分

公文主体格式包括公文标题、题注、主送机关、正文、发至级限、附件说明、发文机关、成文时间、印章等。

1. 标题

公文标题位于红色反线下2行,可分一行或多行居中排布;回行时,要做到词意完整,排列对称,间距恰当。

完整的公文标题由发文机关名称、公文事由、公文文种三部分组成,如"国务院关于展开物价大检查的通知"。公文标题的三个组成部分一般要写完整,也有部分省略的情况:一是单位内部使用的公文,标题中可省略发文单位,如"关于开展食品卫生检查的通知";二是省略事由,如"新天地公司通知"。

概括事由是公文拟题的关键。事由要避免意义含混,要体现概括性,不能为了面面俱到而臃肿庞杂。公文标题中除法规、规章名称要加书名号外,一般不用标点符号。

2. 题注

题注即注释、说明标题的文字。位于标题之下、主送机关以上,一般用来注明法规性文件或经过讨论通过文件的法律程序、会议时间、地点。有的题注用括号括住,有的用破折号标识。

3. 主送机关

主送机关,又叫做"抬头"、"受文机关"或"上款",是指公文的主要受理机关。位于正文之前,标题之下空1行,顶格写。主送机关不止一个时,同类型、并列的机关之间用顿号间隔,不同类型、非并列关系的机关之间用逗号间隔,最后用冒号。顺序一般是"党政军群",即"各省、自治区、直辖市党委、人民政府,各大军区、各军兵种,各人民团体",如人事部《关于开展国家公务员普通话培训的通知》的主送机关:

各省、自治区、直辖市人事(人事劳动)厅(局),教委(教育厅),语委(语言文字工作机构),国务院各部委、各直属机构人事(干部)部门,新疆生产建设兵团人事局:

普发性下行文中主送机关较多,一般使用泛称,如"各院校"。

上行文的主送机关一般是一个。请示、批复、意见、函的主送机关只能是一个。一些行文方向不定,没有特指主送机关的公布性公文,如公告、通告及一部分通知等,则不写主送机关。

4. 正文

正文是公文的核心部分,用来表述公文的具体内容,除个别极简短的公文外,正文内容分开头(又称原由或引据)、主体、结尾三部分。

写正文时应根据每份公文的实际情况和惯用体式来确定,没有适合一切公文的统一模式。各种公文的基本写法,在后面的章节中将分别予以介绍。

5. 发至级限

又称阅读范围,指文件发至层次,如"此件发至县团级",一般写在正文后、落款的左上方,也可将其放在主题词上面、落款的左下前部附注的位置。发至级限要用圆括号括上。

6. 附件说明

有些公文之后还有附件,应在正文之后注明附件名称,以使主件和附件连成一体。附件说明的写法是在正文结束后另起一行空两格注明"附件:《××××××》";如有几份附件,则应分行排列,标明序号,末尾一般不用标点符号。序号使用阿拉伯数字(如"附件:1. ××××")。附件一般是随文颁发的规章制度、报送的报表、资料等;不是每份文件都有,公告、通告不能带附件;向上报送计划、方案、工作总结、统计报表等,可用呈报性报告、附件;若不注明则易被人撕去,收文者难以觉察。

7. 发文机关

发文机关是指公文制发单位。发文机关要写全称或规范化简称。若是联合行文,主办机关排列在前。

8. 成文时间

成文时间关系到公文的时效,一般位于发文机关名称下一行位置,会议通过的文件,则在公文标题下。

一般公文以机关负责人签发之日为准;联合行文以最后签发机关领导人的签发日期为准;法规性文件以批准日期为准;会议通过的公文以通过之日为准;电报以发出日期为准。成文年月日一般用汉字数字书写。

9. 印章

印章是公文生效标志。公文中除会议纪要和以电报形式发出的以外,都应加盖印章。印章要盖得端正、合乎规范。上不压正文,下要压年月日。联合上报的非法规性文件,由主办机关加盖印章。联合下发的公文,联合发文机关都应加盖公章。用印方法:骑年压月,上大下小。

（三）版记部分

文尾部分格式,包括主题词、抄送机关、印发机关、印发日期、印数、附注等内容。

1. 主题词

主题词是指标识公文主题、文件类别的并经过规范化处理的名词或名词性词组。标引主题词必须使用有关主题词表(如《国务院公文主题词表》《教育类公文主题词表》等)。主题词的位置在附注下方、反线上端。一份文件选用2至3个主题词,最多不超过5个,词与词之间不写标点,空1字间距。

2. 抄送机关

抄送机关指除主送机关外需要执行或知晓公文内容的其他机关,应当使用全称或规范化简称。公文如需抄送,则写在主题词下一行、反线以下,抄送机关之间用逗号隔开。抄报用于发向上级机关;抄送用于发向平级、下级或不相隶属机关;会议纪要一列以"发送"标出;平级机关之间按次序排列。向上级请示、报告时,不得同时抄送下级机关。受双重领导的机关,在向一个机关主送时,应同时向另一个机关抄送。抄送机关应该是确实需要知道公文内容的机关,防止滥抄滥送。

3. 印发机关、印发时间和印数

印发机关,即印发公文的机关,要写全称。印发机关一般是机关的办公厅、室或秘书局、处、科等。印发时间以公文付印的日期为准。

印发机关和印发时间位于末页页码上端,同置一行,前面左空1字写印发机关,最后写印发日期,印发日期右空1字。

印数是指公文的实际印制份数,位于印发时间的正下方,写"共印××份"。如印发时间下没有反线隔开,则用圆括号括上。

4. 附注

附注用于说明其他项目不便说明的事项。如说明有关文件的出处,解释有关名词术语。发至级限有时也以附注的形式来说明。"请示"应当在附注处注明联系人姓名和电话。附注应当加括号标注,位置居左空2字,在成文时间下一行。附注不是正文的重要组成部分,而附件是。

5. 页码

页码即公文的页码顺序,在每页公文的最下端。在公文的具体实践中,有时因为排版关系,须加上"(此页无正文)"说明,以维护公文的完整性。

（四）其他

公文写作的书写与用纸要求要注意以下几个方面:

文字从左至右横写、横排。少数民族文字按其习惯书写、排版。在民族自治区域,可并用汉字和通用的少数民族文字。

公文用纸一般采用国际标准A4型纸(210mm×297mm),左侧装订。张贴公文的用纸大小,根据实际需要确定。

有关公文的其他格式规定,请参见《国家行政机关公文格式》。

五、公文的特殊格式

公文除通用格式之外,还有些特殊情况下的格式。常见的有以下几种:

(一)政府令

印有"×××人民政府令"字号,编号置于其下正中,与正文之间不用隔离线隔开。

×××××××人民政府令

第××号

×××××××××××××××××
×××××××××××××××××××
×××××××××××××××××××××

×长　×××

××××年×月×日

(二)党政函件

印有发文机关名称,下用隔离线隔开,再将编号置于隔离线右下角、标题之上。如系秘密和紧急函件,密级和紧急程度标于眉首右上角。

急件

××××××人民政府办公厅

×政办函〔××××〕×号

(三)常务会议、首长办公会议纪要

占首页三分之一,印有纪要名称,编号置于纪要名称之下、隔离线之上,居中。密级和紧急程度置于隔离线右上方,签发日期置于隔离线左上方。

××省人民政府
常务会议纪要
第××号

××××年×月×日　　　　　　　　　　　　　　　　　机　密

(四)会议情况通报

占首页三分之一,印有通报名称,编号置于通报名称之下、隔离线之上,居中。密级和紧急程度置于眉首左上方,通报单位位于隔离线左上方,日期位于隔离线右上方。

绝密

情况通报
第××号

××省人民政府办公厅　　　　　　　　　　　　　　××××年×月×日

六、行政公文的拟写要求和制发程序

(一) 拟写公文的基本要求

(1) 符合国家的法律法规和方针政策及有关规定。如提出新的政策规定,要切实可行,并加以说明。

(2) 情况确实、观点明确、条理清楚、文字精练、书写工整、标点准确,篇幅力求简短。

(3) 人名、地名、数字、引文要准确。引用公文应当先引标题,后引发文字号。日期应用汉字数字写明具体年、月、日。

(4) 结构层次序数,第一层为"一、",第二层为"(一)",第三层为"1.",第四层为"(1)"。必须使用国家法定计量单位。

(5) 用词用字准确规范。文内使用简称时,一般应当先用全称,并注明简称。

(6) 公文中的数字,除成文时间、部分结构层次序数和词、词组、惯用语、缩略语、具有修辞色彩语句中作为词素的数字必须使用汉字外,其余应当使用阿拉伯数字。

(7) 公文由本机关领导人签发,重要的或涉及面广的,必须由正职或者主持日常工作的副职领导人签发。经授权,有的公文可由秘书长或办公厅(室)主任签发。

(8) 对于审批公文,主批人应当明确签署意见,并写上姓名和审批时间,其他审批人圈阅,应当视为同意。

(9) 草拟、修改和签批公文,用笔用墨必须符合存档要求,不得在文稿订线外书写。

公文送领导人签发之前,应当由办公厅(室)进行审核。审核的重点是:是否需要行文,行文方式是否妥当,是否符合国家的法律、法规和方针、政策及有关规定,是否与有关部门、地区协商、会签,文字表述、文种作用、公文格式等是否符合《国家行政公文处理办法》的有关规定,等等。

(二) 公文的制发程序

(1) 交拟。公文写作者在撰写文稿之前,先接受行政机关领导交给的起草文书的任务,此过程为交拟。

(2) 撰拟。指撰写、起草公文。包括构思、编写提纲、起草与修改等环节。

(3) 会签。指向公文内容涉及的有关单位或部门进行协商与修正的过程。草稿、定稿都须会签。

(4) 核稿。即由机关综合办公部门对送交领导人签发的文稿进行审核与修正。

(5) 签发。这是指对发文进行最后审核的具有决策性的环节,即机关(部门)领导人对发文稿批注核准发出的意见,并签署姓名与日期的活动。发文稿经过签发后即成为定稿,具有正式文件的作用。未经领导人签发,文件不能生效。

(6) 缮印、校对。缮印即公文的制作,指以签发的定稿为依据,经过缮写、印刷等方式,制成正式文件的过程。

公文的校对,就是对缮印的正本或校样从文字、标点符号、图表、标记、格式到版式设计等各个方面的全面核对检查。

(7) 用印。印好的文件盖上发文机关印章,即可生效,也就完成了公文的撰制工作。在文件上盖印要清晰、端正,不要误盖、漏盖。

(8) 分发传递。公文撰制好后,按规定将公文进行分发,及时、准确地传递。

(9) 归档。正本文件除封送发出之外，还要保留1至3份，连同盖章后的原稿一起归档保存。

第二节　请　示

一、请示的概念和种类

（一）请示的概念

请示是下级机关要求上级组织对某一事项的问题给予指示或批准的呈批性上行公文。

凡是下级因自身无权决定、无力解决而请求上级机关决断、指示、批准、支持等需明确答复的事项，都需用请示行文。

（二）请示的分类

根据请示的内容，请示一般可分成请求指示性请示、请求批准性请示、请求批转性请示三种。

1. 请求指示性请示

请求指示性请示是请求上级机关就政策性问题给予指示的请示。即请示者对党和国家的方针、政策、法律、法规，以及上级的指示精神等理解不明确、领会不清楚，或在工作中遇到无章可循的新情况、新问题、新困难，或因本单位遇到特殊情况、重大事项不能适应上级机关有关政策法规而又不敢擅自做主，需要请求上级机关加以阐释、指导，并做出指示。

2. 请求批准性请示

请求批准性请示是请求上级机关批准有关事项的请示，适用于下级机关强烈希望并要求上级机关能按自己的意见行事的事项；希望上级机关对有关问题有明确认识，对处理有关事项有明确意见的事项；无上级同意批准不得办理的、需请求上级机关给予认可的事项；请求上级机关给予审核批示的事项。

3. 请求批转性请示

请求批转性请示是请求上级机关将请示文件批转给与请示机关平行的其他机关使其共同执行的请示。即请示的是涉及全局性的问题而要求其他地区、部门、单位贯彻执行的意见、办法，需要上级批转。

二、请示的写作

请示的结构包括标题、主送机关、正文、落款等部分。

1. 标题

请示的标题由发文机关、请示事项和文种三部分组成，其中，发文机关可以省略，但事由、文种不能少，事由部分都用"关于"的介词结构来表述。如"关于中国公民自费出国旅游管理暂行办法的请示"。需要注意的是，请示的标题中不能用"请求批准"、"希望"、"要求"等词语。

2. 主送机关

请示只能报送一个直接主管请示单位的上级机关。受双重领导的单位报送请示时，应写明主送机关和抄送机关。根据请示的内容,由主送机关负责答复请示事项,向受双重领导的下级机关行文,必要时向另一上级机关用"抄送"形式报送。请示不送领导个人,不同时抄送平级、下级机关。

3. 正文

请示正文通常由请示原因、请示事项、请示结语三部分组成。

(1) 请示原因。请示正文的开头,请示事项的基础。包含有请示的缘由、目的、依据,有时还需要说明背景,即回答"为什么要请示"的问题。请示原因要事实清楚,理由充足。

(2) 请示事项。是请示正文的核心,为请求上级机关指示、批准的内容。请示的事项须明确具体,并做到既符合政策法规又有建设性、可行性,以利于审批。

(3) 请示结语。常以简短的文字概括请示的具体要求,再次点明主题。如常用"特此请示,望予批复"、"妥否,请批示"、"以上要求,请予指示"和"以上请示,如无不妥,请批转有关部门执行"等惯用语。

4. 落款

在正文之后的右下方,写上发文单位和成文日期。成文日期要用汉字数字书写。

【例文参考1】

××单位关于增拨技术改造资金的请示

××主管局:

  正当我单位技术改造处于关键阶段,资金告罄。前次所拨资金原本缺口较大,加之改造过程中出现了新的技术难题,需增新设备,以致资金使用超出预算。由于该项技术是我局所属大部分企业所用的核心技术,如改造不能按期完成,势必拖延全部技术更新的进程,进而影响各单位实现全年预定生产指标和利润。目前,我单位全体技术人员充分认识到市场经济的机遇和挑战,正齐心协力,刻苦攻关。缺口资金如能及时到位,我们保证该项技术改造近期完成。

  现请求增拨技术改造资金××××万元。

  特此

报请核批

××单位
××××年×月×日

【简析】

这份请示对"增拨技术改造资金"的理由做了较为详尽的陈述:原拨资金缺口较大,并出现新的技术难题;是×局的核心技术,影响全年生产指标和利润;等等,充分地说明了实际困难,向领导诉之以理,使之能够尽快做出批复。

【例文参考2】

关于中国公民自费出国旅游管理暂行办法的请示

国务院:

  随着对外改革开放的不断扩大,人民生活水平不断提高。近年来,中国公民自费出国旅游不断增加,为适应改革开放形势,加强中国公民自费出国旅游的管理,特制定了《中国公民自费出国旅游管理暂行办法》。

附:中国公民自费出国旅游管理暂行办法(略)

国家旅游局
公安部
一九九七年二月二十八日

【简析】

本文属于请求批转性请示,目的明确,内容用附件的形式给出,写得具体,条理清楚,格式完整。

三、撰写请示的注意事项

请示的标题中一般不出现"申请"、"请求"一类词语,避免与文种"请示"在语意上重复。

请示和报告不能混用。有相当一些写作者把"请示"这个公文名称写成"请示报告",这是由于多种原因造成的:一种是有些写作者不知道"请示"与"报告"是两种不同的文种,无意中把它们的严格界限混淆了;另一种是请示中确实包括有报告性请示,带某种报告色彩,属于文种交叉现象。

请示只能主送上级机关,不能送领导个人。在主送机关后写上某领导人的姓名及其职务,在行文中一般是不允许的。要求只写上某领导同志或其职务,不必连写领导人的姓名及其职务。因为请示问题是向领导机关和上一级组织请示,请示件发到领导机关之后,文秘人员会按照领导分管的范围报送有关主管领导,如果请示中所写的领导不分管请示的问题,将会带来很多麻烦和不便。

材料真实,理由充分。请示事项要明确具体,不要为了让上级领导批准而虚构情况,也不能片面地摆情况、提问题。有些请示在写作中抓不住问题的关键,即没有在请示原由和请示事项上下工夫。请示缘由写得太抽象、太笼统,使人看不出所要办理的事情,同时,对如何办理这件事未提出办法和措施,或措施欠具体,这样的请示很难被批准。

坚持一事一请。把不同类的几件事情放在一份请示中写,这是不被允许的。因为把几件事放在一起写,这些事情可能不属于一个业务部门或单位主管,报到上级领导机关后很容易造成公文旅行或者贻误某些事情的批示。另外,几件事放在一起请示,有的事情可能批准,有的可能不被批准,上级不好批复。

请示的语气必须谦恭,不能以决定的口吻说话。在写请示事项时,只能写"拟"怎么办,不能写"决定"怎么办。写请示时在行文中限定领导机关几日内批复,这是不礼貌的。作为下级机关,最多只能写"请速批示",而不能限定时间。当然,上级机关接到下级机关的请示件后,应尽量争取早日批复。

第三节 批 复

一、批复的含义和特点

（一）批复的含义

批复是答复下级机关请示事项，指导下级机关工作的指示性公文。它是与"请示"呼应的公文，有请示必有批复。

批复是应下级机关的请示发出的，必须针对下级机关的请示作出明确答复，因此，批复属下行文，而且属被动行文。

（二）批复的特点

1. 针对性

批复是上级机关针对请示机关所请示的事项所给予的一种答复和指示，一文一事，内容单纯，针对性强。

2. 指示性

批复中除了要对请示事项作出批示外，还要概括地说明落实工作的方针、政策以及执行过程中的注意事项。

3. 准驳性

批复的指示性特点要以其准驳性为前提。在批复中必须明确表示批准或不批准的态度，即同意、原则同意或不同意下级机关做什么、怎么做。

4. 权威性

批复代表上级机关的权力和意志，对请示单位有明显的约束力，因此，对于它的答复和指示，下级机关必须遵照执行。

二、批复的写作

批复的结构由标题、受文单位、正文和落款四部分构成。

1. 标题

批复的标题大致有两种写法：一是单介词结构，即由批复单位、事由和文种构成，如《国务院关于同意广东省调整深圳市罗湖行政区划设立盐立区的批复》；另一种是双介词结构，即由批复单位、事由、受文单位和文种构成，如《国务院关于同意设立××市给江苏省人民政府的批复》。标题中可明确态度，加入"同意"，如《××省人民政府关于同意设立××经济开发区的批复》。

2. 受文单位

请示的机关或单位名称，标题下空一行顶格书写。

3. 正文

批复的正文具有比较稳定的结构，一般由批复根据、批复内容和批复结语构成。

（1）批复根据。批复的开头通常要引述来文，告知情况，作为批复的根据，说明下级机关的请示已收到。其写法有：引叙来文请示事项，如"你们关于××××的请示收悉"；引叙来文日期文号,如"你单位×年×月×日发〔××××〕×号文收悉";引叙来文日期名称,如"收到你们×月×日《关于×××的请示》";单引叙请示日期,如"你单位×月×日来文收悉";按国家有关法规要求是"你单位《关于×××的请示》(×发〔××××〕×号)收悉"。

（2）批复内容。批复的具体内容一般包括批复意见和补充要求两方面的内容。批复意见就是要对上报的请示表明态度,即是批准还是不批准,是同意还是原则同意或不同意。如果同意,应给予肯定的答复;如果原则同意或不同意,应简要说明理由,使下级机关信服,并明白原委,以便作出相应安排。不能用"其理由不详谈"之类的话使下级机关无所适从。

（3）批复结语。结语的写法有三种:一是另起一行,前空两格写"此复"、"特此批复"或"此复,希执行"等字样,但如前文已写"……现批复如下:……",则结尾不必再写"此复"等字样;二是写希望和要求,为上报请示事项的下级机关如何进一步开展工作指明方向;三是请示事项答复完毕后,全文即收尾。

4. 落款

在正文右下方写清批复单位和成文时间。若标题或文件眉首已有发文单位,这里可只写批复时间。

【例文参考1】

关于××省撤销××县设立××市的批复
民行批〔1993〕4号

××省人民政府:

你省一九九二年十月八日《关于撤销××县设立××市的请示》和一九九二年十月二十日的补充请示收悉。经国务院批准,同意撤销××县,设立××市(县级),由省直辖,以原××县的行政区域为××市的行政区域,不增加机构和人员编制。

民政部
一九九三年一月八日

【简析】

本文是审批性批复。开头引述来文日期和来文名称,交代了批复的依据,态度明确,文字十分简洁。

【例文参考2】

上海市××委员会
关于同意购买进口设备的批复
（发文字号略）

上海市××学校:

你校×××年×月×日(发文字号)来文收悉。根据市政府"沪府〔20××〕25号"文件的规定,经研究,同意你校从德国购买汽车举升器叁台,款项从市财政拨款经费中列支。希务必专款专用,如有违规,按有关规定严肃处理。

此复

上海市××委员会
××××年×月×日

【简析】

此批复先写了请示告知的情况,点明了批复的事项,接着以市政府的有关文件为依据,作出表示同意的批复,以表明对请示事项的态度,并提出要求。在提出要求时措辞严肃,有提醒、警示之意。

三、批复写作的注意事项

批复与请示一样,都必须遵循一文一事的原则,不得将若干请示合在一起用列条的方式分别给予答复。对不按正常渠道办理的请示或一文多头的请示,应予以纠正,以免误事。

批复一般都有比较完整而稳定的结构,但撰写批复时篇幅不宜过长,要力求针对性强、简明扼要,批复请示事项明确具体,表达准确无误。此外,批复要及时,以免贻误工作。

正文主体部分表示不同意的意见时,可使用"建议……"、"时机不成熟"、"此事暂缓"之类的语言,婉转地表达意见。

第四节 通 知

一、通知的含义和种类

(一)通知的含义

通知属于知照性公文,使用频率高,在公文往来中是最常见、应用最为广泛和普遍的公文之一。根据《国家行政机关公文处理办法》和《中国共产党机关公文处理条例》规定,通知是"适用于批转下级机关的公文,转发上级机关和不相隶属机关的公文,传达要求下级机关办理和需要有关单位周知或者执行的事项,任免人员"的公文。它要求受文单位了解、协助执行和办理,使用频率较高,使用范围较广,兼有指令性和周知性。

通知适用于平行文和下行文,与不相隶属机关之间使用平行文,其他均为下行文。大到国家党政机关,小到基层企事业单位,都可以发布通知,用以传达指示、布置工作、任免干部等。

(二)通知的种类

根据通知的适用范围和作用,一般可将其划分为以下几种类型。

1. 知照性通知

知照性通知适用于告知某一事项、传达有关信息或发布会议通知等。如启用印章,成立、调整或撤销某个机构,催报材料、报表,变更作息时间,等等。如《国务院办公厅关于成立国家森林防火指挥部的通知》《国务院办公厅关于调整中国人民银行货币政策委员会组成人员的通知》《国务院办公厅关于部分已撤销的国务院非常设机构其原工作移交有关部门承担问题的通知》等。

2. 指示性通知

指示性通知适用于布置下级机关工作事项,指示工作方法、步骤,它具有较强的指令性。例如《国务院办公厅关于禁止发放使用各种代币购物券的通知》(国办发〔1991〕28号)、《国务院关于切实落实政策保证市场供应维护副食品价格稳定的紧急通知》。

3. 任免聘用通知

任免聘用通知适用于任免和聘用干部。例如《国务院办公厅关于调整国务院三峡工程移民工作领导小组组成人员的通知》(国办发〔1992〕5号)。

4. 批转性通知

批转性通知是批转下级机关的公文或者转发上级机关、同级机关和不相隶属机关的公文时采用的通知。如《国务院批转发展改革委电监委关于加强电力系统抗灾能力建设若干意见的通知》《国务院办公厅转发水利部关于加强嫩江松花江近期防洪建设若干意见的通知》。

5. 发布性通知

发布性通知常用于本机关制定的有关规定、规则、条例、制度、办法等具体的规章制度等的发布,有发布和印发两种形式,例如《国务院办公厅关于发布〈国家行政机关公文处理办法〉的通知》(国办发〔2000〕23号)、《江海学院关于印发经济管理类教材目录的通知》。

二、通知的写作

(一) 标题

通知的标题由发文机关、通知事由和文种三部分构成。如《国务院办公厅关于开展贯彻落实中央经济工作会议精神专项检查的通知》,其中"国务院办公厅"为发文机关,"开展贯彻落实中央经济工作会议精神专项检查"为通知事由,"通知"为文种。有时可以根据内容需要、紧急程度、发文机关情况,在"通知"前加上限制性词语,如"重要通知"、"补充通知"、"紧急通知"、"联合通知"等。

标题要清晰,注意区分不同种类的通知。对标题中事由的拟制要做到用词清晰、准确、到位,使读者一目了然。如《国务院关于实施成品油价格和税费改革的通知》,从这个题目中可以推知正文的主要内容有两方面:一是实施成品油价格的改革,二是实施成品油税费改革。同时,不同种类的通知在标题上应能清晰地反映出来。如《国务院关于批转××××××的通知》是批转性通知,《××市人民政府关于×××等同志职务任免的通知》是任免通知等。

(二) 主送机关

写被通知者的姓名或职称或单位名称。有时,因通知事项较短、内容单一,书写时略去称呼,直起正文。

(三) 正文

通知的正文通常由缘由、事项、结语三部分组成。

1. 缘由

交代发布通知的背景、目的、依据,并以过渡语结束。过渡语常用"现将有关事项通知如下"、"特此通知如下"等语言引出下文。这部分内容要写得简要,不必多做解释。

2. 通知事项

主体部分是通知的具体内容。如是知照性通知,要写明需要知道和了解的事项;布置工作,要写明需要遵照贯彻执行的事项。这部分内容宜短宜长,短的可不分段,长的可列条目,逐条说明,条理清楚。切忌泛泛而谈、含混笼统,让人不得要领。

3. 结语

通知的结尾通常是对主送机关提出希望和要求,如"以上通知请认真贯彻执行"、"请各有关地区和部门按上述通知贯彻执行"、"请认真按照执行"等,"知照性通知"、"发布性通知"和"任免通知"一般直接用"特此通知"作结语。

（四）落款

落款包括署名和日期。

【例文参考1】

国务院关于印发汶川地震灾后恢复重建总体规划的通知

国发〔2008〕31号

各省、自治区、直辖市人民政府,国务院各部委、各直属机构:

《汶川地震灾后恢复重建总体规划》已经国务院同意,现印发给你们,请认真贯彻执行。

汶川地震灾后恢复重建关系到灾区群众的切身利益和灾区的长远发展,必须全面贯彻落实科学发展观,坚持以人为本、尊重自然、统筹兼顾、科学重建。各地区、各有关部门要充分认识恢复重建任务的艰巨性、复杂性和紧迫性,树立全局意识,切实加强组织领导,全面做好恢复重建的各项工作。

国务院
二〇〇八年九月十九日

【简析】

这是一个发布性通知。标题组成完整、明晰。文件以印发的形式发布,要求各省、自治区、直辖市人民政府,国务院各部委、各直属机构认真贯彻执行。通知事项明确,条理清晰,行文简洁明了,格式规范。

【例文参考2】

国务院批转劳动保障部等部门
关于辽宁省完善城镇社会保障体系试点情况的通知

各省、自治区、直辖市人民政府,国务院各部委、各直属机构:

国务院同意劳动保障部等部门《关于辽宁省完善城镇社会保障体系试点情况的报告》,现转发给你们,请认真贯彻执行。

建立和完善社会保障体系是健全社会主义市场经济体制的客观要求,关系到改革发展稳定大局。各地区和有关部门要认真贯彻党的十六大精神,从全面实践"三个代表"重要思想的高度,充分认识做好这项工作的重要意义,加强领导,狠抓落实。要认真学习借鉴辽宁试点经验,结合本地实际,积极稳妥地开展工作。劳动保障部等部门要继续加强指导,总结经验,及时研究新情况、新问题,不断推进社会保障体系建设。

国务院
二〇〇三年三月五日

【简析】

这是一个批转性通知。正文部分陈述了批转文件的缘由,阐明了建立和完善社会保障体系的重要意义,要求各级党政机关加强领导,狠抓落实,认真学习借鉴经验,结合本地实际,积极稳妥地开展工作。

【例文参考3】

××市人民政府文件
×市政〔2005〕18号

关于召开全市专业化生产代表会议的通知

各县(市)、乡镇人民政府,良种场、林场,农林专业户:

为了贯彻中发〔2005〕1号文件精神,推动我市农村商品生产的发展,经市政府研究决定,于2005年5月27日召开全市农林专业户的代表会议。现将有关事项通知如下:

一、会议内容:学习讨论中发〔2005〕1号文件,交流经验,研究如何为农林专业户提供服务,满足他们对信息、供销、科学技术等方面的要求,使他们能够在商品生产中发挥各自的专长,逐步形成我市农林商品经营规模。

二、与会人员:各县(市)负责农林生产的副县长(副市长)、农林局局长、乡长、镇长、村长、农村信用社负责人、农林专业户代表(代表名单附后)。

三、会议时间、地点:会期三天(5月27日至5月29日),5月26日到市××宾馆门厅报到,5月27日上午8点整,在该宾馆七楼会议大厅准时开会。

四、要求:1. 各县(市)负责农林生产的副县长(副市长)准备一份关于服务农林商品生产的经验材料,将在大会上发言交流。2. 城区与会者食宿自理。

附件:1.《代表名单》
　　　2.《会议日程安排》

××市人民政府
二○○五年五月十日

主题词:生产　会议　通知

抄送:市委、市宣传部、市广播电视局。

市政府办公室印制　　　　　　　　　　　　2005年5月10日印发

【简析】

这份会议通知,标题采用了"事由加文种"的方式;主送单位排列顺序合理;正文部分通知原由简洁明确,通知事项、通知要求具体明了;通知格式规范。

三、通知的写作要求

指示性通知须写明提出指示的根据与指示事项,内容要求明确具体。

发布或批转性通知要求在正文中简短地说明所发布或批转转发的公文的制发机关、制发(批准、生效)日期与公文标题,以及发布或批转的目的、意义与要求等。被发布或批转的公文均为通知的附件,须注明附件的序号与标题、件数。

任免类通知要求写明批准的机关、日期与被任免人员的职务姓名。

会议通知要求写明召开会议的名称、目的、议题、时间、会址、对参加会议人员的要求(如准备发言、文件、论文、生活用品等)、注意事项以及筹办会议单位名称、联系人、联系地址、电话号码、电报挂号、会议食宿安排、去会址路线、接洽标志等。有的通知后面还会附上入场凭证或请柬等。总之,要写得清楚具体,对必须写明的项目不能错漏,以保证会议按预定要求准时召开。

第五节 通 报

一、通报的含义和作用

通报是用来表彰先进、批评错误、传达重要精神或情况的一种周知性的公文。通报具有公布性、知晓性、指导性和传达性,其作用有表彰推动作用、惩戒禁示作用和指导启发作用。

二、通报的种类

按照用途和内容不同,一般分为表彰性通报、批评性通报和情况通报。

(一) 表彰性通报

用于对先进人物、先进事迹进行表扬,推广经验,树立榜样,激励人们的工作热情和积极性的一种下行公文。

(二) 批评性通报

用来批评、处分错误,以示警戒,要求被通报者和大家吸取教训的一种下行公文。

(三) 情况通报

用于在一定范围内传达重要情况和动向,以指导面上工作为目的的通报。通过传达重要情况,指出当前某项工作中出现的带有倾向性的问题,以引起有关方面的警惕。写法上将通报事实作为重点,将有关情况告知下属机关,以便引起高度重视,提高工作水平。

三、通报的写作

通报一般由标题、主送机关、正文和落款构成。

(一) 标题

通报的标题由发文机关、主要内容或事由、文种三部分组成。

(二) 正文

1. 表彰及批评通报

(1) 介绍事实与现象。介绍先进人物或集体的行动及其影响,要写清时间、地点、人物、基本事件过程。如果对个人的错误进行处理,要写明违纪人员的基本情况,对错误事实的叙述,要写得简明清晰。如果是针对某一普遍存在的问题进行通报,要选择一些有代表性的事实进行综合叙述。表达时应概括叙述,只要将事实讲清即可,篇幅不宜过长。

(2) 揭示事实的性质和意义。对先进人物、典型事迹,应表明其代表性的积极的倾向,指出其意义,以便激励先进、督促后进;对于单一错误事实,要对错误性质、危害进行分析,一般都写得比较简短;对于综合性的不良现象或问题,分析要系统。主要采用议论的写法,要注意文字的精练。措辞要有分寸感,不能出现过誉或贬低的现象。

(3) 做出表彰或处理决定。这部分写什么会议或什么机构决定,给予表彰对象以什么样的表彰和奖励,或者给予批评对象什么样的处分和惩罚。这部分在表达上要清晰简洁,用词精当。

(4) 提出希望和要求。结尾部分用来提出希望、发出号召。这部分表述的是发文的目的,是整篇的思想落脚点,应该写得有针对性、具有教育意义,以使受文单位对通报高度重视、认清性质、采取措施。

2. 情况通报

(1) 缘由和目的。开头首先叙述基本事实,包括阐明发布通报的根据、原因、目的等。开头文字不宜过长,应该综合归纳,要言不烦。

(2) 情况和信息。主体部分主要叙述情况、传达信息,通常内容较多,篇幅稍长,要注意梳理归类,对结构进行合理安排。

(3) 希望和要求。在明确情况的基础上,对受文单位提出一些希望和要求。这部分是全文思想的归结之处,写法因事而异,总的原则是抓住要点,切实可行,简练明白。

(三) 落款

落款包含发文单位和发文日期。如果标题中已有发文单位,可以只写发文日期。

【例文参考1】

××职业技术学院文件

×职院〔2005〕2号

关于表彰2004年度先进集体和先进个人的通报

各系部:

2004年,我院在上级主管部门的正确领导下,经过全院教职工的共同努力,各项工作都取得了显著的成绩,不论是学院的硬件建设还是学院的软件建设,都上了一个新的台阶。为了表彰先进,促进学院各项工作,经过自上而下的认真总结评比,现将评选出的先进系部和先进个人表彰如下:

一、先进系部:(略)

二、先进个人:(略)

以上受通报表彰的集体和个人在各自的岗位上作出了突出的贡献,成绩显著,事迹感人。希望全院教职工认真学习他们的先进事迹,结合自身的实际,取长补短,以主人翁的姿态,积极工作,争取圆满完成学院2005年提出的各项工作任务。

附件:《2004年度学院先进集体和先进个人事迹汇编》

××职业技术学院
二○○五年三月二日

主题词:表彰　先进　通报

抄送:××市教委。

学院办公室印制　　　　　　　　　　　　　　2005年3月2日印发

【简析】

本文属于表扬性通报。开头概括说明表扬的依据;主体部分写明通报表扬的具体事项,在阐明事件意义的基础上,提出希望和要求,号召大家学习先进事迹,做好各项工作。

【例文参考2】

国务院办公厅

关于××省××市××县擅自停课组织中小学生参加迎送活动的通报

　　1999年12月5日,××省××市××县举行××高速公路在本县通车仪式,××县领导擅自决定,让本县部分中、小学校停课参加通车仪式,近千名中小学生在风雪天等候长达两小时,致使部分中小学生生病,学生家长和群众极为愤慨,致信中央,要求坚决制止此类现象。

　　中小学校依照国家规定建立有严格的教学秩序,这是教育教学质量的保证,任何单位和个人都不能随意破坏。现在一些地方的个别领导利用自己的权力,动辄调用中小学生为各种会议、考察、参观、访问搞迎送或礼仪活动,有些地方还因此发生了严重的安全事故,造成极恶劣的社会影响。××县发生的问题,已不只是一般的形式主义,而是官僚主义,严重脱离群众,此类不良风气必须坚决予以制止。各地区、各部门以及各级领导干部,要高度重视这一问题并从中吸取深刻的教训,切实增强群众观念,杜绝此类事件再度发生。

　　中小学生是祖国的未来,他们的学习和活动安排,要有利他们的学习和身心健康。今后各地区、各部门都必须严格执行国家的有关法规和规定,不得擅自停课或随意组织中小学生参加各种迎送或礼仪活动,如确有必要组织的,须报经省级教育行政部门批准。

国务院办公厅
一九九九年十二月二十日

【简析】

本文属于批评性通报。正文开头先通报了事件事实,写出了批评的缘由。主体部分分析错误原因和性质,表明态度,并提出希望和要求。语言简明扼要,注意分寸,用词得体。

四、通报的写作要求

通报一般不提出具体工作要求。在实践中,一部分传达上级指示精神的公文既可用通知也可用通报。在内容上,通报不同于通知的特点是一般不提出工作上的具体要求以及需要具体组织实施的事项。

通报文风要朴实。文字表述要简洁明快,言之有据,切忌夸张渲染。无论是表扬还是批评,都要以实事求是的态度对事实认真核查,一定不要拔高或扭曲。

通报观点要鲜明,提出什么、反对什么,要是非分明,忌含糊其辞。在行文篇幅上要详略得当,切忌把表彰通报写成报告文学,把批评通报写成情况纪实。一般来讲,即使长一些的通报,也要以不超过两千字为宜。

第六节 公告 通告

一、公告

(一) 公告的概念、特点和种类

1. 公告的概念

公告是"适用于向国内外宣布重要事项或法定事项"的公文。

2. 公告的特点

属于公开宣布和告晓性公文,与其他告晓一般事件的"通知"和用于表扬、批评和传达重要情况的"通报"不同,公告具有高度的庄严性和权威性。

3. 公告的种类

分为发布性公告、告知性公告及关涉国内外有关方面事项的公告。

(二) 公告的格式与写法

公告包括标题、正文、落款等。

1. 标题

(1) 由发文机关、事由、文种构成,如"中共中央 全国人大常委会 国务院关于宋庆龄副委员长病情的公告"。

(2) 由发文机关和文种构成,如"中华人民共和国国务院公告"。

(3) 事由和文种前加介词"关于"。

(4) 只写文种"公告"。

2. 正文

直述公告缘由,宣布事项。内容必须是真正的要事,要高度概括。大多是消息性,一般不提出执行要求。

3. 落款

写明公告发布机关全称和发文日期。如公告标题是发文机关名称加文种的,也可不写发文机关名称。

【例文参考】

中华人民共和国最高人民法院公告

《最高人民法院关于如何处理农村五保对象遗产问题的批复》已于2006年6月30日由最高人民法院审判委员会第1121次会议通过。现予公布,自2006年8月3日起施行。

中华人民共和国最高人民法院
二○○六年七月二十五日

【简析】

这是一则知照性公告。告知"处理农村五保对象遗产问题的批复"通过的时间和施行的日期。

(三)公告的写作要求

公告的作者是国家领导机关。地方机关、基层单位、群众团体不制发公告。

公告是向国内外"宣布"事项,有的公告事项要求公众执行,有的仅为使大众周知,所以,公告重在事项写作,要求明确而具体,事由可简写或不写。一件公告只公布一项专门事件或事项。语言要准确、通俗和简明。

二、通告

(一)通告的概念、特点和种类

1. 通告的概念

通告是"适用于在一定范围内公布应当遵守或周知的事项"的公文。

2. 通告的种类

(1)周知类通告。主要使受文者了解重要情况、重要消息。因此文中不提直接的执行要求。

(2)执行类通告。主要使受文者交代需要遵守、执行的政策、措施以及其他行为规范,具有一定的强制力。

3. 通告的特点

(1)用于宣布一般性事项,有别于公告宣布重大事项。

(2)通告只在国内一定范围内公布,有别于公告向国内也向国外公布。

(3)通告可以由各级机关、人民团体、企事业单位发布,有别于公告只能由地位较高机关发布。

(4)通告无主送单位。

(二)通告的格式和写法

通告一般由标题、正文、落款三部分组成。

1. 标题

由发文机关、事由、文种构成。根据具体情况,也可使用发文机关加文种、事由加文种或只写文种"通告"这些形式。

2. 正文

由通告缘由和通告事项两部分组成。通告缘由为发布通告的原因和根据,通告事项为须知和遵守的内容。用"特通告如下"转承连接。通告事项是面对大众的,应简洁明了,叙述清楚,通俗易懂,便于掌握。结尾部分可提出要求、希望,并用"特此通告"作结。有时也可不写,形式比较灵活。

3. 落款

正文后签署发布通告的机关名称和日期。

【例文参考1】

关于全区人事系统先进工作者候选人员公示的通告

经区政府研究,我单位×××同志被确定为全区人事系统先进工作者候选人员。为进一步扩大表彰奖励工作中的民主,认真贯彻群众公认和公正公开原则,加强对表彰奖励工作的监督和管理,根据表彰奖励工作的有关规定及区人事局要求,现将×××同志有关情况公示如下:

一、简要情况

(由单位填写)

二、拟受表彰奖项

全区人事系统先进工作者

三、公示期限

2009年3月16日至3月18日

四、表彰条件

(一)认真学习邓小平理论和"三个代表"重要思想,坚持正确的政治方向,模范执行党的各项路线、方针、政策和规章制度,政治过硬,立场坚定。

(二)全心全意为人民服务,坚持原则,团结同志,办事公道,乐于奉献,具有良好的职业道德,在群众中有较高的威信。

(三)热爱本职工作,勤于学习,勇于开拓,善于钻研人事政策,业务能力强,办事效率高,群众公认。

(四)严于律己,廉洁奉公,严格执行党风廉政建设的各项规定和组织人事纪律,敢于向各种腐败现象作斗争。

(五)2005—2008年中,年度考核优秀等次两次以上。

五、受理意见方式

公示期间,所有干部职工如有认为公示对象不符合表彰条件和要求的,可通过书面或口头形式反映公示对象的问题。书面意见可直接投入我单位设置的意见箱内或投寄(传真)到区人事局。口头意见可直接找领导反映或向区人事局电话反映。

区人事局受理地址:×××××

邮编:×××××

联系人:××

联系电话(传真):×××××××

六、反映情况的基本要求

（一）反映内容要实事求是、真实具体，不允许借机故意捏造事实，泄愤报复或有意诬陷。反映情况如有诬陷等行为，一经查实，将严肃处理。书面反映意见必须署真实姓名。

（二）受理人员对反映人和反映的情况严格保密。

对公示期间反映出可能影响表彰的问题，区人事局将认真调查核实，视情况进行研究处理。

特此通告

××区人事局
××××年×月×日

【简析】

这则通告先写通告的原因，再写先进工作人员受奖的情况、评选的条件，再指出对受奖人员有异议时提出意见及反映的方式，以求做到公平、公开、公正。

【例文参考2】

上海市人民政府关于对高污染车辆实施
限制通行措施的通告

沪政发〔2005〕40号

为改善本市大气环境质量，保障广大市民的身体健康，市政府决定，对达不到国家第一阶段机动车排放标准（相当于欧洲1号机动车排放标准）的高污染车辆实施限制通行措施。现通告如下：

一、自2006年2月15日起，每天7时至20时，高污染车辆不得在本市内环线以内（含内环线）高架道路、延安路高架道路、沪闵路高架道路上行驶（在本市逗留7日以内的外省市过境车辆除外）。

二、自2006年10月1日起，每天7时至20时，高污染车辆不得在本市内环线以内（含内环线）高架道路和地面道路、延安路高架道路、沪闵路高架道路上行驶（在本市逗留7日以内的外省市过境车辆除外）。

高污染车辆限制通行的具体实施办法，由市环保局、市公安局另行制定。

上海市人民政府
二〇〇五年十二月二十七日

【简析】

通告是在一定范围内向社会公布各有关方面应当遵守或者周知事项时使用的公文。这则通告表达清晰，文字简练晓畅，内容具体，使公众能在知晓后便于遵守。

（三）通告的写作要求

通告的撰稿者要有政策观念，以政策衡量通告的事项，确保其不与现行政策抵牾，不搞不符合法律程序的"土政策"。

因为通告可以用来处理带有一定专业性的公务，所以，写有关专业性的内容时，难免会使用一些术语，但要注意尽量选择大多数人熟悉的行业术语。同时，也要求撰稿者具备一定的专业知识。

通告的内容一定要突出，这样才能给人以深刻的印象。通告一般可以张贴、见报，也可以文件形式下达。

三、公告与通告的区别

公告与通告都属晓谕性公文,即公开告知性的公文。二者在使用上有所区别。

1. 公告告知的范围大于通告

公告面向社会、面向全国;通告则局限于某个辖区、某个行业、某个领域。

2. 内容不同

公告用于宣布重大事件,或是有特定用途的事项;通告宣布一般性事项,并可以宣告应当遵守或遵照办理的事项。

3. 单位不同

公告的发文机关一般级别较高,多为党政机关、人大常委会等权力机关、管理机关或相当级别的政府机关及一些特殊部门;而通告的发文单位主要是一些国家行政职能部门、企事业单位、社会团体等,各大小单位均可使用。

4. 形式不同

公告除文件形式外,主要登报、广播或电视播出;通告可张贴,也可登报、广播或电视播出。

5. 写作要求

公告行文庄重,用词准确精练,结构紧凑,一般一段到底,一气呵成;通告的文字要明白晓畅,条理清楚,便于遵循,企事业的通告在语气上和缓一些。

第七节　函

一、函的概念和类型

(一) 函的概念

函就是信,公函即指公务信件。这里的函,即指公函,一般是用来处理公务的,与个人的信函不同。公函由文件头、文件名称、发文字号、公章等组成。

函是"适用于不相隶属机关之间商洽工作,询问和答复问题,请求批准和答复审批事项的公文"。函是平行文,使用起来简洁、灵活、具体、方便,使用范围十分广泛,有时上下级机关也可以使用函。

函是一种较为特殊的公文,具有行文的多样性、功能的多样性、表述的灵活性。

(二) 函的类型

依据不同的标准,可以将其划分为不同的类别:从函的形式上可以分为公函和便函两类。尽管都可以用于处理公务,但公函属于正式公文,要用文头、写编号,严格按公文格式行文,还要立卷、存档;便函只是普通件,不用文头,也不编号,不需存档,使用较为方便。

从函的行文关系看,公函可分为来函和复函两类。来函又叫问函,是主动给其他机关去的函,用于交流信息、协商工作;复函是被动地答复相应商请的函件。

从函的作用看,可分为商洽函、询问函、请批函、知照函、答复函五种。商洽函,用于互不隶属或平级机关之间商洽工作,如商调干部、索要货款、建立业务关系等;询问函,用于向有关机关询问工作情况,提出具体问题或询问有关方针政策,要求对方答复等;请批函,是就某一方面的业务向没有隶属关系的"主管"部门请求批准的行文。知照函,把需要知照的情况告诉对方;答复函,针对询问答复问题。

（三）函与通知、批复的区别

函和通知都有告晓性,但在内容上,函告知的多是一般性事项,通知告知的多是比较重要的、严肃的事项;在行文机关的关系上,函的行文机关多是不相隶属的机关,通知的行文机关一般是有法定隶属关系的上级机关对下级机关。

函和批复都是可以用来回复有关单位的文件,但批复主要是用来批复下级的请求,批复的问题一般是比较重要的。函可用来回答不相隶属机关在业务上批准的事项,也可以用来回答不相隶属机关的来函,回复的问题常常是一般性的。

二、函的基本格式和内容要素

函一般由标题、发文字号、主送机关、正文、落款等部分组成。

（一）标题

正式公函的标题与其他公文文种标题格式相同,由制发机关、事由、文种三部分组成,如《国家税务局关于人民银行委托加工饰品征税问题的函》。

（二）发文字号

由发文机关代字、年号、顺序号组成。但函的发文字号机关代字要加一个"函"字,如"市政办函〔2002〕23号"。

（三）主送机关

需要商洽工作、询问情况或答复问题的有关单位,一般应写全称。最后一个单位名称之后应加上冒号。

（四）正文

原则上应当一事一函。函的正文内容没有限制,一般由开头、主体、结尾三部分组成。

1. 开头

主要说明发函的缘由。发函的缘由一般要求概括交代发函的目的、根据,然后用"现将有关问题说明如下"等过渡语转入下文;复函的缘由部分一般先引叙来函的标题、发文字号,然后再交代根据,以说明发函的原因,如"你单位××年×月×日的来函收悉",然后用"现将有关事项函复如下"等过渡语句引出下文。

2. 主体

无论是发函还是复函,都要写清楚有关事项。发函要将本单位想要商洽或询问、请求批准的问题具体明确地写出来,而复函也要将本单位对来函的意见说明白。

3. 结尾

函的结束语是一些习惯用语,发函用"特此函告"、"请复"、"即请函复"、"敬请函复"、"特此函询/商"、"请函告"等;复函则用"特此函复"、"此复"等。有的函也可以不用结束语。

（五）落款

在正文右下方写上发(复)函单位的名称,有的要写上主要负责人的签名、联系人。如果是几个单位联合发函,发函单位的名称应当并列。在单位名称下面写上成文时间。

【例文参考1】

中国科学院××研究所关于建立全面协作关系的函

××大学:

近年来,我们研究所与贵校在一些科学研究项目上互相支持,取得了令人满意的成绩,建立了良好的协作基础。为了巩固已取得的成果,取得更大的成就,建议我们双方今后能进一步在学术思想、科学研究、人员培训、仪器设备等方面建立全面的交流协作关系,特提出如下意见:

一、定期就共同关心的学术问题举行所与校之间的学术讨论与学术交流;共同分析国内外同行的项目动态和发展趋势;互相参加对方组织的学术年会及专家讲学活动;互派专家参加对方的学术组织对科研发展方向、任务和学位、学术论文及重大科研成果的评审工作。

二、根据所、校各自的科研发展方向和特点,对双方共同感兴趣的课题进行协作。协作形式和办法视课题性质和双方条件,制定单项协议。

三、根据所、校各自人员配备情况,校方在可能的条件下,对所方的研究生、科研人员的培训予以帮助,所方为学校学生、研究生的毕业论文提供指导。校、所双方教学科研人员相互承担对方一定的教学科研工作,享受同原单位职称相应的待遇。

四、双方每年进行科研计划交流以便掌握方向,协调分工,避免重复。同时共商协作项目,使双方有所侧重与分工。

五、双方科研教学所需要高、精、尖仪器设备,在可能情况下向对方提供便利,并协助做好测试工作。双方的附设工厂车间,相互给予科研和实验的方便。

六、加强图书资料和情报的交流。

以上各项,如蒙同意,建议互派科研主管人员就有关内容进一步磋商,达成协议,以利工作。特此函达,请即研究回复。

中国科学院××研究所
一九××年×月×日

【简析】

本文属于商洽函。开头部分简洁明确地写明发函的缘由和询问的主要问题。中间部分写出了商洽的具体事项及要求,行文具体明确,有针对性。

【例文参考2】

北京市财政局　北京市地方税务局
关于北京市农工商联合总公司2001年度收取管理费审批意见的函
京财税〔2002〕1066号

北京市农工商联合总公司:

你公司《关于2001年各级管理费列支办法的函》(京农管〔2001〕1号)收

悉。经研究，现就你公司收取管理费有关问题答复如下：

鉴于你公司因历史遗留问题造成包袱沉重，资金来源不能满足经费开支的实际问题，根据北京市财政局、北京市地方税务局《关于印发税前扣除北京市国有企业上交主管部门管理费的审批管理办法的通知》（京财税〔1998〕171号）和《关于税前扣除企业上交主管部门管理费的审批办法的补充通知》（京财税〔1999〕688号）文件精神，同意你公司2001年度在不超过所属单位销售（营业）收入2%的范围内，向所属单位收取管理费，用于你公司的经费开支。各单位在范围内上交的管理费可在上缴企业所得税前扣除。

各单位2000年度按上述比例上交的管理费，允许你公司在上缴企业所得税前扣除。

特此函复

北京市财政局
北京市地方税务局
二〇〇二年三月二日

【例文参考3】

关于商请派车运送民工的函

××省交通厅：

为做好今年的春运工作，及时运送在我省工作的外省民工回家过年，我们组织了民工运送专门车队，但由于我们运力不足，车辆不够，估计不能满足民工的要求。特请贵省派出大型客车20辆，与我省组成运送民工车队，负责运送贵省在我省工作的民工。

妥否？请尽快函复，以便办理有关手续。

××省交通厅
××××年×月×日

【简析】

这是一则商洽函。语言简洁朴实。正文的缘由部分，开门见山交代了发函的原因、目的，继而提出事项要求。结语使用得当，又暗含催促对方尽快办理的意思。

【例文参考4】

国务院办公厅关于成都皮影博物馆冠名问题的复函

四川省人民政府：

你省《关于成都皮影博物馆冠名问题的请示》（川政〔2006〕43号）收悉。经商有关部门并报国务院领导同志同意，现函复如下：

成都皮影博物馆名称可定为"成都中国皮影博物馆"。

国务院办公厅
二〇〇六年十月十一日

【简析】

这是一则以函的形式回复请示的例文，其原因是原请示的主送机关为上级机关"国务院",而代为回复的是"国务院办公厅"。"国务院办公厅"与"四川省政府"属同级机关,故使用"复函"形式。

本文标题采用了"发文机关、内容、文种"的写法;正文开头部分正确引述来件的题目、发文字号,以简洁的话语说明了复函的依据及内容;省略了结语部分。

【例文参考5】

国务院办公厅关于羊毛产销和质量等问题的函

国办函〔2009〕2号

国家发改委、农业部、商务部、技术监督局:

  为进一步发展我国羊毛生产,搞活羊毛流通,提高羊毛质量,根据国务院领导同志的批示,现就有关问题通知如下:

  一、要切实抓紧抓好草场改造和羊种改良工作。(略)

  二、技术监督局要加强羊毛的质量监督和检验工作。

  三、要尽快组织直接进入国际羊毛拍卖市场。

  上述有关政策,请有关部门、各地区特别是羊毛生产区认真研究落实,执行中的问题,由国家发改委和商务部协调,并督促落实。

国务院办公厅
二〇〇二年三月二日

【简析】

此公函达到了国家发改委、农业部、商务部等各个不相隶属部门间沟通交流的目的。

三、函的写作要求与技巧

(一)要求与技巧

1. 用语要恰当

公函是平行文,一般适用舒缓、谦和、互相尊重、平等协商的语气。对于一些尚未确定的事,要多用商量的口吻,本着平等协商、以诚相待的态度。但函一般不用寒暄语,以别于私人信件。

2. 内容要明确

发函要做到一文一事,便于对方尽快办理和答复。复函要有问而答,不能答非所问,不能绕弯子,不能含糊其辞。

3. 格式要规范

公函是正式文件,必须严格遵守公文的格式要求,文头、发文字号、主送机关、标题、印章等必须齐备,不可遗漏。

(二)注意两种不正确的偏向

一是认为函的行文关系灵活,对上级、下级和平级都可用,因而不应当用函时用函。

二是以为用函向有关主管部门请求批准似有不恭,不如用请示,因而应当用函时不用函。

第八节 会议纪要

一、会议纪要的含义和特点

（一）会议纪要的含义

会议纪要是传达会议议定事项和主要精神,要求与会单位共同遵守、执行的公文。会议纪要根据会议的宗旨,按照会议记录、会议文件材料和会议的活动情况综合加工整理而成,是反映会议基本情况和主要精神的纪实性公文。作用是"上呈下达"会议精神,交流情况,指导工作。

（二）会议纪要的特点

会议纪要"适用于记载、传达会议情况和议定事项",用于党政机关、社会团体、企事业单位召开的工作会议、座谈会、研讨会等重要会议。会议纪要具有以下特点:

1. 纪实性

会议纪要必须是会议宗旨、基本精神和所议定事项的概要纪实,不能随意增减和更改,任何不真实的材料都不得写进会议纪要。

2. 概括性

会议纪要必须精其髓、概其要,以极为简洁精练的文字高度概括会议的内容和结论。既要反映与会者的一致意见,又要兼顾个别同志有价值的看法。有的会议纪要还要有一定的分析说理。

3. 约束性

会议纪要一经下发,便要求与会单位和有关人员遵守执行。

4. 指导性

会议纪要有两项功能,一项是记载,一项是传达,并且通过记载去传达。它所记载、传达的会议情况和议定事项,是与会者及其组织领导者共同意志的体现,是会议成果的结晶,集中反映了会议的精神实质,因而具有很强的指导性。

二、会议纪要的类型

1. 办公会议纪要

又称日常行政工作会议纪要。主要用来反映党政机关、人民团体、企事业单位的领导机关开会研究问题、部署工作的情况,其作用是为机关单位工作的开展提供指导和具体依据。

2. 专项会议纪要

各种各样的交流会、座谈会、研讨会的会议纪要多属于这一类。这类会议纪要常常是对涉及有关工作的重要方针、政策和理论原则问题的交流、讨论情况的纪实,给工作以宏观的指导。

三、会议纪要的写作

会议纪要的写法因会议内容与类型不同而有所不同。就总体而言,一般由标题、成文日期、正文构成。

1. 标题

会议纪要与其他公文文种标题格式相同。

（1）单行标题。可以由会议名称和文种构成，如"全国农村工作会议纪要"；可以由召开会议的机关、内容、文种构成，如"省经贸委关于企业扭亏会议纪要"。

（2）双行标题。以正副标题形式出现，如"穷追猛打，除恶务尽——××市扫黄打黑工作会议纪要"。

2. 成文日期

一种写于标题下，一种写于正文右下方。

3. 正文

正文由会议概况、会议精神和议定事项两部分组成。

（1）会议概况。主要包括会议时间、地点、名称、主持人、与会人员、基本议程等。

（2）会议精神和议定事项。常务会、办公会、日常工作例会的纪要，一般包括会议内容、议定事项，有的还可概述议定事项的意义。工作会议、专业会议和座谈会的纪要，往往还要写出经验、做法，今后工作的意见、措施和要求。

【例文参考】

中共××市委常委会议纪要
〔19××〕×号

时间：19××年×月××日下午至××日

地点：市委主楼218会议室

主持人：×××

出席：×××、×××、×××、×××

列席：×××、×××、×××

议定事项：

一、会议认真学习了省委19××年×月××日《关于进一步统一认识，坚决搞好治理整顿》的通知，对我市前段治理整顿的情况和一季度形势逐项进行了分析和深入讨论，进一步统一了思想，明确了当前和今后治理整顿的任务和工作重点。

会议认为，半年来我市在贯彻中央治理整顿方针的过程中，态度坚决，工作扎实，初见成效，但对成绩不能估计过高，要看到思想认识的差距和治理整顿任务的艰巨，要按照中央精神，进一步统一思想，认真抓好治理整顿的各项工作。

会议决定：

在省委传达中央工作会议精神后，召开市委工作会议，通过传达中央工作会议精神，分析我市治理整顿形势和任务，提高认识，统一思想，动员广大党员一心一意搞好治理整顿。会议定于4月底召开，由市委办公室做好会议筹备工作。

二、听取了××同志关于19××年庆祝振兴××立功竞赛表彰大会准备工作的汇报，原则上同意"立功办"提出的大会方案及召开时间，原则上同意市级劳模及文明单位的名单，责成"立功办"根据市委常委意见进行调整，并做好大会准备工作。对有些需要进一步研究的问题由"立功办"再作准备，向书记办公会汇报。

【简析】

本文属于会议纪要。概括交代会议的时间、地点、主持人、参加人员;主体部分写了议定事项和会议决定,表述清楚明白。

四、会议纪要的写作要求和注意事项

要正确地集中会议的意见。没有取得一致意见的,一般不写入纪要。但对少数人意见中的合理部分,也要注意吸收。

要抓住要点来写,不要写成会议记录。善于归纳问题,即对会议内容作分类整理和理论概括。归纳概括会议情况的主要依据是会议的原始记录、会议印发的文件和领导人的讲话稿等。

必须实事求是,忠实会议内容。可以对与会者的发言进行概括和提炼,也可适当删节,但不可凭空增添内容和篡改原意。

一、基本概念练习

(一)填空题

1. 行政机关的公文,是行政机关在行政管理过程中形成的具有_____和_____的文书,是依法行政和进行公务活动的重要工具。

2. 下行文指具有隶属关系的_____机关发给_____机关的公文。

3. 请示适用于向上级机关请求_____、_____。一般不得越级_____和_____。

4. 请示应当_____;一般只写一个_____,需要同时送其他机关的,应当用_____形式,但不得抄送其_____机关。

5. 报告不得夹带_____。

6. 通报适用于_____,_____,传达重要精神或者情况。

7. 通知是适用于_____的公文,是转发上级机关和_____的公文,传达要求下级机关办理和需要有关单位_____或者_____的事项,_____人员。

8. 函适用于_____机关之间_____工作,询问和_____问题;_____和答复审批事项。

9. 会议纪要是适用于_____和_____会议情况和议定事项的公文。

10. 通告适用于在一定范围内公布应当_____或者_____的事项。公告是适用于向_____宣布_____或者法定事项的公文。

(二)选择题(可多选或双选)

1. 指令性的公文是指_____。

A. 命令和决定　　　　B. 函　　　　C. 公告　　　　D. 通告

2. 向国内外宣布重要事项或者法定事项时使用_____。

A. 公告　　　　　B. 通告　　　　　C. 通报　　　　　D. 决定

3. 向上级机关汇报工作,反映情况,答复上级机关询问时用_____。

A. 报告　　　　　B. 决定　　　　　C. 总结　　　　　D. 请示

4. 不相隶属机关之间请求批准用_____。

A. 请示　　　　　B. 报告　　　　　C. 函　　　　　　D. 批复

5. 受双重领导的机关向上级机关行文,应当这样处理_____。

A. 写明主送机关和抄送机关　　　　B. 主送一个上级机关
C. 报送两个上级机关　　　　　　　D. 主送并抄送两个上级机关

6. 联合行文的机关应该是_____。

A. 两个以上的机关　　　　　　　　B. 两个以上的同级机关
C. 上下级机关　　　　　　　　　　D. 不相隶属的两个机关

7. 公文标题一般由_____名称(作者)、文件的主题(事由)、文种(文件名称)组成,除加书名号外,一般不用标点符号。

A. 发文机关　　　B. 单位　　　　　C. 机构　　　　　D. 民间团体

8. 公文的紧急程度分为_____。

A. 特急　　　　　B. 急件　　　　　C. 火急　　　　　D. 加急

9. 发文字号应当包括机关代字和_____。

A. 年份　　　　　B. 序号　　　　　C. 简称　　　　　D. 全称

10. 公文在_____可以联合行文。

A. 同级政府各部门　B. 同级政府　　　C. 各级政府　　　D. 政府与同级党委

(三) 分析下列事例有无错误,并说明原因

1. 某县人事局向县直属各单位下发年终考核工作通知,抄报于该县政府办公室。

2. ×市×区区属图书馆为办好图书事业,满足该区群众读书的要求,特向区政府请示增加经费,并将该请示抄送该区人事局、劳动局、物价局、财政局。

3. ×省×市×区区属瓷器厂因税务问题受到该区税务所的处罚,该厂认为处罚不符合国家税法,特向市税务局申诉,并同时向×省税务厅申诉,并抄报于×市政府、×区政府。

4. 某县农林局写例行报告,一向县政府汇报2009年全年工作,二在报告中请示了2010年增建农机站的事项,三建议对困难地区减免乡政府提留费用。

5. ×市×工业总公司因市属重点企业×××电器厂领导班子个别人贪污犯罪,准备调整该厂领导班子,特向市政府请示,并将该请示抄送于该厂办公室。

6. ×市纪检委员会将2007年纪检情况通报于市各直属机关和各局。

7. ×市×区职工大学是受区政府和市成人教育局双重领导的单位。该职工大学就2006年需增加教育经费一事,特向两个上级机关请示。

8. 中共××市委与市委宣传部就学习贯彻中共第十四次代表大会精神,建设有中国特色的社会主义联合向下发出通知。

二、基本技能训练

(一) 修改标题

1. 国务院证券委员会中国证券监督管理委员会请求批准关于进一步加强期货市场监管工作的请示

2. 关于请求批准把×××辟为爱国主义教育基地的请示

（二）给下面标题填写文种
1. ××部关于几起重大火灾的_____。
2. 国务院办公厅关于发布《行政机关公文处理办法》的_____。
3. ×××大学关于报送××省教育厅今年招生工作情况的_____。
4. ××省财政厅关于要求解决××县广播、电视设备问题的_____。
5. ××省财政厅关于同意××大学新建教学楼的_____。
6. ××研究所关于要求改变拨款待遇的_____。

（三）根据以下内容提示拟写公文标题
1. ××大学就××学生擅离学校，违反学校纪律，给予警告处分一事发出文件，使全校学生周知。
2. 某县工业局为请求购置防暑设备的经费，特向该县财政局制发文件。
3. 某省人民政府发文要求所属单位认真贯彻执行国务院关于调整纺织品价格的规定，以便保持市场的稳定。
4. 某省财政厅对本省农业厅申请批准拨款购置办公设备的来文制发复文，批准对方的请求。

（四）根据指定材料和要求撰写公文
要求：结构正确，标题、事由和文种准确。公文体式正确，措辞得体，简洁明确。
1. 某省农业厅就2007年春季抗旱救灾问题，向省政府请求急拨救灾款5000万元。
2. 拟写一份会议通知：全国市场营销协会决定于2008年7月10日至16日在广西壮族自治区南宁市召开一年一度的营销协会年会，于2008年6月28日发出会议通知。会议的内容是研究和探讨当前营销学的有关学术问题和热点问题，全国市场营销协会的会员均可参加。会期为7天，7月10日报到，报到和开会地点是南宁军区空军招待所。要求：每位与会者于会前半个月交来相关学术论文一篇。会务费自理。

（五）评析下面的公文有什么错误

关于××市民政事业费管理使用问题的通报

××市任意挪用、占用和滥用民政事业费的问题，是非常严峻的。民政事业费是体现党和国家对广大优抚、救济对象生活疾苦的关怀，任何人挪用、侵占和占用民政事业费必须限期如数追回。为了严明党纪国法，对挪用、占用民政事业费的有关人员，要按党纪政纪严肃处理，并将处理结果报省人民政府。

各地要把××市的问题引以为鉴，加强民政事业费的管理，杜绝××市的问题再度发生。

（本单位署名盖章）
××××年×月×日

第三章　日常文书

学习目标

- 理解日常文书的含义、特点及种类,了解日常文书的写作要求。
- 掌握各类日常文书的结构特点及写作规则,重点掌握条据和书信类文书的写法。
- 学习例文,模拟写作,培养熟练写作各种日常文书的能力。

第一节　日常文书概述

一、日常文书的含义

日常文书也叫日常应用文,是指人们在日常工作、学习或生活中,办理公务、处理私事时所使用的一种实用性文书。它主要用于沟通感情、增进友谊、表达意愿、改善关系等。

在人们的社会交往活动中,有许多事情需要通过一定的文书形式来进行,所以,学会写这类相关的应用文,对于增进友好关系、促进事业成功、获得和谐生活等有着非常重要的意义。

二、日常应用文的特点

(一) 实用性

日常应用文是人们在生活、工作、学习中经常使用的文书,是为某一特定事情或需要写作的文书,具有很强的实用性。

(二) 礼节性

日常应用文的交际色彩非常浓厚,具有礼节性,其内容要关注对方的需要和感受,措辞要注意敬重、委婉、亲切、优美、大方等。

(三) 书信性

日常应用文大部分属于书信体,承载传达信息、表达感情、记录凭证的功能,从内容到形式都具有浓厚的书信体色彩。

三、日常应用文的种类

日常应用文一般包括以下几类：

条据类。包括借条、收条、欠条、请假条、留言条等。

书信类。包括一般书信与专用书信，专用书信包括求职信、申请书、介绍信、证明信、邀请信、感谢信等。

启事类。包括启事、告示、声明、海报等。

第二节　条　　据

一、条据的含义和种类

条据类应用文是指人们日常生活和工作中经常使用的，用以证明或说明某种情况和某些事情的，具有告知性、契约性特点的应用文。

人们在日常工作和生活中总要与别人交往，有时需要通过书面形式把临时要告诉别人的某件事写成简单的条子，或把所交接的钱物写成书面文字，作为凭据，这种条子和凭据就是日常工作、学习和生活中常用的应用文——条据。"条"即便条，"据"即单据，合起来称条据。所谓条据类应用文指人们在借到、领到、收到或归还钱物时写给对方作为凭据的便条或单据。有时候，要通过简单书面条子的形式向有关人员托付事情、说明情况，这样的条子也属于条据类应用文。

二、条据的特点

（一）凭证性

条据的主要功能就是凭证作用，条据类作为钱物借还的重要凭据，应该严加保管，供日后核对情况，甚至可以作为档案保存起来。

（二）说明性

条据内容涉及钱物的名称、用途、时间、数目、去向等重要信息，具有说明事实的性质，其语言要遵守说明文语言的规范。

（三）简便性

条据类应用文一般在熟悉的人员之间使用，运用起来灵活方便，文小功能大。

三、条据的分类与写作

按用途分，条据可以分为说明性条据和凭证性条据。

（一）说明性条据

说明性条据是临时用来把某件事告诉别人的条子。如便条、请假条、留言条、托事条等。

说明性条据的格式主要由五部分组成：

第一部分是称谓。第一行顶格书写对对方的称呼，后面用冒号。

第二部分是正文。第二行开头空两格开始写。请假条要写明请假的原因、起讫时间，然后写上"请准假"、"请批准"、"特此请假"等字样。留言条要写明何时、何地、何事。托事条要写明何时、何地、以何方式办何事、怎么办。

第三部分是祝颂语。另起一行空两格写"此致"，再另起一行顶格写"敬礼"，表示对对方的尊重。

第四部分是具名。在正文右下方写上自己的姓名。

第五部分是日期。在具名的正下方写上年月日。

有的说明性条据在第一行正中要写上标题，如"请假条"。

（二）凭证性条据

凭证性条据是交接钱物时用来作为凭证的单据。如领条、欠条、收条、借条等。

1. 凭证性条据的写法

凭证性条据在第一行中间写上标题"领条"、"收条"、"借条"，或"今暂欠"、"今售给"、"今领到"、"今收到"等字样，表明条据的性质。如属代收或代领，则在前面加个"代"字。

第三行开始写正文。标题为"×条或据"的，正文前空两格；标题为"今收（借、领）到"的，正文顶格写。

领条要依次写明领取人名称，领取物品的名称、种类、数量、型号等。

收条要依次写明交来钱物的人名或单位名称、钱物的种类、数量以及用途或目的。

借条要依次写明被借方姓名，所借物品名称、数量、借期、归还的期限。如果所借是钱财，要写明币种、利息等。

欠条要依次写明被欠方的姓名、所欠钱物的名称、已归还的数量、仍拖欠的数量、归还剩余的尚拖欠部分的时间。有的还在正文后边写上"此据"两字，以防添加内容。

最后在条据的右下方写上单位名称、经手人姓名，并加盖公章（或私章）。在署名的下方写明日期。

2. 凭证性条据的写作要求

（1）使用的条据中单位名称必须是全称。

（2）表示钱物的数字一律使用大写汉字数字（壹、贰、叁、肆、伍、陆、柒、捌、玖、拾、佰、仟、万、亿），以防涂改。数字前不留空白，后面写上量词（元、斤、个等），再在后面加上"整"字和"此据"两字，以防添加。

（3）如是钱款条据，一定要写明币种。物品要写明名称、种类、数量和型号。

（4）条据一定要用钢笔或毛笔书写在较好的纸上，以便保存，写成后不能随意涂改。如需涂改，应在改动的地方加盖公章或私章。签名不能代签，必须当事人签名，并加盖印章或指印。

（5）日期要用小写汉字数字书写，并写全年月日。

（6）内容准确真实，措辞严谨，全面准确。如姓名不能写小刘、小王；年月日不能写周五、即日等；考虑特定语境下不同的语体风格，注意词语使用；字迹工整规范；充分认识条据作用（口头协定无用）；办事结束后收回、销毁条据。

四、常见条据的写法举例

（一）说明性条据

（1）请假条是因事、因病不能工作、学习或不能参加某种活动而向领导、老师或组织请求批假的条据。请假条一般由自己写。应写明向谁请假、请假原因、请假起止时间、请假人等。病假一般应附上医院或医生证明。请假期满后应向有关部门或人员销假,请假条不必收回。

【例文参考】

请 假 条

梅老师:

  我感冒发烧,不能到校学习,特向你请假三天(3月10日至3月12日),请准假。

  此致

敬礼

请假人:学生 刘勇
2005年3月9日

(2)留言条是在联系工作、交代任务或访问亲友未遇时,为留下需告知的话语而写的便条。写留言条时要注意交代清楚自己的意图和要求。

【例文参考】

留 言 条

刘勇同学:

  今天上午,我来归还自行车,你不在家。现把自行车放在你家隔壁陈小山家里。特留言告知。

  此致

敬礼

赵英华
2005年3月19日

(3)托事条是委托他人代办某事所写的便条,其格式和写法与留言条相似。

【例文参考】

托 事 条

张语梅同学:

  我有急事回家了,请你帮我把《钢铁是怎样炼成的》一书还给学校图书馆。

  此致

敬礼

高晓英
2005年3月19日

(二)凭证性条据

(1)收条是收到单位或个人交来的钱和物时,写给对方的一种凭据。

【例文参考】

今 收 到

××职业技术学院发给我的奖学金计人民币壹仟元整。此据。

经手人:信息管理系3092班张滔
二〇一〇年三月九日

代 收 条

今代为收到机电系3091班刘玲同学还给交通工程系3092班南柯同学的人民币陆佰元整。此据。

经手人:信息管理系3092班张滔
二〇一〇年十月九日

（2）借条是借到单位或个人的钱和物时,写给对方供备查的一种条据。钱物归还后要把借条收回作废。

【例文参考】

今 借 到

××职业技术学院管理系3082班王芳同学人民币伍佰元整。下月十日一次性还清。此据。

经手人:管理系3092班张滔(签章)
二〇一〇年三月九日

借 条

今借到学校工程处七寸扳手壹把,塑料桶壹个。后天归还。此据。

经手人:机电系3092班李东(签章)
二〇一〇年三月九日

（3）领条是个人或单位向其他人或单位领取钱或物时写给对方的条据。

【例文参考】

领 条

今领到学院总务处发给班级的扫帚叁把,铁皮畚箕壹个,毛巾叁条。此据。

经手人:管理系商务3092班李东(签章)
二〇一〇年三月九日

代 领 到

学院发给交通工程系国航3092班林钰同学的奖学金人民币捌佰元整。此据。

经手人:交通工程系国航3092班李东(代)(签章)
二〇一〇年三月九日

（4）欠条是向个人或单位借了钱或物,只还了其中一部分,还剩下一部分拖欠未还,对拖欠部分所打的条子。借了个人或单位的钱或物,事后补写的凭条,也叫欠条。

【例文参考】

欠　　条

　　2009年3月曾向学院成教部吴欣同志借到人民币壹仟元整,今补欠条壹张,今年十月一日前还清欠款。此据。

经手人:机电系3092班李东(签章)
二〇〇九年五月九日

今　　欠

　　原借到××职业技术学院成教部吴欣同志人民币叁仟元整,已还了贰仟元,尚欠壹仟元整,二〇〇九年十月一日前一次性还清欠款。此据。

经手人:基础部孙红(签章)
二〇〇九年五月九日

第三节　书　信

一、概述

(一) 书信的含义

书信是个人与个人、个人与组织、组织与组织之间用来交流思想感情、互通情报的一种常用文书。

书信有一般书信和专用书信之分。一般书信指日常工作和生活中私人来往的信函,用于同事亲友之间交流思想、联络感情、互通情况、商讨事情,是朋友、同事、同学、亲友之间互致问候、互通信息、交流思想、研究问题、商讨事务的纽带。专用书信是在特定场合或因某种特殊需要而写的,是用于单位之间联系工作、处理事务的具有专门用途的书信,如介绍信、证明信、聘书、决心书、申请书等。

(二) 书信的名称和种类

书信又称为信函。函,原指装信的匣子和封套。古时将写在竹片上的书信称为书简或简;将写在小木片上的书信称为书札或札;把写在木片上的书信称为书牍或牍,因竹片、木片约一尺长,故又称之为尺简、尺牍。帖是指写在帛上的书信。封建礼仪中强调对尊长、友人的尊重和友好,书信称谓因而等级化、伦理化了。例如:称皇帝的来信为赐书、手谕,称父辈、师长的来信为严谕、慈谕、手教,称好友的来信为大札、手札,称同辈有学问者的来信为手翰、惠书,称自己喜欢的女子的来信为玉音、瑶缄,等等。这些名称现在很少有人用了,但在写作现代书信时,若能适当地应用一下,可有利于表现出写信人的文化素养和知识底蕴。

书信按性质分,可分为公函和私函。公函主要是指党和政府及其各职能部门、单位、组织和其主要负责人为国家、政党和社会公共事业的管理、信息交换等而写的书信。私函是指社会自然人为了私人的事、情、思想、谊、怨、恨等而写的书信。如私人给一级组织政府写信,是为私信;若组织政府以公文的形式转发了此信,则就具公函性质。

从内容上可将书信分为书和信两大类。书包括申请书、入党(入团)志愿书、决心书、保证书、挑战书、应战书、倡议书、建议书、自荐书、聘书等。信有表扬信、慰问信、感谢信、贺信、公开信、证明信、家信、推荐信、延聘信、道歉信、求爱(婚、助)信等。

(三) 书信的格式

1. 信封格式

书信信封的格式虽然是常识,但常被人忽视,导致因信封格式不合格被退回的信件很多。信封的格式有两种:

(1) 横式。主要在祖国大陆范围内通行。从上而下写收信人的邮编、地址、姓名、寄信人地址、邮编等。寄往我国港、澳、台地区或国外时,左上角第一行写上寄信人所在单位;第二行写上寄信人地址,也可在地址下写传真号、电话号和网址;第三行居中写收信人姓名;第四行居中写收信人单位;第五行居中写收信人地址。

(2) 竖式。内容同上,由右向左书写,字序从上到下。

注意,在收信人姓名后,一般写"先生收"、"女士收"、"小姐收"即可,不要写"爸爸收"、"妻子收"、"儿子收"、"姐姐收"。因为信封是写给带信人看的。

2. 一般书信的格式、内容和写法

一般书信包括家书和情书:

家书。无论是写给长辈还是晚辈的书信都要率真,应有"见信如见面"的温馨和亲切。

情书。即男女双方在恋爱过程中往来的沟通情感的书信。现今人们当面谈、电话谈、网上谈的多了,而最有留存价值的用书信谈的少了。

一般书信的结构包括:

称呼。可加适当修饰语,如"尊敬的"、"亲爱的"。

问候。根据收信人的具体情况,有针对性地问候。对长辈、老年人或病人,可询问健康情况;对学生,可问候学习情况;对乔迁新居、新婚等喜事,可表示祝贺;等等。

正文。第一,缘起语。说明写信原因,回信要写明何时收到信,回答来信问的事。第二,写明自己要说的话、要谈的事。先写与对方有关的,再写与自己有关的。第三,总括全信内容,加深收信人印象。

祝颂语。写给长辈,写"敬祝、安康";对上级或师长,写"此致、敬礼"或"敬祝、教祺";对同志、朋友,写"祝工作顺利、生活幸福";有时可根据写信的时节,用"祝新年好"、"春安"、"暑安";等等。

具名。在信的右下角写上写信人的姓名。

日期。写信的年月日。信写完后,若临时又想起有话要补加,可写"附言"。另起一行写"附",加冒号,写完内容后,加"又及"两字。

3. 专用书信的种类及写作要求

专用书信包括求职信、应聘信、推荐信等。写作的具体要求有:

内容单一,目的明确。专用书信都是为了达到某一目的而写作的,有"一事一文"的特点。

言简意明,措辞得体。专用书信叙事使用概叙法,不可用细叙法而使文章冗长累赘。语言一定要谦恭有礼,热烈真诚,诚恳委婉,亲切谦和。另外,还可恰当地运用文言词语,使信文显得简约、典雅而庄重。

格式规范，书写端正。专用书信格式与一般书信相同，不同的是专用书信通常要在第一行正中写上书信名称，如"求职信"等。

二、求职信

2006年6月×日，××市人才交流中心的招聘会上，一家著名的外资企业，要招聘一名高层管理人员，丰厚的薪水、优越的待遇吸引了很多人前来应聘，其中不乏博士、硕士、本科生，也有原本就在外企的员工。但最后胜出的一位是只有专科学历，也从来没有外企工作经历的职校学生。当有人问及这位学生何以制胜时，公司总经理道出了其中的秘密："作为用人单位，最希望招聘到的人是实实在在解决问题、能出色地胜任本职工作的人，而不是夸夸其谈的人。学历、工作经验固然重要，但是那些东西都只能从侧面证明应聘者的工作能力。这位学生在我们公司招聘广告刚登出来的时候，就着手对公司所有的产品做了细致的市场调查，公司产品所占的市场份额、竞争对手等方面的情况都了解得很清楚，在他的自荐信中对公司提出的建议和制订的规划都是切实可行的。我们没有请他，他就已经为我们工作了，我们不请他又请谁呢？"

求职实际上就是把自己推销出去，精心地做好应聘前的准备工作，写好你的求职材料，你就离求职成功不远了。假如你是一位刚毕业的学生，你将怎样策划写作你的求职信或者求职简历呢？

计划经济时代，学生毕业后都由国家统一分配安排工作，而今却是人才市场上双向选择。21世纪，是自我推销的世纪，不管是大学生、研究生、留学生、下岗职工，还是想"跳槽"的员工，想谋一个职位，都要到人才市场将自己的求职信当面交给用人单位，或投寄选择好的单位，或将求职书传上网进行双向选择。在找工作的过程中，一封得体的求职信就是一位出色的"使者"，可以在你和用人单位见面之前，给人留下深刻的印象，从而增加面试的机会。当今社会竞争激烈，要想赢得工作就业的机会或为自己寻找一个发展的空间，就必须善于推介自己。要想很好地推销自己，就需要用好求职信这一工具，重视它的写作技巧。

（一）求职信的含义和特点

求职信是求职者为求取某个职位、职务，向用人单位自荐、向有关单位写的希望得到任用的专用书信。其中应聘信是求职者在获知用人单位公开招聘职位的情况下写的。求职信的目的比较明确，求职的要求迫切，求职的意向也很有针对性。

求职信具有自荐性、指向性、真实性和独特性。

1. 自荐性

求职信是求职者写给招聘单位的信函，具有毛遂自荐的性质。求职者应主动向用人单位介绍自己的情况，介绍符合应聘的条件，尤其是在某一方面的专长、优势，让用人单位了解自己，对自己产生好感而录用自己。

2. 指向性

也称针对性。求职信是求职者根据自己和用人单位具体情况，指向所谋求的具体工作岗位而写的书面申请，其目的明确，指向性强。写信人要根据自身的实际情况，在对自己充分认识的基础上，再针对用人单位的实际情况，读信人的心理，所求职位的工作性质、特点和需要，恰如其分地介绍自己的成绩、能力、特长和优势，使对方在即使未曾谋面的情况下也能产生一种值得一试的感觉,从而找到能发挥自己特长的工作。指向性强的求职信往往会有更好的效果。

3. 真实性

求职信是求职者向用人单位提供的个人材料,作为用人单位选择、录用求职者的依据。因此,求职者必须实事求是,不能弄虚作假。要如实地向用人单位介绍自己的情况,不夸大,不缩小,不虚构,要用真实可靠的材料去赢得用人单位的好感与信任。

4. 独特性

求职就是竞争,要在竞争中取胜,就须出类拔萃,不同一般。这在求职信中要得到充分体现。

(二)求职信的种类

求职信种类繁多,根据求职者的身份不同,求职信可分为毕业生求职信、待业或下岗人员求职信和在岗者求职信;按性质分,有求职信、应聘信和自荐信等。

(三)求职信的格式和写法

求职信的格式一般包括标题、称呼、正文、落款、附件以及联系方式等。

1. 标题

求职信的标题通常是在第一行中间写"求职信"或"应聘信"。

2. 称呼

标题下空一行顶格写明求职单位名称或求职单位领导、部门负责人的姓名和称呼,后用冒号。由于求职者往往不知对方详情,一般写较为笼统的称呼,如"××公司负责人"、"××厂长",有时也可称呼"厂长先生"、"经理先生"等。如果知道对方姓名,就写出姓名和称呼,如"李天厂长"、"王中经理"等。

3. 正文

这是求职信的主要内容,是求职信的主体,要求求职者写明自荐求职的目的、求职者个人情况、个人才能以及对所求职单位的期待等方面的内容。自荐求职的目的要写得明确具体,写清自荐干什么,可以是某职业,也可以是某岗位。一般可以从以下三个方面加以阐述。

(1)开头。写求职或自荐的缘起。可以在提出求职目标之前先作自我简介,交代清楚诸如身份、年龄、学历、毕业学校等基本情况,给用人单位一个初步的印象。也可以直截了当地说明自己写信的目的和原因,交代为什么要向该用人单位求职或自荐,是通过何种途径获得该用人单位招聘信息的,同时表达一下对单位的印象和自己求职或应聘的意愿。要写得具体集中、简洁不罗嗦,既实事求是,又机智灵活。如果是有明确目标的应聘信,可以先谈谈自己看到该单位的征招信息,意欲应聘的想法。如"我从《扬子晚报》上看到贵公司的招聘启事,非常兴奋,我如能到贵公司从事服装设计与制作工作,将感到非常荣幸",又如"据报载,贵公司领导十分重视人才,办事效率高,人际关系和谐,员工可以一心一意搞科研和生产,我能够成为贵公司的一员该多么自豪",等等。

(2)主体。写求职、应聘或自荐的条件。先作自我介绍,谈自己的学历、工作经历、志向、兴趣、性格、成绩、经验等,然后提出应聘条件及待遇要求。这部分是求职者推销自己的关键环节,也是求职信写作的重点、难点部分。求职者个人情况介绍和个人才能展示是自荐信的主要和重要部分,也就是向对方介绍自己究竟具备哪些条件,有哪些才能和特长,可以从事或胜任某项工作或某个职位。一般来说,介绍部分可写得简明扼要,针对自荐信的目的来写,而个人才能展示则可写得相对具体,必要时还可以用附件的形式使其更加具体化。

如果是自荐式的求职信,根据求职目标,一般可以展示以下诸方面的情况:

一是专业知识。着重介绍自己的知识结构、特长学科以及它们与目标工作的关系。

二是专业技能。展现运用知识解决实际工作中各类问题的能力,如实习中技能的发挥及单位的评价等。

三是实践能力。即曾从事过的社会活动、组织能力、勤工助学能力、实习时的设计与制作能力等。

四是自我评价。这是对自己综合素质的小结,如责任心、道德品质、工作态度、团结协作精神等方面的评价,都是用人单位非常看重的非智力因素。

五是成果陈述。介绍主要成绩及优势、所取得的成果、获得的证书和奖励等。

这一部分要尽量写出自己的特色。但一定要注意实事求是,不能夸大其词,更不能自吹自擂。对所求职单位的期待请求是自荐信的结尾部分,一般写上希望用人单位能够接纳自己的期望语。要善于扬长避短,针对求职目标,表现自己的主要业绩和优势。写自己的求职条件时,一定要恰如其分。既不能过于卑怯,让读信人认为你没有信心,缺乏进取心和创造力,也不能一味浮夸,让读信人觉得你不知天高地厚,干事不踏实。

(3) 结尾。这是正文的结束语,写求职应聘或自荐的承诺。多数是希望用人单位能够接纳自己。态度要诚恳,使用的语言要"有礼、有利、有力、有节",不要过于谦虚,要不卑不亢。要把自己希望得到工作的迫切心情以及若被录用,面临新要求、新情况的态度和决心等表达出来,请用人单位尽快答复或给予面试的机会,不必过于谦虚。主要强调求职者的愿望和要求。

4. 附件

在致敬语下一行空两格写明所附的资料,如简历、成绩表、推荐表、各类证书、成果等以及份数。

5. 落款

可写上致敬语,在文尾或另起一行空两格,写"此致(顺颂)"、"敬礼(大安)"等。右下方写上求职或自荐者姓名、日期。

6. 联系方式

在左下方低于日期一行空两格,写明邮政编码、电话号码、详细的通讯地址等。

(四) 求职信的写作要求

1. 有的放矢

要针对用人单位的招聘职位、招聘条件和要求明确地表达自己的求职愿望,介绍自己的基本情况和具备的条件,切不可无的放矢。有效的求职信都具有很强的针对性,甚至针对用人单位的某一具体职位而写。

2. 客观真实

介绍自己的德、才、勤、绩、能,使聘用单位了解自己的真实情况。要做到不夸大,不缩小,实事求是,讲究分寸。

3. 简明扼要

自己的经历、主要成绩要简明扼要,突出自己的优势,不要给人以自我吹嘘、炫耀的感觉。

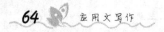

4. 诚恳得体

求职态度要诚恳，语气要得体，做到不卑不亢，要用真情、真诚去赢得聘用单位的好感与信任。

5. 规范工整

做到字迹工整，格式规范，文通字顺。如果能用手写最好，可以让用人单位进一步了解你。

（五）求职信的写作技巧

以"情"感人。指把握用人者的心理，投其所好，寻找共同点，引起共鸣。

以"诚"动人。诚意，诚恳的态度，不夸夸其谈；诚实，如实地写出你想从事某项工作所具备的条件，以及选择某项工作的原因，或者是为了发挥某项专长与特长，或者是为了照顾家里的老父老母，或者是受对方单位的某些优越条件的吸引，等等。这些是用人单位衡量人才的重要标准。

以"美"迷人。语言饱含感情，适当地选用一些谦词、敬词，如"恳请"、"敬请"、"您"、"贵公司"等。同时，语言要富有生气，有变化。

【例文参考1】

求 职 信

××公司董事长：

　　本人是武汉交通职业技术学院计算机系的应届毕业生，对贵公司慕名已久。深知贵公司是著名的中外合资企业，董事长知人善任，因此，本人渴望成为贵公司的一员。

　　我所学的是计算机软件专业。在三年大学时光里，由于学习勤奋，我不仅汲取了丰富的专业知识，也锻炼了自己的能力。较为系统地掌握了 C 语言、汇编语言、编译原理、PowerBuilder、数据库原理等，并对 C++和 VC++等 Windows 编程都有了一定的了解。课外我还自学了 Delphi 编程、ASP 动态网页及网络数据库。学好计算机必须有过硬的外语水平，我以较好的成绩通过了英语四级考试，能借助词典阅读英文资料。

　　自入学以来，我十分重视社会实践锻炼，利用业余时间参加社会实践活动。曾先后在多家电脑公司做过兼职，积累了较丰富的实践经验，尤其是在软件开发及网络管理方面。贵公司的事业欣欣向荣，若有幸加盟贵公司，我将倾全力贡献我的所学，与贵公司的同仁一起，创造公司更加辉煌的明天。

　　敬请函告或电话约见。静候佳音。

　　即颂

大安

求职人：李晓成
二〇〇九年八月五日

附：1. 个人简历1份

　　2. 学校推荐表1份

　　3. 成绩表1份

4. 证书复印件×份
　联系地址：武昌关凤路××号
　邮政编码：×××××
　联系电话：027-××××××××

【简析】

　　这是应届毕业生谋求软件开发工作的一封求职信，属于有明确单位的求职信。信的开头先进行自我简介，紧接着介绍自己求职的原因，表现出自己对求职单位的熟悉和热爱，并明确提出所求职位。然后，侧重从专业知识、专业技能、社会实践三个方面陈述自己所具备的条件，表达了愿望和决心。最后向用人单位提出"回音"请求。信中能实事求是、客观地评价自己，求职态度诚恳，语气不卑不亢，做到了文明礼貌。应该说，这封求职信在求职过程中是能够发挥作用的。

【例文参考2】

求　职　信

××公司经理：

　　我是一名即将毕业于××××学院的高职生，想在贵公司里找一份有关汽车贸易方面的工作。

　　本人在学校里学的是汽车贸易专业。到目前为止，全部学业已出色完成，每门功课成绩均在85分以上。附上一份个人简历和大学期间各科成绩一览表，供您参阅。从我的简历中您可以看到，我曾多次受到学校的表彰。我的一篇专业论文《××××××××》曾发表在《×××××》杂志上，并荣获二〇〇八年度湖北省优秀大学生科研成果一等奖。

　　今年上半年，我在贵公司实习了一段时间，我深深地感到，贵公司领导十分重视人才，办事效率高，员工之间团结协作精神强。可以想象，在这样的环境中工作，作为贵公司的一员，该多么自豪。

　　当然，条件如此优越的公司，想进来绝非易事。但我坚信自己有能力敲开贵公司的大门。我已经熟练掌握了本专业的基础理论知识和操作技能，有独立工作的能力。我的英语通过了国家四级，拿到了四级证书。汽车修理技术方面我拿到了中级证书，我的汽车贸易专业也通过了国家中级考试。我在贵公司实习期间发挥了汽车贸易专长，获得贵公司的好评。我相信，在一个崇尚平等竞争的公司里，我会如愿的。

　　最后，我希望贵公司能给我一个为贵公司作出贡献的机会，我热诚地期待您的答复。

　　此致
敬礼
　　附件：(略)

××××学院　王一平
二〇〇九年九月十日

【简析】

这封求职信的特点是开门见山地提出求职岗位,比较客观地介绍自己的德、才、勤、绩、能,突出自己的专业特长和技能优势,并且设置了两个兴趣点,写出自己关键的经历、最好的成绩、重要特长以及自己的愿望。最大限度地展现求职者的"卖点",又没有自我吹嘘、炫耀的感觉。全文简明扼要,又有说服力。

【例文参考3】

应 聘 信

××公司刘总经理:

  日前本人从《××晚报》上见到贵公司刊登的招聘启事,得知贵公司"招聘商务文秘一名"。本人对贵公司的良好企业形象钦佩已久。欣闻这一招聘信息,感到自己适合条件,特来应聘,盼望能成为贵公司的一员。

  我是南京商贸职业学院2009届毕业生,学的是商务文秘专业,较扎实地掌握了商务文秘理论知识,熟悉应用文写作和公文处理,并有一年多的文秘工作经验。同时,在校学习期间还选修过管理学、公共关系学、社交礼仪等方面的课程,并较好地掌握了这些方面的知识和技能。我的英文打字和计算机操作技术达到高级工水平,拿到了高级技工等级证书,能够适应现代化办公的需要。

  本人为人诚实热情,性格开朗爽快,办事细致认真,能吃苦,有毅力,热爱文秘工作,自信能够胜任贵公司的商务文秘工作。如能在刘经理手下做一名文秘人员,成为贵公司的一员,我一定会尽职尽责,充分发挥自己的特长,认真做好本职工作,为贵公司的繁荣发展作出贡献。静候佳音。

  即颂

大安

应聘人:李晓成
二〇〇九年八月五日

  附件:个人简历、学历证明复印件各一份

  联系地址:(略)

  邮政编码:(略)

  联系电话:(略)

【简析】

这是一份写得较好的应聘信。就格式而言,标题、称呼、正文、附件等写得完备规范。就内容而言,写明了招聘信息的来源和应聘目标。主体部分介绍了自己的的基本情况和基本条件,着重介绍了自己的专业优势、工作经验和现代化办公技术能力以及其他方面的技能,尤其是从事商务文秘工作的实践经验,加重了这份应聘信的分量,增强了说服力。信中还介绍了自己的性格和工作态度,这对于增添自己的实力也起到了包装作用。

【例文参考4】

应 聘 书

××公司人事处负责同志：

　　我叫××，女，30岁。于2000年毕业于××大学××系，同年赴美进修，于2002年获文学硕士学位，并有《××××》《××××》《××××》三本专著出版，同年至今在美国加州×××公司企划部工作。

　　最近，看到贵公司刊登在《××日报》上的"高薪招聘启事"，我认为我的专长符合贵公司要求，为此，我不揣冒昧，大胆向贵公司写信应聘。如有意，请及时与我联系。

　　Email地址：(略)

应聘人：李××
二〇〇六年八月五日

【简析】

　　此应聘书针对招聘启事的要求，首先介绍了自己的基本情况。其次表达自己欲谋求职位的意愿，篇幅短小，语言简练。可以适当写一下自己的设想，说明自己如被录用后将如何发挥作用等。这封应聘书内容有的放矢，思路清晰，表述清楚，格式规范。

【例文参考5】

自 荐 信

尊敬的人事部总监：

　　您好！我是××职业学院旅游饭店管理专业2009年应届毕业生。在即将毕业之际，我怀着十分激动和对未来充满憧憬的心情，向贵单位自荐，渴望能在贵饭店获得一份学有所用的工作。

　　在三年旅游饭店管理专业的学习生活中，我学习了旅游概论、现代管理学基础、旅游饭店客房管理、餐饮管理、财务管理、旅游英语等专业课程，并取得了良好成绩。在学习期间，还多次到涉外旅游饭店实习，在××饭店商品部实习期间，曾为客人铺床叠被；在××饭店餐饮部实习期间，曾为客人上菜斟酒；在××饭店商品部实习时，曾组织上货，为客人挑选商品。这些实习，不但丰富了在校学到的专业知识，还积累了在涉外饭店工作的经验，使我一到位就能上岗工作。在实习期间，我能用英语直接同来华旅游、工作的客商会话、交谈，锻炼了我的口语能力，多次得到外宾和实习饭店经理的表扬。

　　通过专业学习和涉外饭店的实习，我不但获得了专业知识，适应了饭店工作的需要，提高了在旅游饭店工作的能力，而且懂得了很多做人的道理，知道了上敬下和的可贵，深刻认识到在涉外饭店恪守职业道德和敬业精神对自身进步、对树立饭店以至整个国家形象的重要性。

　　我性格开朗乐观，善于与别人相处，喜爱文体活动，在学校举办的交谊舞大赛中，我曾获得三等奖。

　　我热爱社会，热爱生活，热爱旅游饭店工作。我非常渴望能到贵单位贡献我的所学,为贵单位的发展和我自身的成长勤奋工作。
　　　　　此致
敬礼

　　　　　　　　　　　　　　　　　　　　自荐人:王一
　　　　　　　　　　　　　　　　　　　　二〇〇九年六月十日

【简析】
　　这是一封写得较好的自荐信。正文中自我推荐的内容实事求是,自荐目的明确,渴望能在饭店获得一份学有所用的工作。简介部分简明扼要,既介绍了自己拥有的实践技能(其中突出了英语的口语能力),同时也展示了自己的特长,如爱好文体活动,获得过学校交谊舞大赛三等奖等,均切合本人的实际情况。最后适当表明自己"非常希望到贵单位工作、为贵单位的发展和自己的成长勤奋工作"的态度。全文内容实在,重点突出,语言得体,格式规范,不失为一篇成功的自荐信。

三、申请书

(一) 申请书的含义

　　申请书是单位或个人出于某种需要,向有关部门、组织、团体提出解决问题或希望得到批准等书面请求的专用书信。申请书在日常生活、工作中使用范围广泛,诸如个人申请加入党组织、团组织或其他党派、群众性组织、团体,或申请报考学校,申请调入某地工作,申请给予某种补助,申请调整住房,申请开业等,都要写申请书。

(二) 申请书的种类

　　申请书一般有表格式与书信式两种。表格式结构统一,要求明确,须按文字提示填写。此处只讲书信式申请书的写法。

(三) 申请书的写作格式

　　申请书由标题、称呼、正文、致敬语、落款五个部分组成。

1. 标题

　　第一行居中位置写"申请书"三字,字体较大。有的在"申请书"前加上定语,表明申请书的内容、目的和类型,如"入党申请书"、"开业申请书"等。

2. 称呼

　　第三行顶格写接受申请书的单位、团体、组织、机关名称或有关负责人的姓名、职务,后加冒号。

3. 正文

　　另起一行空两格写,这是申请书的主体。需要依次写明:申请什么,直截了当地说明申请的具体内容;为什么申请,即申请的理由,要写得较为充分。申请的态度要诚恳,这样可以使受理者充分了解申请者的意愿与决心,从而予以批准。

4. 致敬语

　　可以写"此致敬礼",也可以写"请予批准"。

5. 落款

　　署名和日期写在致敬语下一行的右下方,各占一行。如果是单位的申请,还要加盖公章。如果是个人申请,一般要在姓名之前写上"申请人"三个字,后加冒号。

【例文参考1】

开业申请

××市工商局：

　　我是××职业学院二〇〇九届毕业生，学的是汽车检测与维修专业，掌握了比较过硬的汽车检测与维修技术，获得了劳动和社会保障部颁发的汽车检测与维修专业中级技能、取得的等级证书。毕业一年多来，一直从事汽车检测与维修工作，使我的专业技能得到了充分的发挥与提高。我不仅已具备了独立开业的能力，而且还具备了开业的条件(场地××平方米，设备×台，筹集资金×万元)，特申请开办汽车检测与维修部，请考核我的技术，评估我的条件，望批准我的申请，发给营业执照。

　　此致

敬礼

申请人： 王一
二〇〇九年九月十日

　　联系地址：(略)
　　邮政编码：(略)
　　联系电话：(略)

【简析】

　　这是一份开业申请，格式规范。正文写明申请的事情与理由，先写毕业学校、所学专业，再写所掌握的技能、取得的等级证书和实践经验、具备的条件。最后提出开业申请，表达愿望。申请的事情明确，理由充分。行文朴实，态度恳切。

【例文参考2】

入党申请书

亲爱的党组织：

　　我怀着十分激动的心情向党组织提出申请，请批准吸收我成为一名光荣的中国共产党党员。

　　我认识到，中国共产党是中国工人阶级的先锋队，同时是中国人民和中华民族的先锋队，是中国特色社会主义事业的领导核心，代表先进生产力的发展要求，代表中国先进文化的前进方向，代表中国最广大人民的根本利益。党的最高理想和最终目标是实现共产主义。中国共产党以马克思主义、毛泽东思想、邓小平理论和"三个代表"重要思想作为自己的行动指南。回顾党的光辉历程，我更加深了对党的认识。党从成立之日起，领导中国人民披荆斩棘，浴血奋战，终于推翻了三座大山，建立了新中国，劳动人民翻身解放了。新中国成立后，党又领导人民战胜了各种困难，进行社会主义建设。尤其是十一届三中全会以来，党领导人民走改革开放的道路，建设有中国特色的社会主义，使中国走上了富裕的道路。社会主义祖国日益富强，屹立在世界东方，让全世界瞩目。党的发展历程使我深深认识到这样一条真理：只有中国共产党才能救中国，只有中国共产党才能使中国走明富强之路，中国共产党确实是伟大、光荣、正确的党，是中国人民的大救星。

我是一名成长在改革开放年代的青年学生。我从小学开始，就听到了一连串闪光的名字——江姐、雷锋、焦裕禄、孔繁森……是这些党的优秀儿女给了我力量，使我更加热爱党、信仰共产主义。我申请入党，是为了更好地像他们一样，为党的事业奉献青春和热血，为共产主义奋斗终生。我知道，我离党组织的要求有很大差距。但是我有决心和信心，加倍努力，不断学习党的基本知识与理论，积极参加党组织开展的政治活动，努力学习"三个代表"重要思想。按照党员的标准严格要求自己，克服自身缺点，努力学习文化知识，刻苦学习专业技能，努力提高自身素质，积极创造入党条件。我真诚恳请党组织给予我更多的教育和帮助，使我早日加入党组织。请党组织考验我。

此致
敬礼

申请人：王一
二〇〇九年六月二日

【简析】

这份入党申请书，首先提出入党申请，其次谈自己对党的认识和感情、入党动机，再次讲如何创造条件，使自己早日加入党组织，最后用一句话表达请求。语意恳切，感情真挚。

（四）申请书的写作要求

一事一书，不要在同一申请书中提多个申请。

明确、直接地提出自己的申请与要求。申请书是一种为申明请求而写的专用书信，所以要开门见山，不要绕弯子。申请书要得到批准，必须有较为充分的理由，这样才能让管理机关或负责人研究考虑。写申请书之前，要查明受理者不要越级或向不管此事者申请。

注意语言简洁，行文朴实，情感恳切。

四、介绍信

（一）介绍信的含义和作用

介绍信是介绍本单位的人员到有关单位洽谈事情、联系工作、参观学习或出席会议时所用的一种专用书信。它具有介绍和证明的双重作用。

（二）介绍信的分类

介绍信有手写介绍信与印刷介绍信两种常见的形式。手写介绍信是指直接写在普通信纸（一般印有单位名称）上的介绍信。最后加盖单位或团体的公章才正式生效。

印刷介绍信是指通过印制而成的更加正规的介绍信。它比手写介绍信的格式更固定、更统一、更规范。它通常有两联，一联是存根，另一联交外出人员携带。两者之间有中缝，以虚线隔开，压线有"××字第××号"等字样，是介绍信的类别与编号，并加盖骑缝公章。号码要用汉字大写，防止涂改。填写时，存根与本文内容要完全一致，这种介绍信要装订成册，按类别、次序编排号码使用。

（三）介绍信的写作要求

如实填写持介绍信人的姓名、职务，不得弄虚作假。联系的事项要写得简明扼要，无关事情不要赘述。

本体与存根内容要一致,由开具介绍信的人员认真填写。书写要工整,不能任意涂改。

(四)介绍信的写作格式

1. 手写介绍信的写作格式

(1)标题。在第一行居中位置书写"介绍信"三个字,字体要大些。

(2)称呼。第三行顶格书写联系单位或个人名称,后加冒号,以引出正文。

(3)正文。另起一行空两格写。内容包括持介绍信人的姓名、人数、洽谈事项与要求。有的根据需要还要写上持介绍信人的年龄、政治面貌。正文可以不分段,写完为止。一般用"兹有"或"现有"等词语开头,用"请接洽"、"请协助"等词语结尾,人数大写。

(4)祝颂语。正文文尾或另起一行空两格写"此致",再另起一行顶格写"敬礼"。

(5)落款。最后在右下方署名,署名下面写开出介绍信的时间,并加盖公章。

【例文参考】

介 绍 信

×××汽车公司:

　　兹介绍我校交通系主任李一红同志等叁人前往贵公司联系学生实习事宜,请接洽。

　　此致

敬礼

××市交通职业学院(公章)

二〇〇八年九月六日

　　(限三天有效)

【简析】

这封介绍信格式规范,不仅内容简明扼要,而且写得也很得体,是一篇写得较好的介绍信。

2. 印刷介绍信的写作格式

第一行居中以较大字体印有标题"介绍信"三字。

第二行在标题下,印有"××字第××号"。

第三行顶格写联系单位或个人名字,后加冒号。

第四行空两格写正文。内容有持介绍信人的姓名及人数,联系的具体事项和要求。

祝颂语通常另起一行空两格写"此致",换行顶格写"敬礼"。署名、日期在右下方,各占一行,上面加盖公章。在左下角用括号注明有效期。

【例文参考】

介绍信(存根)
××字第××号

李一红等叁人前往×××汽车总公司联系学生实习事宜。

二〇〇八年九月一日

················ ××字第××号 ············(盖章)···············

介 绍 信
××字第××号

×××汽车总公司：
  兹介绍我校交通系主任李一红等叁人，前往贵公司联系学生实习事宜，请接洽。
  此致
敬礼

××市交通职业学院(公章)
二〇〇八年九月六日

(限五天有效)

【简析】

与上例不同，从形式上看，印刷的介绍信开具时须按印刷好的格式和项目填写有关内容。由存根和对外使用两部分组成。从内容上看，增加了字号。

五、证明信

(一)证明信的含义

证明信是机关、团体或个人证明有关人员的身份、经历或有关事件真实情况的信件。

(二)证明信的写作格式

证明信由标题、称谓、正文、署名、日期五部分组成。

1. 标题

第一行居中位置以较大字体写"证明信"三字，也可只写"证明"二字。

2. 称谓

第二行顶格写要求证明的单位名称，然后加上冒号。

3. 正文

另起一行空两格写。证明的内容要针对对方所要求的要点写，其他无关的不写。如果证明的是某人的某段经历，应写清人名、时间、地点及所经历的事情；如果证明某一事件，要写清参与者的姓名、身份及在此事件中的地位、作用和事件本身的前因后果。最后以"特此证明"字样结束。

4. 落款

正文右下方写证明信制发单位和开具日期,然后加盖公章。

【例文参考1】

证 明 信

××公司团委:

　　贵公司李亮同志系我院2008届数控专业毕业生。该生于2007年5月被评为学校优秀团干。

　　特此证明

　　　　　　　　　　　　　　　　　　　　　××市交通职业学院(公章)
　　　　　　　　　　　　　　　　　　　　　二○○八年九月六日

【例文参考2】

证 明 信

××市教育局:

　　李亮同志系我院教师,于2008年5月××大学毕业后来我校工作,副教授职称,人文教研室主任。该同志来我校工作以来,工作努力,成绩突出,2009年被评为先进工作者,未受过任何处分。

　　特此证明

　　　　　　　　　　　　　　　　　　　　　××市交通职业学院(公章)
　　　　　　　　　　　　　　　　　　　　　二○○八年九月六日

【简析】

"例文参考1"是一份有关毕业生情况的证明,所证明的内容简单明了,只突出被证明人的毕业学校、毕业时间、所学专业、政治面貌及受奖情况等。"例文参考2"是一份有关教师情况的证明,所证明的内容较多,包括工作单位、职业、职称、职务、毕业学校、工作表现及受奖惩情况等,表述客观肯定,清楚可靠,具有证明效力。

(三)证明信的写作要求

证明信内容要完全真实可靠,不能弄虚作假。

对被证明者本人的工作、政治表现、业绩作出评价,使对方了解被证明人的情况,从而鉴别证明材料的真实可信度。

语言表达一定要准确,不能模棱两可。书写要工整,不得涂改。如有涂改,必须在涂改处加盖公章,否则就需要重写。证明信要留有存根,以备核查,而且必须加盖公章,否则无效。

六、证明书

(一) 证明书的含义

证明书是用来证明一个人的身份、学历、婚姻状况、身体情况等或某一件事情的真实情况的专用书信。

(二) 证明书的分类

证明书种类很多,按内容分,有工作经历证明、工作经验证明、病情证明、留学经济担保证明、学业成绩证明等。

(三) 证明书的写法

通常采用一般书信的格式,但多省掉收信人的姓名、地址和结束语。一般由标题、证明书字号、正文和落款四部分组成。

1. 标题

第一行居中以较大字体写"证明书"三字。

2. 证明书字号

标题下面写证明书字号,如"(2009)通证字第 25 号"。

3. 正文

第三行空两格写证明内容。

4. 落款

正文右下方写证明人和证明时间。

【例文参考】

合同证明书

兹证明王一(男,1966 年 5 月 6 日出生,现住湖南省××市××路××号)与刘明(男,1964 年 9 月 6 日出生,现住××省××市××路××号)在长春饭店 302 会议室签订了前面的×××合同。王一的担保人李明也在该合同上签名。双方的签名均属实。经查,王一与刘明签订该项合同的行为符合《中华人民共和国民法通则》第五十五条的规定。

××省××市公证处××公证员(签章)

二〇〇九年三月六日

(四) 证明书的写作要求

证明书具有证明作用,尤其是司法机关开具的证明书,具有法律效力。因此,证明书内容要求实事求是,完全真实可靠,必须对被证明的人或事了解清楚,如实证明。语言表达一定要准确,不能模棱两可。

证明机关要盖公章,证明人要签字,方能生效。证明书有的要留有存根,以备核查。

第四节　启　事

　　2011年7月2日下午一点,米路老师正在南大街购物,忽然接到学校的开会通知。为了及时赶往学校,米老师急匆匆地拦了一辆出租车,下车时不小心将自己的手机落在了车上。匆忙之中,米老师既没有找司机要票据,也没有记出租车的车号。为了找回自己的手机,米老师想请你为他写一则启事,你能够代他写作吗?

一、启事的含义

　　启事是单位或个人有事向大家解释、说明、告知或者希望大家协助解决时,张贴在公共场所或登在报纸杂志上的简明扼要的文字。启事不能写成"启示"。楼房出租启事、征订报刊启事是启事的错误运用。

二、启事的种类

　　启事种类繁多,从不同的角度可以分为不同的类型。按性质分,有公务类启事、个人事务类启事。按目的分,有告知类启事、诉求类启事。按作用分,有声明类启事、征招类启事。常用的启事有寻人启事、征婚启事、迁址启事、租赁启事、寻物启事、招领启事、招聘启事、招工启事、招生启事、招商启事、征文启事等。下文将介绍后面的七种。

三、启事的写法

　　启事的种类很多,写法也不一样,但大体要具备以下几项。
　　(一)标题
　　第一行居中写标题,要用醒目的字体写。常见的写法有:
　　只标示文种"启事"两字。这种标题大而醒目,但指代不明确,不太容易吸引他人注意力。
　　事由+文种。如"寻物启事"、"招聘启事"等,有时在启事之前加上"重要"等字样。这种标题比较适用于涉及范围较小的情况,常见于都市晚报上的分类广告专版、生活社区的告示栏等地方。
　　发布者+事由+文种。如"武汉大学公开招聘经济学院院长启事"。
　　发布者+事由。如"《青春》杂志征稿"、"海尔公司诚聘"等。
　　直接以所涉事由命名。如只写"寻物"、"征文"、"诚聘"等。在招聘启事中有将告启事由写成标语、口号等形式的,来增强诱惑力和鼓动性,如"加入海尔——您人生路上的正确选择"。
　　新闻式标题。即构成类似新闻的两行标题或三行标题的形式,有引题、正题、副题之分,这在招聘启事、征文启事中比较常见。如引题"诚招八方英才共创一代伟业",正题"苏州国家高新技术产业开发区管理委员会招聘启事"。
　　(二)正文
　　第三行空两格写正文。启事正文的写法多样,不拘一格,各有侧重,应当根据不同的类型和具体的内容灵活处理,不可强求一律。正文的基本结构为具体事项+联系方式。

1. 具体事项

启事虽然强调简洁短小,但在具体事项的叙述中一定要兼顾准确、清楚、规范。写作时,应把握不同类型启事的特点。

声明类事项:直接明了地说明要告知的事情即可。

征招类事项:这一类启事应用较广,可细分若干小类,但这类启事都会包括一些基本要素,如征招原因、征招对象、征招条件或要求等。招聘启事应该在这部分讲清招聘职位、应聘条件、聘后待遇、应聘办法等;征文启事应该讲清征文内容、征文体裁、征文对象、征文办法等。但有时不宜写得过细,如"招领启事"就不宜将被招领之物的特征写出,为防止冒领,可用模糊语言表述。

寻找类启事:不论寻人还是寻物,为了充分发挥启事的作用,一般要在事项中清楚地交代一些内容,如名称、特征、数量、丢失原因、时间、大致方位、酬谢方式等。

2. 联系方式

启事的目的不仅是告知,有时也包括希望他人协助办理、希望他人积极参与的愿望,以引起互动,所以往往需要留下联系方式,包括留下联系人姓名、电话(固定电话、移动电话)、通讯地址(邮政信箱、电子信箱)等。

正文写完之后,可以写上"此启"、"特此启事"等结束语。但现在启事一般都不写这些套话了。

(三) 落款(署名和日期)

在正文的右下方写上发布者的单位名称或个人姓名。如单位名称已写入标题,就不必再写了。在署名之后,要写上发启事的时间。署名和日期可以酌情省略,但是篇幅较长、内容相对复杂的启事还是以标注为宜,以示郑重。

四、启事的写作要求

要有醒目的标题,通过标题反映启事的主要内容与性质。

语言要简练准确,对原因的陈述不宜过详,一两句话带过即可,而对特征、要求等重点的介绍则要准确清楚。

团体企事业单位的启事一般要署名,个体的启事大多不署名。

要准确陈述告启事项。具体事项的陈述应当注意为有意参与此事的公众着想,使事项明确而有可操作性;还应当注意措辞诚恳谦让,不要使用命令式或带有刺激性的语言。另外,一文一启也是准确陈述的基础。

五、启事的写法举例

(一) 寻物启事

寻物启事是寻找失物的启事。应写清遗失物的名称、规格、数量,遗失的时间、地点,联系人姓名、单位、住址、电话号码及酬谢方式。如果是支票、证件之类,还需附上账号、号码,并宣布作废。可以在报刊上刊登,也可以张贴于丢失处。

【例文参考】

寻物启事

  我于9月5日下午在教学楼西楼丢失双狮牌男式手表一块,请拾者速与我联系。不胜感谢!
  联系电话:××××××××
  此启

失者:交通系　王平
二〇〇九年九月五日

【简析】

  若写丢失的是书,则要写明丢失时间、地点及书的开本、封面、颜色、出版社、编者等,并可特别说明书内个人标识特征(如签名和粘贴)等信息,可有助于拾获者判断此书是否是该失主的。最后写明失主的联系方式,方便拾获者联系,并用致谢语结束。

(二) 招领启事

  招领启事是请人认领失物的启事。它一般只写明拾到失物的名称、时间、地点及拾到者的住址。至于失物的特征、规格、数量、丢失时间、地点等,不必详具,让失主在认领时自己说明,经核对查实,才准认领。

【例文参考】

招领启事

  本人拾到钱包一个,内有人民币若干和有关证件。请失主速来认领。特此启事。

××职业学院管理系　王平
二〇〇九年九月二日

(三) 招聘启事

招聘有关人员的启事叫招聘启事。

招聘启事的结构一般包括标题、正文两部分。

1. 标题

有三种写法:一是"事项+文种",如"招聘启事";二是"事项+对象",如"招聘教师";三是"单位名称+内容+文种",如"××公司诚聘水电工程技术人员启事"。

2. 正文

  包括五个方面的内容:一是招聘方情况,包括招聘方的业务性质、工作范围、地理位置等;二是招聘对象,包括业务类型、工种、岗位等;三是应聘条件,包括对年龄、性别、学历、工作经历或成果、户口所在地等方面的要求;四是聘用待遇,包括有无住房、住房的面积、年薪或月薪的标准、是否安排家属或子女就业等;五是应聘办法,包括招聘的起止时间、面试事项、应交哪些资料和证件、联系地点、联系人、电话号码、传真号码、电子邮箱等。

  招工单位名称,如果是两个以上单位联合招工,应将招工单位的名称都写上,主办单位名称要写在前面。

  启事日期要写明制发启事的年月日。

【例文参考】

招聘启事

南通××公司主要从事机电设备、仪器仪表、金属结构、铝合金节能门窗、中空玻璃的生产、销售安装及消防工程、安防工程施工。企业实力雄厚,在较短的时间内奠定了自己的行业地位。因业务发展需要,诚聘以下人员。

一、项目经理8名。其中水电安装工程、消防安装工程项目经理4名;铝合金门窗安装工程项目经理4名。

岗位要求:28岁以上,大专以上学历,有3年以上工作经历或项目管理经验,有较强的专业能力及协调能力,有责任感。注册项目经理优先。

二、区域营销主管5名。其中水电消防工程营销主管3名;铝合金门窗工程营销主管2名。

岗位要求:25岁以上,大专以上学历,有两年的营销经验,擅长沟通,表达能力好,熟悉合同及相关法规,有责任感,有一定的专业能力,有相关职称者优先。

三、水电(消防)工程技术人员4名。

岗位要求:24岁以上,大专以上学历,电气自动化安装相关专业毕业,有三年以上水电、消防工程安装经验,熟悉工程、结算,有施工现场管理经验,熟悉Auto-CAD,有中级职称者优先。

请应聘者于11月28日持本人相关证件(原件和复印件)和一寸近照到公司面试。如果无法参加,请于一周内将资料寄至南通市××路××大厦7A24。

以上人员一经聘用,公司将为其创造良好的工作氛围,设计阶梯式的培训和发展计划,并提供稳定的福利保障。请在信封上注明应聘职位。特此启事

南通××公司
二〇〇九年九月二日

联系人:王女士
联系电话:(略)
邮政编码:(略)
电子邮箱:(略)
传　　真:(略)

【简析】

这则招聘启事首先简介招聘方生产经营范围、企业基本情况,其次介绍招聘岗位、招聘条件及所需资料,再次介绍聘用待遇,最后交代面试时间、联系方式。

(四)招工启事

招工启事是招收新员工使用的一种启事。招工启事的结构一般包括标题、正文、招工单位名称和制发日期。

1. 标题

与招聘启事相同,也有三种写法,可以直接写"招工启事",也可以在标题中写明具体工种,如"招收汽车驾驶员启事"。还可以写明招工单位名称,如"××公司招工启事"。

2. 正文

正文应包括六层意思：一是招工原因，包括招工的依据或招工的目的、招工单位名称、招工指标以及工种性质等；二是招工条件，包括对年龄、性别、身体状况、户口关系等方面的要求；三是招工办法，包括需要交验哪些证件，由哪一级组织开具证明信或介绍信，交几张、几寸近照，填报哪些表格，等等；四是招收办法，包括如何政审、怎样体检、要参加哪些课程的文化考核等；五是工资待遇，说明录用后的工资、福利、社保、医保等待遇；六是报名方式，说明报名地点和报名起止时间、联系人、联系电话等。

3. 招工单位名称

如果是两个以上单位联合招工，应将招工单位名称都写上，主办单位名称要写在前面。

4. 启事日期

写明制发启事的年月日。

【例文参考】

招工启事

××市××商场，地处××路繁华闹市，是个中型批零商场。为了扩展业务，经有关部门批准，招收合同制女营业员20名。具有本市户口，高中毕业的待业女青年，年龄在18岁至22岁，身高1.6米左右者，均可报名，择优录用。报名时请带身份证、待业证、户口簿及毕业证。报名费5元。

报名时间：×年×月×日

报名地点：××市××路××号××商场人事部

联 系 人：王一

联系电话：××××××

××市××商场

二〇〇九年九月二日

【简析】

这则招工启事首先介绍商场所处地段、商场规模，接着介绍招收对象及条件、报名所需证件和费用，最后交代联系方式。

（五）招生启事

招生启事是招考学生的启事，一般在报纸上刊登或在公共场所张贴。写作格式与招聘启事基本相同，但正文一般要分项写明招生单位、专业、学习期限、考试科目、范围及时间、报名地点等。

【例文参考】

××大学招生启事

××大学是国家教育部批准开放教育试点的首批单位之一，是××地区承担开放教育试点工作的唯一指定学校。××大学师资雄厚，专业门类齐全，经教育部批准，2010年春季，继续面向全市招生。

招生专业：行政管理、法学、金融学、会计学、汉语言文学、英语、工商管理。

招生对象：本科招收具有国民教育系列高等专科及以上学历者，专科招收具有高中、中专、中技毕业证书者。

学习形式:学员可以利用业余时间,采取教师面授辅导与多媒体相结合的方式自主学习。

毕业颁证:实行学分制。学分8年内有效。符合毕业要求的,颁发国家承认的专科或本科毕业证书,教育部给予毕业证书电子注册。符合有关条件的本科生可授予学士学位。

收费标准:按省物价部门有关规定执行

学校地址:××市××大道××街××号

咨询时间:上午8:30—下午5:00

咨询电话:×××××

网址:××××××

联系人:王老师　周老师

二〇一〇年二月二日

【简析】

这则启事先介绍学校概况、招生资格以及招生专业,然后分别介绍招生对象、学习形式、毕业颁证、收费标准及联系方式等。

(六) 招商启事

招商启事,又称招商广告。它是一个城市、一个开发区、一个商场、一个企业为了招徕投资者、合资者、贸易伙伴等客商而写的广告。招商启事的结构,一般由标题、正文和落款三部分组成,有的还有准口号。

1. 标题

一是"欢迎"式,即以"热烈欢迎××来(到)××投资(经商)"的方式立题;二是"招商"式,即以"××招商"的方式立题;三是"寻求"式,即以"××寻求××伙伴"立题;四是"蕴涵"式,即把招商的意思蕴含在标题之内。还可以采用其他的标题方式。但招商广告的标题最好出现"招商"或类似字眼,以表明是招商启事。

2. 正文

一般由开头、主体和结尾三部分组成。开头写企业性质等,引出招商的主题;主体写招商环境和优惠政策等;结尾写祈使语,如"欢迎"之类的话。

3. 落款

写明发表启事的单位和时间。

4. 准口号

有些招商启事喜用类似对联的准口号,以突出招商。

【例文参考】

优越的条件　优惠的政策

大连××批发市场是您理想的致富天地

朋友,您到过四季分明、物产丰富、如诗如画的开放城市——大连吗?您不想通过自己的辛勤劳动,使自己的家庭生活更富有、更绚丽多彩吗?

现在,我们给各位朋友提供一个施展才华的大舞台,它就是大连××市场。

该批发市场是一处除了国家明令禁止购销的物资外其余物资均可在此交易的大连居首位的综合性大型市场。该批发市场交通方便,地理位置十分优越……

该批发市场不仅给您提供优越致富条件,而且对您实行优惠的致富政策。

1. 本市场不搞集资,不乱摊派任何费用。
2. 本市场安全保卫工作到位,经商环境宽松。

机不可失,时不再来。××批发市场将于7月1日隆重开业,届时将请大连市领导亲自剪彩,电视台转播实况。竭诚欢迎四海客商前来经商。

【简析】

这是一则招徕经商者的启事。标题属于"蕴涵"式,运用正副标题,突出了大连××批发市场的两大优势,对经商者具有很大的吸引力。正文的开头以问句形式描绘了大连的物产和景色,又抓住经营者致富和施展才华的心理,含蓄地鼓动他们到大连来经商。主体部分写经商环境和优惠政策。结尾部分介绍开业时间,表达欢迎经商者之意。语言富于鼓动性。

(七) 征文启事

征文(征稿)启事是征求文稿的启事。须写明所需文稿的刊名、单位、内容范围、基本要求、截止日期等。可以张贴,也可以刊登在报刊上。如"国庆征文"等。

【例文参考】

"我心目中的好教师"征文启事

今年9月10日是我国的第21个教师节,为庆贺这个即将到来的节日,学院决定举办"我心目中的好教师"征文比赛,有关事项通知如下:

1. 参赛对象:本院在校生
2. 具体要求

内容要求:请你敞开心扉,畅所欲言。你喜欢怎样的教师?你认为一个"好教师"应该是什么样的?你心目中的好教师,是胸怀理想、充满激情和诗意的,是富有爱心、善解人意的,还是博学多才、思想深刻的?抑或是关注社会、关注人类命运,有社会责任感的?可以写生活中遇到的,曾经教过你,给你许多关爱,使你从无知变得学有所长的一位教师,也可以是你希望碰到的、虚拟的、你想象中的"理想教师"。

形式要求:体裁不限,篇幅在2000字以内。

时间要求:10月21日截止收稿。

3. 奖项设置

一等奖1名,二等奖3名,三等奖5名。获奖作品将在校报上刊登发表。

联系方式:(略)

收稿单位:党委宣传部

联 系 人:王老师

联系电话:××××××

××××职业学院党委宣传部

二○○九年九月一日

【简析】

这则启事首先交代征文的背景和目的,接着介绍参赛对象、征文的具体要求、奖项设置及联系方式。内容要求方面,提示参赛者如何选择写作角度,从哪些方面去发现题材和立意。语言生动活泼,具有启发性。

一、简答题

1. 条据分为哪几类?写作条据要注意哪些问题?
2. 介绍信与证明信在写作上有什么区别?

二、修改

1. 修改借条

借　条

今借到老李现金 500 元,到期一次性还清。

　　　　　　　　　　　　　　　经手人:王刚
　　　　　　　　　　　　　　　即日

2. 下面这则证明信存在一些错误,请予以纠正。

证　明　信

腾飞汽车修理厂:

　　你厂李亮同志曾在我厂做过汽车修理工,特此证明。

　　此致

敬礼

　　　　　　　　　　　　　　　正光汽车修理厂
　　　　　　　　　　　　　　　二〇〇九年三月六日

三、写作训练

1. 2009 年 10 月 10 日,张东按照合同向房东缴了 2009 年第四季度的房租 1200 元钱,请你代替房东吴伟写一张收条。

2. 根据自己所学专业的培训目标、社会对该专业的要求及自己的专长,考察和搜集你周围单位的用人信息,试着为自己拟写一份求职自荐信。

3. 明州市新科中学的梁东、王新等 16 位同学,2012 年暑假将要到汉川市中田贸易公司参加社会实践活动,请你代新科中学为他们写一封介绍信。

4. ××省××市电视机厂工程师罗伟同志(男,40 岁),技术员刘敏同志(男,30 岁),前往豫、冀、晋等省检查并重点修理该厂出产的××牌电视机。请你代表该厂草拟一封证明信。

5. 毕业生王一到某公司应聘工作,因毕业证遗失受阻。他回校补办,但办证人员出差未归,只好先开个证明。假如你是学院办公室秘书,请你为这位毕业生写一份证明信。

6. ××××年×月×日为海南××学院建校五周年大庆日,请代学校写邀请信。时间、地点、活动形式等可以模拟酌定。

7. 李朝阳在武汉工交职业学院机电专业毕业后,想开办一机械加工厂。在资金到位,厂房、设备也安排妥当之后,准备向工商局提出开业申请。假设你是李朝阳的同学,正在做秘书工作,请你帮李朝阳写份开业申请书。

8. 特蒙服装××专卖店于6月18日开业。特蒙是中国驰名商标、服装名牌,由××市服装厂定点生产。6月18日至28日开业期间,全场商品8折优惠,专卖店地址:××市×× 路××号,电话××××。根据以上材料写一则开业启事。

第四章 事务文书

学习目标

- 了解各事务文书的概念和类型,把握基本格式、内容要素和写作要求。
- 参阅例文,模拟写作,能够按照规范格式写作计划、总结、简报和请柬、聘书及常用事务类书信等文书。

第一节 事务文书概述

事务文书是实用性很强的应用文,用于处理单位事务,属公务文书,它与行政公文有所不同。其一,它一般在本单位内部制发、传送,不需要写收文机关;而行政公文则常用于上下级之间、单位与单位之间,必须写明收文单位。其二,它不能像行政公文那样单独行文,如果要制成文件,必须通过公文的形式来行文(如录用通知等),而它自身则成了该公文的一个附件。

事务文书应用广泛,可用来布置和指导工作、总结和交流经验、研究问题、反映情况、规范行为等,在行政管理事务中具有重要作用,所以常被称为"准公文"。

一、事务文书的概念

事务文书是党政机关、社会团体、企事业单位内部处理日常事务时经常使用的一类业务文书。其中如计划、总结、感谢信、请柬、聘书等也适用于个人。

二、事务文书的特点

事务文书的基本特点可概括为以下几点。

1. 对象的明确性

事务文书的写作有明确的对象、特定的读者,对于受文对象有明确的指导性和约束力,一般来说,受文对象是一定要看的。

2. 内容的实效性

事务文书是直接用来处理事务的,因此注重实用,讲求效率。从主旨的确立到材料的使用都必须切合实际,讲求效率,写作形式也要服从文书内容的落实和处理的需要。

3. 制作的程式性

事务文书一般都有约定俗成的格式。虽然它不像行政公文那样严格,但在长期的应用中,已逐渐形成了较为稳定的结构方式和用语习惯。虽然格式上有一定的灵活性,但总体上是相对固定的。

4. 较强的时限性

事务文书一般是针对工作、生活中的具体事务而撰写的,而一件事情的报道、一项工作的完成、一个问题的解决,都有一定的时间要求,故而事务文书的撰写、传送都必须及时,否则不能发挥其作用。

三、事务文书的作用

1. 交流情况,沟通联系

事务文书在机关单位的日常事务活动中起着在上下、左右、内外之间沟通情况、交流意见的作用,以便于互相理解、支持和配合,解决各种工作问题。

2. 参谋决策,指导工作

事务文书在日常的机关事务中发挥着组织、指挥、监督的作用。如单位领导在决策实施过程中经常需要总结前一时期或某一阶段的工作情况,以此来推广经验,吸取教训,使工作能够顺利完成,这就需要写总结。

3. 规范行为,约束行动

事务文书在实施领导、管理中能够发挥规范控制、组织协调的作用,是处理具体公务的工具。如某一项工作一旦制订了周密的计划,每个人就都应按照计划实施,否则,工作就无法顺利进行。

第二节 计 划

计划是管理工作的先导。毛泽东在《论持久战》中指出:"'凡事预则立,不预则废'。没有事先的计划和准备,就不能获得战争的胜利。""凡事预则立,不预则废"出自《礼记》,古人在这方面还有许多教诲,如《说苑》说:"谋先则事昌";《素书》上说:"深计远虑,所以不穷。"可见办事要有计划,是古往今来人们从实践中总结出来的普遍经验。

一、计划的含义

计划是指人们为了在一定时限内完成某项任务而预先对目标、措施和步骤作出设计安排的事务文书。

计划应用的频率虽然不高,但适用范围比较广泛。机关、团体、企事业单位或个人,为了使工作、学习或生产达到既定的目的,取得预期的效果,都要事先制订计划。所以,我们应该具有撰写这种事务文书的能力。

由于计划时间的长短、范围的大小、适用的对象的不同,可把其分为计划、规划、安排、打算、设想、要点、方案、意见等。具体来说,"计划"任务较单一,时间较具体,并限期完成,有较强的约束性;"规划"时间比较长远,富有理想性和鼓动性,范围较广,内容较概括,带战略性、发展性,是蓝图式的;"安排"、"打算"时间较短,范围较小,内容较具体;"要点"是粗线条的,比较概括;"设想"、"方案"、"意见"等则比较粗略,表示初步的、不很成熟的,属于非正式的计划。

二、计划的特点

1. 指导性

计划一旦成文,就要遵照执行。

2. 预想性

计划是在正确分析形势的基础上,根据本机关、单位或部门的具体情况提出的下一步设想。每个机关、单位、部门下一步的工作目标、重点、具体措施、办法及有效期限等,都不可能是前阶段工作的重复进行,而只能是顺应事物发展的客观规律,顺应国民经济发展的总形势、总要求,对本机关、单位、部门下一阶段发展趋势、所能达到的目标作出科学的分析和预见。只有正确地估计分析,才能使计划切实可行,顺利实施。

3. 可行性

计划所制订的目标必须是经过努力后可以实现的。

三、计划的种类

计划的种类有多种划分方法,常见的分类方法有以下几种:

按性质划分,有综合性计划、专题性计划。

按内容划分,有工作计划、生产计划、军事计划、教学计划、科研计划和学习计划等。

按时限划分,有跨年度计划、年度计划、季度计划、月度计划、旬计划和周计划;又可以把它们归并为短期计划、中期计划和长期规划。

按范围划分,有国家计划、地区计划、单位计划、部门计划、班组计划和个人计划等。

按执行计划的严格程度划分,有指令性计划和指导性计划。

按形式划分,有条文式计划、表格式计划和条文与表格相结合式计划。

四、计划的写作格式和写法

计划的格式一般包括标题、正文、落款三部分。

(一)标题

写在第一行正中。一般包括三要素:制订计划的单位名称、计划的有效期限、计划的种类。例如,《××职业技术学院2009/2010学年第2学期教学计划》。如果计划不成熟,尚需修改、讨论,可在题目后面用括号注明"草案"、"讨论稿"或"送审稿"等字样,如《××市2009年再就业工程实施方案(讨论稿)》。

计划的标题一般有两种形式:

1. 完整式标题

一般包含单位名称、时限、内容和计划名称,如《××市工商局 2009 年财务工作计划》,"××市工商局"是制订计划的单位名称,"2009 年"是计划的时限,"财务工作"是计划的内容,"计划"是计划类文书常用的名称。再如《××大学 2008 年思想政治工作要点》、《××市 2000—2010 年城市绿化工作规划》,都是完整式标题。

2. 省略式标题

指对完整式有所省略的标题,共有三种:

省略时限。如《飞燕公司实行经营责任制计划》。

省略单位。如《2009 年工会工作要点》。

省略单位和时限。如《公债和钞票的发行计划》。

(二) 正文

从第三行空两格写起。这是计划的主要部分,要具体明确交代计划的"三要素",内容一般由前言、主体和结尾三部分构成。

1. 前言

前言是计划的"灵魂"、"总纲"。首先扼要地说明制订计划的指导思想和目的依据以及上级的指示要求等,以讲清制订本计划的必要性和执行计划的可行性,即明确"为什么做"的问题。前言与主体之间,通常用"为此,制定如下计划"或"为此,做好以下几方面的工作"等过渡句。

2. 主体

要回答"做什么"、"怎么做"、"何时做"等问题,即计划的三要素:目标任务、措施方法和步骤时限。

(1) 目标任务。首先要明确指出总目标和基本任务,随后应根据实际内容进一步详细、具体地写出任务的数量、质量指标。

(2) 措施方法。用什么措施方法确保完成任务、实现目标,这是有关计划可操作性的关键一环。所谓有方法、有措施就是对完成计划必须动员的力量、创造的条件、采取的手段、通过的途径等逐一列出。

(3) 步骤时限。工作有先后、主次、缓急之分,进程又有一定的阶段性,为此,在计划中针对具体情况应事先规划好操作的步骤、各项工作的完成时限及责任人。

3. 结尾

结束语可以展望计划实现的情景,给人以鼓舞;也可以提出总的希望或者号召;也可根据需要,灵活掌握写法及内容,有的计划甚至省略不写。

正文结构框架如下:

前言 { 指导思想 现实依据 (为什么做) (过渡语)

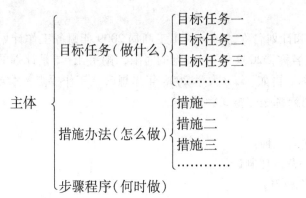

结尾(可省略)

注:并不要求都按此顺序,但做什么、怎么做、何时做三条须写明。

(三) 落款

在正文右下方写明制订计划的单位名称或个人姓名和日期。如果标题中已写明单位名称,这里写上日期即可。若上报或下达工作计划,要像公文一样写明抄报、抄送单位。

【例文参考1】

××市2009年国民经济和社会发展计划(摘要)

(2009年3月25日××市第一届人大六次会议批准)

　　按照国家"十五"最后一年经济工作的总体部署,以省政府制订的全局性生产布局与产业带发展规划为指导,结合本市的实际情况,拟定2009年全市国民经济和社会发展计划如下:

　　一、2008年计划情况

　　1. 农业生产全面发展……

　　2. 工业生产持续高速发展……

　　3. 市场活跃,购销两旺……

　　4. 财政收入稳步增长……

　　……

　　过去的一年,我市的经济建设和社会事业发展取得了较大成绩,但是也存在着一些薄弱环节和不稳定因素。主要表现在……这就要求我们在今年的计划安排和今后的经济工作中,必须采取根本性措施,要"三市并举",要增量提质并举,加快调整经济结构,合力推动经济在转变增长方式中实现又快又好的发展。

　　二、2009年计划的主要任务和指标

　　……今年各项具体任务和主要指标如下:

　　(一) 六项任务:

　　……

　　(二) 八个目标:

　　……

　　(三) 七项行业指标:

　　……

三、完成2009年计划要抓好的几项工作

为了保证2009年我市国民经济和社会发展计划的顺利完成,在2009年的经济和社会发展中要着重抓好以下几项工作:

(一)……下大力气抓好农业生产(抓好六个稳定)……

(二)进一步调整工业产品结构,扩大新品种、新产品的生产能力,登上工业发展新台阶(采取四项措施)……

(五)围绕搞活企业,推进各项体制改革(改革四项管理体制)……

【简析】

这份计划标题醒目规范,题目三要素齐全,显示了主旨。同时还注明了该计划的批准部门和具体日期,增强了该计划的可靠性和严肃性。

正文部分分为四个层次。第一层:序言,交代了制订该计划的根据和要求;第二层:简单回顾了2008年计划执行情况和所取得的成绩及存在的问题;第三层:2009年计划的主要任务和指标,即六项任务、八个目标、七项指标;第四层:完成计划的办法措施,即抓好六个稳定、采取四项措施、改革四项管理体制。

该计划"为什么做"、"做什么"、"怎样做"三要素交代得清清楚楚。体现了计划的政策性、科学性和可行性的统一。

【例文参考2】

××公司关于开展质量月活动的打算						
序号	活动内容	具体安排	实施日期	负责部门	责任人	备注
1	工作布置	召开科级以上干部会议,传达公司会议精神,成立班子,制订实施计划。	9月1日上午	总经理	办公室	×××
2	宣传动员学习	(1) 召开广播动员会,传达公司会议精神,并组织员工观看×××副市长电视讲话。 (2) 组织员工学习邓小平关于质量问题的论述。 (3) 各班组出黑板报宣传质量月活动。 (4) 组织有关人员参加质量签名活动。	9月3日中午 9月5日 9月7日 9月9日上午	工会 各党支部、工会 工会 工会	××× ××× ××× ×××	举办专题黑板报展示评比,并拉横幅,营造氛围。
……	……	……	……	……	……	……
5	质量活动总结	各班组对质量月活动认真进行书面总结。	10月上旬	总经理办公室	×××	

【简析】

这是一份表格式计划。具体反映了×××公司开展质量月活动的打算。格式完整,内容简明扼要,条理清楚,使人一目了然。

五、写作要求

1. 注重依据

制订计划要有依据。一是政策依据,指党和国家在一定时期内的方针政策、法令法规,以及上级部门的指示、意见和要求;二是客观依据,指本地区、本部门、本单位或个人的实际情况。

2. 量力而行

制订计划要坚持实事求是的原则,量力而行。确定的目标,是经过努力能够达到的最高目标,既不保守,也不盲目。

3. 留有余地

计划是对未来的规划,难免有预测不到的地方,如果在制订计划时留有一定的余地,就可以在遇到新情况、新问题时及时进行修正、补充和调整。

4. 具体明确

计划的整体设想要清晰,内容要具体明确,任务措施要分项列出,使人一目了然,有利于实施检查。

第三节 总　　结

一、总结的含义和作用

(一) 含义

总结是作者对已经完成或正在进行中的某项实践活动进行系统的回顾、检查、分析和研究,从中找出经验教训,获得规律性的认识,以指导今后工作的事务性文书。

总结类文书最常用的名称是总结,有时还称为小结、回顾、体会、经验和做法等。总结可以使单位或个人的某一项实践活动由感性认识上升到理性认识,以便发扬成绩,克服缺点,吸取经验教训,使今后的工作少走弯路。总结的主要作用有三个方面:看到成绩和问题,增强信心,防止自满;找出经验和教训,成为做好今后工作的宝贵财富;推广和传播先进经验,推动工作。

(二) 作用

通过总结,可以有所发现,有所发明,有所创造,有所进步。其主要作用有以下几方面:

(1) 通过总结可以肯定成绩,发现问题,积累经验,吸取教训,明确方向,增强信心,减少今后工作的盲目性,增强工作的预见性和主动性。

(2) 通过总结可以及时地汇报工作,以便领导及时了解情况,并取得领导的理解和支持,也便于领导通盘考虑,为指导全面工作制定政策提供依据。

(3) 通过总结可以沟通信息,增强交流,相互学习,相互启发,共同提高。起到"他山之石,可以攻玉"的作用。

(4) 通过总结可以培养我们深入开展调查研究的优良作风,锻炼我们运用辩证唯物主义观察事物、处理问题的能力,以提高思想水平和工作能力。

二、总结的种类

总结的种类划分与计划类似，主要有以下几种划分方法：

1. 按性质划分

有综合性总结和专题性总结两大类。综合性总结是指对本地区、本部门、本单位一段时间内各方面工作所作的全面总结，所以又称全面总结，如《××厂2010年工作总结》。专题性总结是指对某项工作或某方面的工作所做的专门总结，一般是取得成绩的基本经验，如《××大学2010年基建工作总结》。

2. 按内容划分

有工作总结、学习总结、生产总结、思想总结、劳动总结和会议总结等。

3. 按范围划分

有个人总结和单位总结等。

4. 按时间分

有月份总结、季度总结、年度总结和多年总结等。

三、总结与计划的比较

1. 总结与计划的联系

计划是总结的前提和依据，总结是计划的检验和结果。两者相辅相成、互相制约、互相依存、互相促进。

2. 总结与计划的区别

计划写在工作之前，而总结写在工作中或工作后。计划要写步骤、方法和措施，重在叙述说明；总结主要写分析和评价，重在理论概括。计划要写做什么、怎么做、何时完成；总结写已做了什么、做得怎样、怎么办。

四、总结的写作

总结写作由标题、正文、落款三部分构成。

（一）标题

总结的标题有两种写法：

1. 公文式标题

有完整式和省略式两种。完整式由单位名称、时限、内容、名称四项构成，如"××医院2010年度工作总结"。省略式有省略时限的标题，如"××机床厂推行满负荷工作法总结"；也有省略单位名称的，如"2010年工会工作总结"；有省略单位和时限的，如"计划生育工作总结"。

2. 通讯式标题

类似新闻通讯的标题，有单标题和双标题两种写法。

单标题是指用一句话或一两个短语概括总结的主题或提出总结要回答的问题，如"实行优化劳动组合，调动职工积极性"。

双标题由正副标题组成。正标题概括总结的主题或总结要回答的问题，副标题标明单位、时限、内容和总结名称（也可以有所省略）。如：

把德才兼备的年轻人推上领导岗位
——××市××区2009年人事工作总结

（二）正文

总结的正文一般由前言、主体、结尾三部分组成。重点写清四方面内容：开头的基本情况，主体部分的成绩和经验，存在问题（缺点）和教训以及结尾部分的今后努力的方向。

1. 前言

即正文的开头部分，一般简要介绍工作背景、基本情况等，有的还对主要成绩和经验作出概括，以取得开门见山的效果。前言部分应力求简洁，开宗明义。

2. 主体

总结的核心部分，要回答做了什么、做得怎么样的问题，一般包括以下几个方面：

（1）主要成绩和经验、体会。主要成绩是指工作中取得的成果，经验、体会是指取得这些成绩的原因、方法等，重在分析概括，是总结的核心所在。也就是要写明做了哪些工作，采取了哪些措施，取得了哪些成绩；要求材料翔实，言之有物，条理清楚。可以按材料的逻辑顺序安排层次，也可以时间为顺序安排层次。

（2）存在问题和教训。写出工作中存在的问题，并分析其主客观原因，由此得出教训。能发现问题，接受教训，总结才有意义。

（3）今后工作和努力方向。这部分内容是在总结经验教训的基础上，针对工作中的实际情况，提出改进措施、今后打算和努力方向，或者说明工作发展趋势，提出新的目标。

安排这部分内容的结构思路主要有以下几种：

第一，"现在—过去—现在"式，即倒叙式。先概括现在所取得的成绩，接着回顾过去即前段时间是怎样做的，然后再分析之所以取得现在的成绩的主要原因。

第二，"起先—接着—最后"式，即顺叙式。介绍先怎么做，接着怎么做，最后取得了什么成绩、经验或教训。

第三，"外在—内在—外在"式，即递进式。先叙述外在的表面现象，然后由表及里，层层深入，挖掘出深层次的原因，从分析中找出带有规律性的东西。最后再回到外在来，即在分析的基础上加以归纳总结。正因为有了这些深层次的原因，才会出现这大好的"外在"的局面，或是正因为有了这些深层次的原因，才会出现这严重的"外在"的后果。

第四，"主—次—归结"式，即罗列式。用数字标明，按工作的主次或按总结内容的主次一一加以排列。然后加以归结：肯定成绩、找出问题和差距。主次分明，条理清楚。

注意：正文的结构没有统一固定的格式，可根据实际工作考虑比重关系。

3. 结语

也称结束语或后语。内容一般包括总括全文、点明要点、明确方向、提出目标、展示未来等，这部分要求简洁有力，并非这些内容都要一一提及。有时可以自然收尾，略去结语部分。

（三）落款

包括署名和日期。写在正文右下方。如果已在总结的标题上标明单位名称或在标题下署名，落款时就略去，只写上成文时间；如果是报刊、杂志或简报刊用的交流经验的专题总结，应在标题下方居中署名；如果总结是上报给领导机关的，还须加盖公章，以示慎重。

个人总结不必加盖私章。

【例文参考1】

××区教育中心2009年师德建设工作总结

按照市教育局的要求,本学期我们认真开展了园丁工程工作,加强了教师素质建设。工作中,我们坚持贯彻"十六"大会议精神,坚持以马克思列宁主义、毛泽东思想、邓小平理论、"三个代表"的重要思想为指导,全面转变教育思想和教育观念,培养广大教师爱岗敬业精神,自觉实施素质教育,努力把我区教师队伍建设成一支道德高尚、业务精良的队伍,并取得了一定成绩。现就师德建设工作总结如下:

一、抓园丁形象工程建设,努力提高教师职业道德素质

(一)抓学习,提高对园丁形象工程建设的认识

我们组织教师学习了《江泽民同志关于教育问题的谈话》《教育部关于加强中小学教师职业道德建设的若干意见》《中小学教师职业道德规范》《××市教育局教师职业道德建设活动方案》《公民道德实施纲要》等重要文件。通过学习,广大教师树立了教师职业的光荣感,增强了教师的责任感和使命感,自觉做到强素质、树形象,争做学习、宣传、贯彻《公民道德建设实施纲要》的带头人。

(二)抓重点,开展系列教育活动

在师德建设工作中,我们从"德为师之本"这一重点出发,陆续开展了"正师风、树师魂,正行风、树形象"的师德系列教育活动,组织多种形式的研讨会、报告会,并通过观看影像资料等形式营造师德建设的良好氛围,在全区教师中掀起了树立良好教师职业道德风尚的热潮。

(三)抓评估,增强教师职业道德建设的自觉性(略)

(四)抓深入,保证师德建设工作成效(略)

(五)抓典型,促进师德工作的开展(略)

二、教师职业道德建设工作要和校本培训、业务进修、教师职务培训及校长培训相结合,不断研究和探索新时期师德建设工作的特点及规律

(一)把教师职业道德建设和全面实施素质教育结合起来(略)

(二)把加强教师职业道德建设和全面提高教育质量结合起来(略)

(三)加强对教师职业道德建设工作的组织和领导

教育中心和各学校都按照市教育局的要求和部署制订了"教师职业道德建设活动计划",同时成立了专门的组织机构,做到了定期研究、总结师德建设工作。

我们决心认真总结经验,不断加强学习,强化师德建设工作,早日把我区中小学教师队伍建设成一支道德高尚、业务精良的队伍,以适应现代教育事业的需要。

2009年12月26日

【简析】

这是一篇介绍经验的专题性工作总结。完整式标题由单位名称、时限、内容和总结名称四个项目构成。正文前言概述工作基本情况,用"现就师德建设工作总结如下"作为过渡,引出主体,这是工作总结常用的形式。主体采用以逻辑顺序安排材料的横式结构,从两个方面对师德建设工作进行了总结,每方面工作用小标题加以概括,然后具体介绍过程、做

法和成绩经验。层次分明,条理清晰。第一方面的工作,抓园丁形象工程建设的5点做法所取得的成效。第二方面的工作,抓好校本培训、业务进修、教师职务培训及校长培训工作的做法及成效。结尾归纳呼应主题、指出努力方向,并表示了决心和信心,简短有力。单位名称已在标题中出现,落款只写明成文日期即可。

【例文参考2】

转变办税作风　整顿纳税环境

——××县地方税务局2009年税务工作总结

2009年,我局在市局和县委、县政府的正确领导下,以党的"三个代表"重要思想为指针,遵照"法治、公平、文明、效率"的新时期治税思想,紧紧抓住组织收入这个中心不放松,从严治税,从严治队,加强精神文明建设、党风廉政建设和信息化建设,全局干部职工发扬艰苦奋斗的作风,同心协力,真抓实干,"单项工作争第一,全面工作创一流",圆满完成了市局给定的税收任务。现将我局一年来的工作总结如下:

一、以组织征收为中心,狠抓征收管理

一年来,我局紧紧抓住组织收入这个中心不放松,发扬"四铁"精神,"加强征管,堵塞漏洞,惩治腐败,清缴欠税",采取了一切措施,确保了应收尽收。截至12月18日,我局共组织收入2350万元,其中省级收入完成150万元,占年计划的100%;县级收入预计完成2200万元,占年计划的91.67%,以上任务的完成,我们主要采取了以下措施:

1. 全员抓收入,实行目标管理。(略)
2. 加强税源监控,严格税源管理。(略)
3. 加大稽查力度,打击涉税犯罪。(略)
4. 全面细致地做好企业所得税汇算清缴工作。(略)
5. 加强教育,依法行政。(略)

二、凝聚人心,转变作风,文明办税

1. 用兵的前提是爱兵。(略)
2. 开展"转变作风,优质服务文明办税"活动。(略)
3. 加强制度建设,促进规范化管理。(略)
4. 合理轮岗,加强对临时工的管理。(略)
5. 建立文明办税社会监督网络,为纳税人提供优质服务。(略)

三、与时俱进,加强信息化建设

《新征管法细则》颁布以来,我局把认真宣传和贯彻《新征管法》、加强信息化建设当做一项重要工作来抓。在全体干部职工学法、懂法的基础上,在实际工作中向社会各界和广大纳税人做了大量的宣传工作,使广大纳税人了解了新税法,增强了纳税人的依法纳税意识,得到了他们的支持和配合。

今年上半年我局投入20万元资金,购置了13台计算机及网络服务器、激光打印机、数码相机、摄像机、扫描仪、碎纸机等办公自动化配套设施,局机关于9月份实现了无纸化办公。

今年7月，县地方税务局网站、局内局外网同时开通，为税法的宣传落实、地税形象的塑造起了重要作用。

今年，我局共编印《地税信息》61期，在《工人日报》《××税务》《××日报》等报刊发表稿件16篇，被省局采用信息两条、调研材料1篇。其中，局长×××同志撰写的长篇调研报告《谈普通发票管理存在的漏洞及对策》被《中国税务报》××记者站编印的《情况反映》全文刊发；副局长××同志撰写的《实践科学发展，实现依法治税》被《××税务》杂志全文刊发。

四、依法治税，依法行政，大力整顿纳税环境

1. 治本为主，标本兼治。（略）
2. 整治企业经营环境，提高服务质量。（略）
3. 搞好税法宣传，创造良好的纳税环境。（略）

五、发扬艰苦奋斗的作风，开展党风廉政建设

1. 认真落实党风廉政建设责任制。（略）
2. 加强教育，警钟长鸣。（略）
3. 建章立制，强化监督。（略）
4. 廉洁自律，有效监督。（略）

六、存在的不足和问题

1. 本县工业欠发达，税源少，完成上级交给的征收任务有不少困难和压力，致使部分干部和职工有畏难情绪。
2. 公民纳税意识尚需进一步增强，纳税环境差，依法治税的原则时常受到冲击，偷税、抗税案件时有发生，地税司法体系需进一步完善和加强。
3. 受经济条件限制，基层征收单位征管手段还很落后，信息化进程缓慢，难以适应征管改革的需要。
4. 基层税务所、征收一线的管理人员整体素质有待于提高。例如……这说明我们管理、监督力度不到位，事前事中管理、监督不够。

2009年12月28日

【简析】

这是一篇综合性工作总结，有经验，有不足。正副标题，正标题概括中心内容，副标题标明单位、时限、内容和总结名称。前言概述工作基本情况及主要成就。用"现将我局一年来的工作总结如下"作为过渡，引出主体。主体采用横式结构，分5个方面对全年税务工作进行了总结，每方面工作用小标题形式加以概括，然后具体介绍做法和成绩、经验、体会。第一方面工作采取5项具体措施；第二方面工作的5种具体方法；第三方面工作的具体做法，成绩显著；第四方面工作的具体做法；第五方面工作的四项具体措施，取得成效。经验体会之后写出存在的不足和问题，为今后工作提供借鉴，符合总结内容的要求。落款标明成文日期。

五、总结的写作要求

（一）真实性

总结是人们自身实践活动的真实反映，应当完全忠实于客观事实。它所用的材料必须

是实际情况,它的观点应该是从自身实践活动中恰当地抽象出来的认识和规律,不能强扭角度,任意拔高。

(二) 理论性

总结不只是反映已经做过的工作的过程和情况,更重要的是,通过对情况的分析和研究,从感性认识上升到理性认识,即找出规律性的东西,达到理论高度。

(三) 本体性

总结是对本地区、本部门、本单位或本人实践活动的反映和概括,因此都用第一人称(单位总结用"我们",个人总结用"我"),要采用自身活动中的材料。

第四节 简 报

日常工作生活中有一些经常使用的事务性文书,虽然不属于正式公文,但已在工作中被各行各业、各个领域广泛使用,从而成为"大公文"概念中不可分割的一部分。简报是其中之一。

一、简报的含义

简报,顾名思义就是简要情况的报道。是党政机关、社会团体、企事业单位内部编发的,用于汇报工作、沟通情况、交流经验、反映问题的一种具有交流性、汇报性和指导性的简短灵活的事务文书。简报有多种名称,又叫"动态"、"简讯"、"情况交流"、"内部参考"等。

简报在中国共产党历史上的实际应用有较长时间。1948年1月,毛泽东为党中央起草了《关于建立报告制度的党内指示》,要求各中央局和中央分局每两个月向中央作一次综合报告,这是简报的雏形。新中国成立以后,简报作为机关的应用文体正式定名。当时的工作简报,是下级专门向领导反映重大问题和重要情况的一种简要的工作报告,此后,由于简报具有鲜明特点,非常实用,使用范围越来越广。

二、简报的作用

编发简报的目的在于交流经验、反映问题、互通情况。具体反映在四个方面:

（一）下情上达

简报是单位领导和上级主管部门了解下情的重要渠道。简报可以反映单位各部门的实际工作情况、经验和教训、成绩和失误,以及工作中出现的困难和需要上级帮助解决的问题;可以反映群众的思想情绪、愿望和要求,上级主管部门可以通过简报有的放矢地做好思想政治工作;可以提出几种可行性工作方案,供领导权衡、斟酌。

（二）上情下达

简报是单位领导指导工作的重要形式。简报可以直接刊载本单位领导的工作意图;可以以按语形式传达领导意图,指导单位各部门工作;可以转发本单位经验,供参考借鉴。

（三）内部交流

简报是单位内部交流情况的重要途径。如本单位的重大事件、突发性事件;工作、生产、技术、经营、管理等各个方面出现的新情况、新问题;单位各部门情况。

（四）平行交流

简报是单位之间交流情况的"媒介"。介绍的经验可以学习借鉴,失败的教训可以引以为戒。

三、简报的种类

简报的分类方法较多。
（一）根据保密程度
可以分为限制范围的内参性简报和一般性简报。
（二）根据出刊日期
可以分为定期简报、不定期简报。
（三）根据内容
1．思想动态
"简报"是统称,实际名称有很多种,例如"情况"、"动态"、"简讯"、"参考"、"快报"等。如《红学动态》、《学院简讯》。
2．会议简报
只有大中型的重要会议才会出简报。主要用于反映会议进程、动态,代表的建议、发言摘要,大会的工作报告和会议总结等。一方面供领导机关掌握了解会议情况；另一方面发给与会代表,便于彼此互相沟通情况,相互启发,也为会后传达会议精神提供材料。
3．工作简报
（1）中心工作简报。中心工作简报是围绕一项中心工作发出的,也是为开展该项中心工作服务的,主要反映工作进展、思想动态、带有倾向性的问题和有关经验以及典型的材料等。这种简报有一定的时效性,中心工作结束后便停刊。如《整党工作简报》《打击刑事犯罪通讯》。
（2）业务工作简报。简称综合简报,如《经济工作简报》《宣传动态》《情况反映》等。业务工作简报是某条战线、某个企业、某个单位用以反映日常业务工作情况的文字材料,以向上级领导机关反映业务工作情况、动态、问题、经验为主。有些带有经验性和指导性的文字材料,也通过简报发往下级机关,有时也向有业务联系的同级机关发送,这类简报是经常性的。
（3）问题简报。报道的大多是需要及时向领导机关迅速报告的严重问题,如事故、失误等。

四、简报的写作

（一）简报的结构
编写简报,有编有写。"编"就是用现成的材料(上级或下级单位的材料,必要时还要用外单位的),确定用什么,用哪几篇,怎样排列、加工、修改,加上按语。
简报的编写格式是比较固定的,由报头、报文、报尾三部分组成。
1．报头
报头在首页的上方,约占一页版面的1/3。包括6个项目：
简报名称。位于报头中央,一般用红色大号字体,套红印刷,如"工作简报"、"情况简讯"等。

期数。在简报名称正下方,由年度期数加总期数组成,如"第5期(总第29期)"。也有不标明总期数的。

编发单位。在期数左下侧顶格起写,一般写单位全称,如"××市人民政府办公厅编"。

印发日期。在期数右下侧顶格起写,写全印发的年月日。

保密要求。在简报名称左上端,按需要标明"绝密"、"机密"、"秘密"或"内部刊物注意保存(分为两行,多半打上黑框)"。

编号。位于简报名称右上端。保密简报印多少就有多少号,一份一号,以便保存、查找。一般性简报不必编号。

报头与报文之间一般用红色横线隔开,有时可在中间加★或者以一串＊代替。

2. 报文

报文有目录、标题、编者按、正文和署名五个项目。

(1) 目录。一期简报刊载多篇文章时,为了使整期简报的内容一目了然和方便阅读,应在报头与报文分界线之下、刊载文章标题之上标明目录或要目,包括每篇刊载文章的标题和页码。

(2) 标题。刊载的每篇文章必须有标题。标题要概括内容,简明醒目,使人一看便知道文章的主要事实或主要思想,如"我院男篮获全市大学生联赛冠军"、"××林区发生重大火灾",这些标题的意思都十分明确。简报文章的标题一般有单标题和双标题两种形式。用一句话或一个词组作标题的称为单标题;双标题是在正标题下再加副标题,正标题概括文章内容或主题,副标题加以补充说明,如:

真情暖师心
——中文系志愿者为教师送温暖

(3) 编者按。简报编者认为应该对某篇文章有所说明或评议时,可以在标题之下、正文之前专门加一段文字,上下各空一两行;或者在正文之中加编者按,无固定位置。如果是为刊载多篇文章的整期简报加编者按,其位置应在目录之下。如无需说明或评议时则无此项目。

编者按的写法主要有以下几种:

说明性按语。解释编写该简报的原因和目的。一般放在标题之前。

提示性按语。提示主要内容,强调其重要性。

批示性按语。评价简报内容,或指出其不足,提出要求。

(4) 正文。简报写作的重点,除三言两语的简讯外,一般由导语、主体、结尾三部分构成。

导语。导语是简报文章的开头部分,要求开门见山,以简短的一段话或一句话概括出文章的主要内容,给人一个总体印象,起到导读的作用。一般情况下,导语应交代时间、地点、人物、事件、原因、结果等基本要素。常见的导语写法有:

一是直叙式。在文章的开头部分将时间、地点、人物、事件、原因等交代清楚。

二是提问式。鲜明尖锐地提出问题,然后在主体部分用事实回答。

三是结论式。先提出结论性意见,交代结果,然后在主体中说明其原因、方式等,并加以阐述。

　　主体。简报文章的中心部分。承接导语,它的主要任务是用足够的、典型的、有说服力的材料把导语的内容加以具体化,用材料来阐明观点。主体的内容,或是反映具体的情况,或是介绍具体的做法,或是叙述取得的成绩和经验,或是指出存在的问题,或是几项兼而有之。

　　主体部分要恰当地安排层次。一般采用两种顺序:一是按时间顺序(纵式),即按事件发生、发展的先后顺序来安排材料;二是按照逻辑顺序(即按事理分类,横式)来安排。为了醒目,按逻辑顺序来安排层次的简报,正文主体常常采用小标题。

　　结尾。收束全文,常见方法为用一句话或一段话概括主题,作一小结。或是指明事物发展趋势,提出今后的要求和打算;或是要求读者响应号召、积极行动等。也可不写结尾。

　　凡简单明了的内容,主体部分已说清,就可收住。常见的写法有"问题……调查中"、"处理结果如何,下期再报"等。

　　(5) 署名。正文右下侧还应写上材料来源、作者姓名,或"据……报摘编",或"……办公室供稿",等等,注意用小括号括上。

3. 报尾

报尾位于简报末页下端,由抄送单位和印刷份数两项组成。

(1) 抄送单位。在横线下面写抄送单位名称。

(2) 印刷份数。在抄送单位名称下界线右下方标明本期简报共印份数。可避免漏发或重复,也利于归档备查。报尾类似于行政公文文尾部分,只是不标主题词。

　　附:简报的格式图

```
┌─────────┐
│ 内 部 刊 物 │                                              No. ×
│ 注 意 保 存 │
└─────────┘
    (机密)                    工 作 简 报
                                 第 × 期
                              (总第 × × 期)

    × × × × (单位名称)编写                        × × × × 年 × 月 × 日
───────────────────────────────────────────────────────
              或在分隔线正中加一★或一连串的＊作为分隔线

本期目录
      ● ·················
      ● ·················
                          标    题    "按语"可在标题之上、之下,也可在
                                      正文之中。字体比正文小,两侧留余地。
       按  语:
          × × × × × × × × × × × × × × × × × × × × × ×
          × × × × × × × × × × × × × × × × × × × × × ×
          ··················································
          ··················································
          ················································。
```

（正文）

　　　　　　　　　　　　　　　　　　　　　　　　　　（作者：×××）
　　　　　　　　　　　　　　　　　　　　　　　　　　或"×××供稿"

报：…………（上级机关）
送：…………（同级或不相隶属单位）
发：…………（下级单位）
本期增发：………………（"长期性简报"用）

　　　　　　　　　　　　　或无横线，写上"（共印××份）"　共印××份

【例文参考1】

××大学"三讲"教育
简　报
第×期

"三讲"教育领导小组办公室编　　　　　　　　　　　××××年×月×日

目　录

　　★ 编者按
　　★ 党委开展调研活动，征集对学校工作的意见和建议
　　★ 化学化工学院加大改革力度，勇于开拓创新
　　★ 计算机系抓实突出问题，加紧制订青年教师培养计划

　　编者按：在县级以上党政领导班子、领导干部中深入开展以"讲学习、讲政治、讲正气"为主要内容的党性党风教育，是中央和省委进一步落实党的十五大精神，推动深入学习邓小平理论，加强领导班子建设，提高领导干部素质的一项重要举措。我校被省委确定为全省"三讲"教育试点单位之一，承担了重要的责任。为了切实搞好我校的"三讲"教育，宣传"三讲"教育的重大意义、指导思想和具体做法，交流经验，我们特编辑了《××大学"三讲"教育简报》。《××大学"三讲"教育简报》将及时报道我校"三讲"教育的工作情况。欢迎各部门、各单位惠赐稿件，并对我们的工作提出宝贵的意见。

党委开展调研活动，征集对学校工作的意见和建议

　　××××年×月×日，学校党委召开由中层干部、专家学者、优秀中青年教师和离退休职工代表参加的调研会，全面征集对学校党政工作和班子成员的意见和建议。到会代表共77人，收回调研表74份。参加调研的同志以对学校工作高度负责的精神，结合学校的工作实际和个人的切身感受，对学校近年来取得的积极进展和党政班子的工作给予了充分肯定，同时也对学校工作中存在的问题提出了许多中肯的、建设性的意见和建议。这些意见和建议为学校领导班子查找自身存在的突出问题，并通过"三讲"教育切实予以解决，提供了重要的基础和依据。

化学化工学院加大改革力度,勇于开拓创新

  化学化工学院党政领导班子利用"三讲"教育好时机,总结过去的经验,查找存在的问题,提出了推进学院改革发展的整改措施,尤其是在增强改革意识,加大改革力度方面,勇于开拓创新,着实下了一番工夫。

  第一,在教学改革方面(略)

  第二,在科研改革方面(略)

  第三,在管理工作改革方面,他们结合实际,以建章立制、规范管理为着眼点,在深入调查研究的基础上,已先后出台并实施了多项管理制度,在关于教室管理办法、实验室使用和仪器设备管理规定、大学生行为规范奖惩考评办法、学生宿舍测评规定等,另外,《加强学院教学管理意见》《加强学院科研工作意见》和《关于后勤改革的过渡办法》即将出台。这些办法和措施的出台和实施将为学院的发展起到很好的促进作用。

计算机系抓实突出问题,加紧制订青年教师培养计划

  计算机系党政领导班子通过"三讲"教育,结合实际,查找不足,他们从班子自身建设入手,强化改革意识,明确改革思路,针对缺少拔尖学术带头人、在某种程度上已制约学科发展这一最为突出的问题,加紧制订青年教师培养计划。

  他们着眼于计算机系的整体发展(略)

报送:中共××省委"三讲"教育领导小组办公室
    中共××省委高校工作委员会、省直有关单位、校领导
    各党总支、直属党支部、党委各部门

(共印50份)

【简析】

  这是一份专题工作简报。报头格式规范完整。目录使本期简报内容一目了然,方便阅读。编者按介绍了工作背景、内容及不同部门的工作情况。正文一,单标题概括了文章的中心内容,主体介绍了党委工作的具体内容。正文二和正文三,导语概括了全文的主要内容,起到了导读的作用。主体部分介绍了化学化工学院、计算机系在"三讲"教育工作中的具体做法。报尾内容齐全、规范。

【例文参考2】

会议简报

第 1 期

会议秘书组   ××××年×月×日

××函授大学全国教学工作会议在京召开

  经过一段时间的积极筹备,××函授大学全国教学工作会议于××××年×

月×日在北京正式召开。

参加今天会议的有中国××研究会的部分理事、各地辅导站代表、学员代表和校部教职员共70余人。

今天上午和下午都召开了全体会议。

上午,校务委员会主任××同志在开幕词中讲了这次会议的宗旨。他说:"我们召开这次会议,是要交流、总结各地辅导站的工作经验,研究如何提高教学质量,明确今后的办学方向,希望大家畅所欲言,为'函大'开创新局面献计献策。"

紧接着,各地代表分组进行了讨论。讨论会上,××同志对如何召开好这次大会还提出了许多宝贵意见。

在下午的会上,教务长×××同志结合一些辅导站的情况,进一步强调,要办好面授辅导站,必须争取当地文教部门领导的支持,必须要有一个坚强的领导班子和高水平的教师队伍,以切实保证教学质量的稳定,以质量取信于社会,同时还必须严格规范财务管理制度,坚持勤俭办学的原则。

"函大"顾问、××大学教授×××先生,虽已年逾80高龄,但仍不顾天气炎热,到会看望大家并讲话。他指出,函授教育是一种很好的形式,这种形式有很多好处:一是节约人力,学员可以边工作边学习;再是花钱不多,却能为国家培养出大量人才;此外,面授辅导要搞好,就得搞资料交流,资料要有针对性,要解决学员提出的实际问题。×老的讲话给了与会者以巨大的鼓舞,受到大家的热烈欢迎。

抄送:校长办公室
　　　校教务处
　　　各地辅导站

共印×份

【简析】

这是一份会议简报。报头格式规范完整。导语交代全文中心内容,简洁明了。主体介绍会议进程,具体清晰。报尾内容齐全、规范。

(二)简报写作中的常见问题

简报写作中的常见问题一般有三:一是不简,二是不实,三是不新。不简是指篇幅太长,材料取舍不当,或过多叙述事情过程,或写进了一些不应写的内容。不实即所写内容失实,有的望风捕影,有的胡编瞎造,有的无限拔高,有的移花接木,有的添枝加叶,有的以偏概全,有的"合理想象",以致闹出了笑话。不新即反映的内容失去了时效性,把一些陈旧的、没有指导意义的、缺少典型性的材料堆积到简报中去。另外,在简报的编者按中,也常有一般化、内容空泛、缺乏实际意义的毛病。

(三)简报的写作要求

简报的写作要求可以用"真、简、新、快"四个字概括。

1. 内容须真

简报反映的情况要求绝对真实准确。事件背景、过程、结果以及事件中列举的人名、地名、时间、数据等都必须准确无误,不能虚构,不能歪曲,不可以偏概全,也不能以点带面。

2. 文字要简

简报的篇幅一定要短小，一般几百字至千余字；内容要简明，一般是一文一事；叙事要简洁，以概括为主，分析问题以旗帜鲜明地表明态度为主，不加过多的阐述。

3. 选材要新

简报中反映的事件要有新闻性，要写新问题、新动态、新趋势、新经验，唯有"新"才有启发和参考价值。

4. 撰写要快

撰写一定要及时迅速，简报中有些情况时效性很强，应尽可能快速反应，这样才能起到应有作用。

五、简报的特点及与其他文种的区别

（一）简报的特点

1. 内容广泛

凡是值得参考借鉴的事实动态均可作为简报的内容。可以反映工作部署和进展情况，交流工作方法和经验，报告工作中的新问题、新情况，介绍典型事例，传达上级机关的部署和意见，等等。

2. 形式特殊

有固定刊头，顺序期号，但不定期。

3. 行文灵活

无上行、下行、平行的严格限制。可根据工作需要自行酌定，行文灵活自由。

4. 制发自由

制发者一般是机关的办事机构，如××局办公室、××厂党委办公室，对简报负政治和技术责任；不加印鉴不是正式公文。

（二）简报与其他文种的区别

与调查报告不同的是，调查报告是上级或有关单位调查后写，须从全局看局部，须有大量的分析研究，而简报不是。

与公文区别在于标题无签发机关、文件名，只有内容摘要；似新闻的内部消息，只向一定范围内报告与工作有关的事。

简报不具法定效能和行政强制力。

简报与小说、报告文学的区别是：内容不能虚构、假想、抒情，不宜带文学色彩。

第五节　慰问信

一、慰问信的含义和作用

慰问信是向有关单位或个人表示关怀、慰问的一种专用书信，是各个单位或个人广泛运用的应用文体。通过慰问信，能够体现出社会的温暖、关怀以及人与人之间的深情厚谊，能够激励对方增强信心，勇于面对困难，不断争取新的进步。

常见的慰问信有以下两种：

（一）颂扬式慰问信

这类慰问信主要以问候、慰劳为主要内容。在信中，要对单位或个人做出的突出贡献、取得的巨大成绩给予积极的肯定和热情的赞扬，鼓励他们继续努力，不断前进。根据不同的使用场合，颂扬式慰问信又可以分为：

1. 对做出贡献的单位或个人的慰问

主要是针对那些承担艰巨任务、做出了巨大贡献甚至牺牲、取得了突出成绩的先进集体或个人，如《慰问抗洪抢险的解放军战士》《慰问抗击非典一线的医护人员》《慰问春节期间仍坚守岗位的铁路工人》等，肯定他们的成绩，希望他们戒骄戒躁，克服困难。

2. 节日慰问

一种上级对下级、单位对个人进行的节日问候。在特定的节日中，对员工以前的工作表示肯定和赞扬，并祝福员工在今后的工作、学习、生活中心情舒畅，做出更大的成绩，如《春节慰问》《教师节慰问》等。

（二）安慰式慰问信

这类慰问信通常是针对那些遭遇天灾人祸（如火灾、地震、暴雨、泥石流、疾病等）、蒙受巨大损失的集体或个人的。在信中，要对他们的不幸遭遇表示同情、安慰，鼓励他们克服暂时的困难，加倍努力，以便尽早地改变现状，如《对灾区人民的慰问》《对老少边区群众的慰问》以及《对病人的慰问》等。

二、慰问信的写作

慰问信，一般包括标题、称呼、正文、落款等几个部分。

1. 标题

慰问信的标题，书写在第一行居中位置。常见的标题形式有：一是只写文种名称，如"慰问信"；二是只写慰问对象和文种，如"致中国国际救援队的慰问信"；三是慰问者、慰问对象和文种三项俱全，如"中华全国总工会致全国劳动模范的慰问信"。

2. 称呼

顶格写清被慰问单位或个人的名称或姓名。如果是写给单位的，应该写上单位的全称；如果是写给个人的，应该在姓名之后加上"先生"或"同志"等，后加冒号。根据具体情况，在前面还可加上敬语，如"尊敬的"、"敬爱的"等。

3. 正文

正文要另起一行、空两格。慰问信的内容主要包括以下几个方面。

（1）说明写慰问信的背景、原因。这一部分要求开宗明义，开门见山地写清楚慰问信是在怎样的情况、背景下，由何集体（或个人）向何集体（或个人）表示的慰问，如《中共郑州市市委慰问驻郑部队军烈属以及转业军人》的开头是这样写的：

值此2009年新春佳节即将到来之际，中共郑州市市委、市人大常委会、市人民政府、市政协代表全市人民，真诚地向你们以及亲属表示亲切的慰问，并致以崇高的敬意！

（2）写明慰问事项。在这一部分中，要针对不同的对象和慰问事由，向对方致以诚挚的慰问。如果是颂扬式慰问信，要概括地叙述被慰问者的先进思想、光辉事迹，或战胜困难、舍己为人、不怕牺牲的可贵品德和高尚风格，向对方表示慰问和学习，给对方以鼓舞和激励。如果是安慰式慰问信,要简要叙述被慰问者所遭受的困难和损失,以表示发信方对此关切的程度,要充分表现出发信方的理解、同情或钦佩之情,以便使被慰问者切实感受到关怀和温暖。

(3) 结尾。结尾要表示共同的愿望和决心,如"让我们携手并进,为早日实现祖国的四个现代化而共同奋斗"、"……困难是暂时的,最后的胜利一定属于我们"等。

(4) 结语。在正文之下,另起一行、空两格,写"此致"、"致以"、"祝"等表示恭敬之意的词语。再另起一行顶格书写"敬礼"、"诚挚的节日问候"、"取得更大的成绩"等表示祝愿的句子,不加任何标点符号。也可以在正文之下书写一句完整的表示祝愿的句子,加感叹号。

4. 落款

将慰问者的名称写在结语的右下方。可以是单位名称,也可以是个人的姓名。署名下方写出成文日期。

【例文参考】

致中国国际救援队的慰问信

尊敬的中国国际救援队全体队员:

你们辛苦了!

我们代表清华大学全体学生,向战斗在印度洋海啸救援工作第一线的中国救援队全体队员们表示最崇高的敬意和最诚挚的问候。

2004年12月26日,印度尼西亚苏门答腊岛附近海域发生里氏8.9级强烈地震,并引发世界近百年来死伤最惨重的海啸灾难,印度尼西亚、斯里兰卡、泰国和印度等国遭受重创,马来西亚、马尔代夫、孟加拉国和缅甸等周边国家也受到严重影响。受灾地区满目疮痍,损失惨重,近15万人罹难,而伤者及难民更是难以计数。

在得知印度洋地震海啸的第一时间,中国政府立即采取行动,快速有效地组建了一支强有力的救援队伍奔赴印尼、斯里兰卡和泰国等受灾最严重的国家和地区开展国际救援工作。十几天来,你们在极其恶劣的环境下克服重重困难,凭借过硬的专业知识和高度的敬业精神,积极开展各项救援工作。你们在治愈了灾民身体伤病的同时,也给一颗颗受伤的心送去了温暖。你们的工作赢得了当地政府和灾区人民的欢迎和称赞,体现了中国人民与受灾国人民真诚友好、患难与共的深厚情谊和崇高的国际人道主义精神,为祖国和人民赢得了荣誉。

我们虽身在清华园,却心系救援队;虽然我们不能与你们并肩作战在救援抢险的第一线,但立志在自己的岗位上学习发扬你们不畏艰险、勇于奉献的精神。我们坚信灾区人民在他们的积极努力和国际社会的关心帮助下,协其同心,集其合力,必定能够尽快渡过难关,重建美好家园。值此新春佳节来临之际,全体清华学子为你们送上我们最诚挚的节日祝福和美好祝愿,祝愿中国国际救援队的全体队员和你们的家人们幸福安康!期待你们早日平安归来!

  此致

敬礼

清华大学学生会
清华大学研究生会
二〇〇五年一月十二日

【简析】

这是一封节日慰问信。信中高度赞扬了中国国际救援队全体队员崇高的国际主义精神，表达了对他们的崇高敬意、诚挚问候和衷心祝福。

第六节　感谢信

一、感谢信的含义和作用

感谢信是在得到其他单位或个人的关心、支持、帮助之后，为向对方表达谢意时所写的书信体专用文书。

感谢信可以写给感谢对象个人，也可以写给感谢对象所在单位，还可以通过报社、电台、电视台、网络等新闻媒体传播。感谢信的内容可以分为感谢相助、感谢捐赠、感谢祝贺、感谢鼓励、感谢慰问等。

二、感谢信的写作

感谢信的结构和一般书信相似，一般包括标题、称谓、正文、落款（署名、日期）四个部分。

（一）标题

感谢信的标题，字号要比正文稍大一些，这样看起来会更加醒目。常用的感谢信标题有三种写法：一是只写文种名称"感谢信"三个字；二是只写感谢对象和文种名称，如"致佛山市第一人民医院的感谢信"；三是感谢者、感谢对象、文种名称三者俱全，如"北京市高职语文教研室给山西语文教研会的感谢信"。

（二）称谓

标题下空一行，顶格写出接受感谢单位的全称或接受感谢者的姓名。在个人姓名前加上"尊敬的"敬语。如果感谢对象没有留下单位和姓名，感谢者希望通过新闻媒体表示感谢，这时新闻媒体便是受信者。

（三）正文

感谢信的正文一般包括以下内容：

1. 陈述事实

简单扼要地交代所要感谢的人和事，写清事件发生的时间、地点、原因、结果。表现感谢对象的杰出表现和高尚品格。陈述事实应精确恰当，只有事实陈述精确恰当，随之而来的赞颂才具有说服力，可以将叙述、议论、抒情结合起来。

2. 赞颂对方

颂扬感谢对象的可贵精神，表达诚挚的谢意。表情达意应恰当、贴切，对感谢对象的评价与赞颂要恰如其分，实事求是，所表达的感谢言词要符合双方的身份，表达自己的决心要切实可行。

3. 表明态度

表示认真向对方学习，努力做好本职工作。

4. 结语

另起一行书写"此致"、"致以"等表示恭敬之意的词语,再另起一行顶格书写"最诚挚的感谢"、"最崇高的敬礼"等表示敬意的句子。

(四) 落款

在结语的右下方写上感谢者的名称,可以是单位名称,也可以是个人姓名。在署名下方写明日期。

【例文参考】

感 谢 信

各位志愿者:

首先感谢你们来参加我们志愿者协会成立两周年的庆典晚会。

2007年1月5日,志愿者协会作为一个全新的组织成立了。这个脆弱、单薄的团体是那样的不起眼,也许谁都不会想到我们会有今天的成绩,这与诸位的帮助和指导是分不开的。我们步履蹒跚时,是你们在身边守护;我们路途迷茫时,是你们在前方指明;我们跌倒时,是你们伸手搀扶;前进时,我们携手同行……

两年了,我们回顾自己走过的路,有很多感触。我们的记忆里充满了大大小小的活动场景和那些受助者、志愿者的灿烂笑容;但更多的记忆却是我们共同合作、携手共进时的相互促进和配合。

两年了,我们共同走过的路上留下了多少辛勤汗水,印下了无数真诚笑容。敬老院的老人身边、福利院的课堂上……处处都留下我们通力合作的身影,处处也都记载着各兄弟团体对我们的支持和帮助!在此,我们用最真诚的情感说一声:"谢谢你们!"

回顾昨天,我们的累累硕果里有你们种植的甘甜;展望未来,爱心公益的大道上又将留下我们坚实的脚印!

明天的道路依然曲折,明天的征程依然漫长,"路漫漫其修远兮",然而上下求索的何止你我!在未来的日子里,我们真诚地希望能与各兄弟团体通力合作,打造公益事业的同一片蓝天!

让我们怀着一颗爱心,在奉献的旗帜下,沿着公益事业的大道,携手共进,共创美好明天!

最后,让我们再一次诚挚地说声感谢:谢谢你们,我们的兄弟姐妹!谢谢你们,我们志同道合的朋友!谢谢这世界上所有的爱心人士!谢谢!

此致

敬礼

××志愿者协会
2009年1月5日

【简析】

这封感谢信对志愿者的付出给予了充分的肯定,对未来的公益事业充满信心。

第七节 请　　柬

在现代社交礼仪中,请柬的使用非常普遍。请柬既表示邀请者的郑重态度,也表明主人对客人的尊敬。发请柬既可以密切主客之间的关系,也可以使客人能够自然地接受邀请。请柬的个性化设计非常重要,具有鲜明特色的请柬对公关活动的成功无疑会发挥重要作用。

现今社会人们常常使用商店中出售的印刷成品请柬,其上印有精美完整的格式内容,我们只需用毛笔或钢笔填入各项内容即可,字迹必须端正工整,以示尊重对方。

一、请柬的含义和种类

请柬也称请帖,是单位或个人邀请对方参加某种活动而发出的信柬。在平时的交际活动中,如宴饮、游览、会议、观赏,都可向对方发出请柬。

由于作用不同,请柬一般可以分为三大类,每类又分为若干种。

1. 工作类请柬

工作类请柬使用的场合包括诸如成果评审、项目鉴定、产品研发、现场公证等。

2. 会议类请柬

会议类请柬使用的场合包括诸如庆祝会、纪念会、座谈会、展览会等。

3. 活动类请柬

活动类请柬使用的场合包括诸如酒宴、冷餐会、联欢会等。

二、请柬的特点

1. 礼仪性

邀请本身就带有明确的尊重意思,请柬借邀请促进彼此间的支持与合作,所以行文就要注意礼仪上的要求。

2. 说明性

邀请信必须对所涉及的各个事项进行比较详尽的说明,以此打动和方便对方前来参加。

3. 简洁性

请柬的语言非常精练,大多一两句话便可解决问题。

三、请柬的写作

请柬由标题、称谓、正文和落款四部分组成。

1. 标题

在请柬的封面中部写上"请柬"或"邀请书",或由具体事由与文种构成,如"2009年全国普通高校评卷教师邀请书"。请柬的字体较大,醒目美观,庄重典雅。多数用烫金,还装饰着各种吉祥画面。请柬封里的写法,分为竖写和横写两种,竖写应从右向左写。

2. 称谓

请柬常见的称谓有三种:第一种是首行顶格写受邀单位的全称或个人姓名;第二种是将称谓填写在"恭请"与"光临"之间的空白处;第三种是将称谓填写在请柬外的信封上,这是商业信函的习惯做法。

3. 正文

另起一行空两格写明邀请目的、活动内容、时间、地点及注意事项。请柬的结语另起一行空两格写"敬请",再转行顶格写"光临"或"莅临"等。也常用"敬请拨冗光临"、"敬请光临指导"。

4. 落款

写明发文单位名称或个人姓名。署名下方写明日期。为表示发文单位的诚意及对受邀对象的尊敬,常在其后使用"谨启"、"谨呈"、"敬启"等敬告词。

【例文参考1】

请　柬

谨订于二〇〇九年×月×日(星期×)下午×时×分假×××饭店××厅为欢迎

　　×××先生/女士举行宴会

　　敬请

光临

　　(请答复)

×××(主人姓名)
二〇〇九年×月×日

【简析】

这是常见的宴会邀请函。

【例文参考2】

请　柬

谨订于×月×日(星期×)上午×时×分在本市胜利路阳光饭店二楼举办××与×××的结婚喜宴,恭请您及夫人届时拨冗光临!

　　此致

敬礼

××敬上
二〇〇九年×月×日

【简析】

这份请柬清楚地列出邀请人、被邀请人、赴宴地点、赴宴时间,表达出殷切期望对方接受邀请的心情。

【例文参考3】

请　柬

周××教授：

　　兹定于2009年12月29日上午×时于×号多功能厅举办信息管理系2010年迎新联谊会。

　　届时敬请光临

×××（主人姓名）
二〇〇九年×月×日

【简析】

这是请柬最常见的写法。

【例文参考4】

请　柬

　　兹定于××××年×月×日上午×时于我校礼堂举行××职业技术学院建院50周年庆祝大会。

　　届时敬请光临

　　此致

齐××教授

　　（附：座位号××××）

××职业技术学院
二〇〇九年×月×日

【简析】

此份请柬与前一份请柬的明显区别是将受邀者的姓名写在后面。

【例文参考5】

请　柬

××小姐：

　　兹定于12月25日晚7时在锦华歌舞厅举行圣诞庆祝舞会，届时请携带舞伴光临为盼。

李华云
2005年12月20日

　　（附入场券两张）

【简析】

这是一份卡片式日常应酬请柬。请柬的语言简明扼要，既交代清楚了邀请的事项为舞会，又强调了此次活动需要被邀请者携带舞伴的具体要求，同时也附注上了赠送的入场券。

四、请柬写作的注意事项

请柬篇幅短小，语言明确具体。各种细节必须认真核实，不能出现差错。

语言要恳切、高雅得体;态度要诚恳热情,显示对受邀者的尊重。

请柬设计应美观大方。可作适当的艺术加工,可加图案装饰,文字可写美术体、手写体,还可烫金。

在请柬的适当位置上标出"注意事项"。

第八节 欢迎词 欢送词

一、欢迎词与欢送词的含义

欢迎词与欢送词都是在迎送宾客或隆重集会时,由主持人出面,对宾客表示热诚的欢迎、欢送的讲话文书。在这种面对面的公关、社交场合中,礼仪文书起着不可替代的重要作用,能够烘托环境、渲染气氛,营造一个良好的氛围。

有国外宾客来访或在较大的国内、国际性会议开始时,主人一方对宾客一方的到来表示热烈欢迎的讲话,称为欢迎词;对宾客的离去表示热烈欢送的讲话,称为欢送词。这是两种既相互关联,又有区别的公关礼仪类文书。这类文书一般都有事先准备好的书面材料,也有临时即席发表的。

二、欢迎词与欢送词的写作

礼貌上的尊重性、感情上的真挚性、语言上的委婉性、篇幅上的简短性是欢迎词与欢送词的共同特点。欢迎词与欢送词的结构一般是由标题、称谓、正文、落款四个部分组成。正文是欢迎词与欢送词的中心内容,一般的写法是:首先,要表示欢迎或欢送之情;接着,要对宾客本人以及宾客所代表的国家、组织表示恰当的赞扬和称颂,或阐述来访的重大意义,或述说两个国家或两个组织之间的交往、友谊,或赞扬两个国家或两个组织之间友好合作的成就等。

欢迎词与欢送词虽然名称各异,内容也不尽相同,但其写作格式和写法基本相同。

1. 标题

写在第一行,居中排列。一般只要写明什么人在什么场合的讲话即可,如"×××董事长在欢迎××主席宴会上的讲话"。有时,也可以只写明在什么场合的讲话,而把讲话人的姓名写在标题之下,如武汉市前市长吴官正同志的"在欢迎曼彻斯特市代表团大会上的讲话"。

2. 称呼

要顶格书写。出于礼仪的需要,称呼要用尊称,在姓名后要加上职衔(有时也可以只称职衔),并加上"先生"或"同志"一类称谓语,而在姓名或职衔前则要加上"尊敬的"、"亲爱的"、"敬爱的"等表示亲切的词语。对在场的其他主、客人员,一般用"女士们,先生们"或"朋友们,同志们"等泛称。如果迎接的是一个代表团,一般也用泛称,如吴官正《在欢迎曼彻斯特市代表团大会上的讲话》的称呼"尊敬的曼彻斯特市代表团的各位朋友,女士们,先生们",称呼的末了要用冒号。

3. 正文

一般包括开头、主体、结尾三个部分。

(1) 开头。正文的开头一般要表示欢迎、欢送之情。一般是写"请允许我"代表谁向谁表示热烈的欢迎或欢送。在措辞时，既要突出主要宾客，也要兼顾陪同人员。如《李先念主席在欢迎金日成主席宴会上的讲话》，首先"对金日成主席的来访表示最热烈、最亲切的欢迎"，接着另起一段说："我们还要向陪同金日成主席来访的李钟玉副主席、金永南同志、许铁同志以及其他朝鲜贵宾，表示热烈的欢迎。"

(2) 主体。主体是欢迎词与欢送词的核心。在这个部分中，欢迎（送）者与被欢迎（送）者都要从实际出发选择恰当的致词内容，或畅谈双方缔结某种友好关系的意义、影响以及客方的贡献，或畅叙友谊，或表示对发展友好、合作关系的原则立场与真诚愿望，有时候也可以对当时的国内外重大问题表明立场、观点与看法。

(3) 结尾。主要是致以良好的祝愿。祝愿语的写法一般是：先写对主要宾客的祝愿语，次写对陪同宾客的祝愿语，最后写共同性的祝愿语。如李先念主席在欢迎金日成主席的致词的结尾部分的祝愿语："我们祝愿金日成主席的访问圆满成功，祝各位朝鲜贵宾在华期间过得愉快。"如果迎送对象是一个代表团，则要用概括性的祝愿语，如吴官正对曼彻斯特市代表团的致词结尾说："朋友们，你们访华的日程已经开始，希望你们在华期间宾至如归，生活愉快，预祝朋友们访问获得圆满成功。"

4. 落款

【例文参考1】

欢　迎　词

尊敬的来宾，代表们，朋友们，同志们：

我荣幸地宣布，第一届中国国际旅游会议开幕了，我代表中国政府和人民并以我个人的名义，向这次会议表示热烈的祝贺，衷心地欢迎各位来宾和代表。

……

朋友们，同志们，会议期间，我们将欢聚一堂，交流经验。会后，我们中的一些人将去中国的其他地方参观访问。我诚恳地希望，你们将对中国的旅游事业提出宝贵的意见、建议。

我祝本次大会圆满成功，并祝各位身体健康，在中国生活得愉快。

谢谢各位。

【简析】

这是一篇欢迎词。内容分为三个部分：其一，写欢迎的原因，对客人的到来表示热烈的欢迎；其二，写对会议的良好预期、会后的安排和要求；其三，写祝颂语，表示感谢。全文言辞情真意切，友善礼貌，营造出一种良好的气氛。

【例文参考2】

欢　迎　词

尊敬的奎礼博士，同志们，朋友们：

刚好在两个星期以前，我们愉快地在这里欢聚一堂，热烈欢迎奎礼博士。

今天，奎礼博士在访问了我国许多地方之后，即将离去，将于明天回国。我们再一次在这里欢聚一堂,欢送奎礼博士。让我代表中华人民共和国政府并以我个人的名义,对奎礼博士的来访表示感谢,对奎礼博士的离去表示欢送。

奎礼博士的访问虽然短暂,却是极其成功的。在北京期间,奎礼博士会晤了有关方面的同志,参观了工厂、公共设施、学校,与各界人士进行了广泛的交谈,并认真研究了我国的政治、经济、文化和教育状况,加深了对我国的认识。

在向奎礼博士告别之际,我真诚地希望奎礼博士给我们提出批评、意见和建议,以便我们进一步改进工作。同时,我想借此机会,请求奎礼博士转达我们对英国人民的深情厚谊,转达我们对他们的亲切问候和敬意!

最后,祝奎礼博士一路平安,身体健康!

××省教育厅厅长×××
××××年×月×日

【简析】

本篇欢送词主要突出了两个方面的内容。其一,写与客人两次欢聚,"两个星期以前"曾欢聚一堂欢迎客人一句,点明了客人访问的时间长度;客人"将于明天回国"一句,又点明了欢送的缘由。其二,写客人访问我国的行程情况,以及收获。最后,写主人的希望、要求和祝愿。全文感情诚恳,用语巧妙,分寸适当,语言精练,是一篇相当不错的欢送词。

三、撰写和演讲欢迎词与欢送词的注意事项

礼节要周到,尤其是要尊重对方的风俗习惯,要尽可能地避开对方的忌讳,切忌客套话成篇。当然,既然是礼仪性的文书,难免有应酬之词,但不能满纸都是客套话,否则会显得做作,使宾客感到致词者感情不真诚。

由于欢迎、欢送的时间一般都不能太长,所以,欢迎词与欢送词的篇幅要简短,结构要严谨、完整,语言要精确,语气要热情、友好、温和,并要注意礼貌、礼节,但又要将意思表达清楚。

用词要口语化。虽然是书面材料,但最终都还是要通过口语表达出来,因而要求口语化,使人一听就明白。

在演讲欢迎词与欢送词时,致词人要精神饱满、洒脱大方,站立要稳。在讲话时,目光应前视宾客,态度要热情,演讲富有感情色彩。

第九节 开幕词 闭幕词

一、开幕词

(一)开幕词的概念、特点和种类

1. 开幕词的概念

开幕词是大型会议开始的时候,由组织召开会议的机关的主要领导人向大会全体代表

发表的讲话。开幕词的内容主要是阐述会议的指导思想、宗旨、主要意义,向与会者提出要求并对会议的成功表示祝愿。

开幕词是大会正式召开的标志,主要领导人亲临大会并宣读开幕词,显示了组织者对大会的重视。开幕词所提出的会议宗旨是大会的指导思想,所阐明的目的、任务、要求等,对于会议有着重要的指导作用。会议结束之后,与会者传达会议精神时,开幕词也是其重要的依据之一。

2. 开幕词的特点

(1)简明性。开幕词要简洁明了、短小精悍,最忌长篇累牍、言不及义。多使用祈使句,表示祝贺和希望。

(2)口语化。语言应通俗、明快、上口。

3. 开幕词的种类

按内容可以分为侧重性开幕词和一般性开幕词两种。侧重性开幕词往往对会议召开的历史背景、重大会议或会议的中心议题等作重点阐述,其他问题一带而过。一般性开幕词只对会议的目的、议程、基本精神、来宾等作简要概述。

(二)开幕词的写作格式

开幕词一般由标题、署名、日期、称呼、正文五部分组成。

1. 标题

开幕词的标题有三种写法:由大会名称加文种组成,如邓小平所作的《中国共产党第十二次全国代表大会开幕词》;由致词人姓名、大会名称、文种组成,如《×××同志在××××大会上的开幕词》;在文种名称上有所变通,如江泽民 1999 年 12 月 2 日《在〈维也纳公约〉缔约方大会第五次会议和〈蒙特利尔议定书〉缔约方大会第十一次会议部长级会议开幕式上的致辞》。

2. 署名

即署上致开幕词的领导人的姓名,放在标题下一行居中位置。在写作的时候要署名,但在致辞的时候不用念出来。

3. 日期

时间一般写在署名下一行正中位置,时间要加括号。

4. 称呼

称呼是对与会者的统称。我国较常使用的称谓比较简单,就是"同志们"三个字,后加冒号。如果是国际会议,要按照国际惯例来排列顺序,较常见的是"各位嘉宾,女士们,先生们",后加冒号。

5. 正文

正文可分为开头、主体、结尾三部分。

(1)开头。内容包括宣布大会开幕、交代会议的名称和内容、介绍出席会议的有关单位和领导人员、对大会表示祝贺、对来宾表示欢迎。

(2)主体。开幕词的核心部分,主要包括以下几个方面的内容:指出召开会议的背景,阐明会议的重要意义,说明会议的中心任务、主要议题、会议的目的以及会议的议程安排,向与会者提出希望和要求。具体涉及:这次会议是在什么形势下召开的,会议将要讨论解决什么问题,这个问题的现实价值如何,有什么迫切性,会议最终将会达到什么目的,等等。

主体部分说明会议的主要议程,议程明确的会议可以将议程直接列项表达,如议程不宜列项,则要对会议将要讨论的主要问题进行阐述。

(3)结尾。一般用祝颂语结束全文,如"最后,祝大会取得圆满成功。祝各位在北京愉快。谢谢!"

【例文参考1】

在"博鳌亚洲论坛"成立大会上致辞
江泽民
(二○○一年二月二十七日,博鳌)

各位代表、女士们、先生们、朋友们:

今天,"博鳌亚洲论坛"正式成立,亚洲和关心亚洲事务的许多国家的政界知名人士、企业界、学术界的精英集聚一堂,围绕亚洲发展问题交换意见,这是一次盛会。我代表中国政府和人民,向成立大会致以衷心的祝贺!向与会各界人士表示热烈的欢迎!

人类已经迈入了新的世纪和新的千年。当今世界,经济全球化和区域经济合作正在向纵深发展。亚洲各国国情虽不相同,但抓住机遇、迎接挑战、不断推进经济和社会发展,是我们共同面临的课题。

"博鳌亚洲论坛"作为一个非官方的国际性会议组织,以亚洲国家和地区为主,又向其他地区开放,为各方人士提供一个共商亚洲地区经济发展、人口和环境等问题的高层次对话场所,反映了在经济全球化背景下亚洲各国希望加强对话、寻求合作、实现共同发展的时代要求。

我完全支持这个构想。中国政府主张建立公正合理的国际政治经济新秩序,一贯重视和支持多层次、多渠道、多领域的对话与合作。作为东道国,中国政府将继续为论坛的健康发展提供支持,同时也希望与会各国人士予以支持。

让我们携起手来,为实现亚洲各国的共同发展,为增进亚洲与世界其他地区的交流与合作,为开创亚洲繁荣、富强、美好的明天而积极努力。

最后,祝大会取得圆满成功!

【简析】

这是江泽民在"博鳌亚洲论坛"成立大会上的开幕词。它按照通常的格式来写。首先指出召开会议的背景及意义,说明会议的中心任务、主要议题及会议的目的;然后向与会者提出希望和要求,并表达了对会议的期望和良好祝愿。内容简洁明了,具有宣告性和指导性。

【例文参考2】

中华人民共和国第一届全国人民代表大会
第一次会议开幕词
毛泽东

各位代表:

中华人民共和国第一届全国人民代表大会第一次会议,今天在我国首都北京举行。

代表总数一千二百二十六人,报到的代表一千二百一十一人,因病因事请假没有报到的代表十五人,报到了因病因事今天临时缺席的代表七十人。今天会议实到代表一千一百四十一人,合于法定人数。

中华人民共和国第一届全国人民代表大会第一次会议负有重大的任务。

这次会议的任务是:

制定宪法;

制定几个重要的法律;

通过政府工作报告;

选举新的国家领导工作人员。

我们这次会议具有伟大的历史意义。这次会议是标志着我国人民从一九四九年建国以来的新发展的里程碑。这次会议所制定的宪法将大大地促进我国的社会主义事业。

我们的总任务是:团结全国人民,争取一切国际朋友的支援,为了建设一个伟大的社会主义国家而奋斗,为了保卫国际和平和发展人类进步事业而奋斗。

我国人民应当努力工作,努力学习苏联和各兄弟国家的先进经验,老老实实,勤勤恳恳,互勉互助,力戒任何的虚夸和骄傲,准备在几个五年计划之内,将我们现在这样一个经济上文化上落后的国家,建设成为一个工业化的具有高度现代化程度的伟大的国家。(热烈鼓掌)

我们的事业是正义的。正义的事业是任何敌人也攻不破的。(热烈鼓掌)

领导我们事业的核心力量是中国共产党。(热烈鼓掌)

指导我们思想的理论基础是马克思列宁主义。(热烈鼓掌)

我们有充分的信心,克服一切艰难困苦,将我国建设成为一个伟大的社会主义共和国。(热烈鼓掌)

我们正在前进。

我们正在做我们的前人从来没有做过的极其光荣伟大的事业。

我们的目的一定要达到。(鼓掌)

我们的目的一定能够达到。(鼓掌)

全中国六万万人团结起来,为我们的共同事业而努力奋斗!(热烈鼓掌)

我们的伟大的祖国万岁!(热烈的长时间的鼓掌)

(选自《中华人民共和国第一届全国人民代表大会第一次会议文件》,人民出版社1955年2月第一版,第3—4页。)

【简析】

这是一篇经典的开幕词。其中的不少语句至今人们耳熟能详,这些语句的思想鼓舞和教育了几代人。语言不仅精练,而且极富号召力和鼓舞性,不少语句当场赢得听众的热烈鼓掌,至今仍然是名言。开幕词的第一层意思是宣布大会开幕(包括会议名称、开会地点、到会人数、合法性等基本情况);第二层意思是讲这次会议的任务(共四项);第三层意思是讲本次会议的意义;第四层意思是讲我们的总任务以及如何完成总任务,并强调了我们事业的正义性;第五层意思是讲我们事业的领导力量和我们思想的理论基础,因此我们充满信心;第六层意思是指出我们正在前进,我们的目的一定能够达到,极富鼓动性和号召力,并以口号结束开幕词,获得人们长时间的热烈鼓掌,与会者的情绪被激发至高潮。以短小的篇幅获得如此巨大的效果,非文字巨匠莫能为之。本开幕词的标题、称谓、正文均符合文体格式的要求。

(三)开幕词的写作要求

开幕词作为会议开始前主要领导人的讲话,是大会正式开始的标志。其中既有对会议内容的阐述和良好祝愿,同时也表达了对与会者的欢迎。所以感情要真挚,态度要诚恳,措辞要礼貌,做到善辞令而不做作,讲礼貌而非应付。切忌言不由衷,虚情假意。

语言要简洁明了,篇幅要短小精悍。用字谨慎,讲究与场景气氛和谐融洽。

主题要明确,中心要突出。

二、闭幕词

(一)闭幕词的概念、特点和种类

1. 闭幕词的概念

闭幕词与开幕词相对应,是会议结束时由主要领导人向全体会议代表所作的总结性讲话。

闭幕词的主要内容是对会议作概括性的评价和总结,并向与会者提出贯彻落实大会精神的要求,向与会单位提出奋斗目标和希望。

2. 闭幕词的特点

(1)总结性。闭幕词是在会议活动的闭幕式上使用的文种,要对会议内容、会议精神和进程进行简要的总结并作出恰当评价,肯定会议的重要成果,强调会议的主要意义和深远影响。

(2)概括性。闭幕词应对会议进展情况、完成的议题、取得的成果、提出的会议精神及会议意义等进行高度的语言概括。因此,闭幕词的篇幅一般都短小精悍,语言简洁明快。

(3)号召性。为激励参加会议的全体成员实现会议提出的各项任务而奋斗,增强与会人员贯彻会议精神的决心和信心,闭幕词的行文要充满热情,语言坚定有力,富有号召性和鼓动性。

(4)口语化。闭幕词要适合口头表达,写作时语言要求通俗易懂、生动活泼。

(二)闭幕词的写作格式

闭幕词一般由标题、署名、日期、称呼、正文五部分组成。

1. 标题

跟开幕词的写法类似,常见的写法是《××××大会闭幕词》或《×××在××大会上的闭幕词》。偶尔也有正副标题的写法,将主要内容或主要观点概括成一句话标题,再用"××大会闭幕词"做副标题。

2. 署名

即署上致闭幕词的领导人的姓名,置于标题下一行居中位置。

3. 日期

即致闭幕词的时间,放在标题署名之下居中位置,用小括号。

4. 称呼

与开幕词的称呼的写法一致。

5. 正文

在内容结构上,正文可以分为三部分:

(1) 开头。闭幕词的开头,一般要用简洁的语言,说明大会经过全体代表的努力,已经胜利完成使命,今天就要闭幕了。

(2) 主体。闭幕词的主体主要是对大会进行概括总结,并提出贯彻大会精神的要求和希望。其中概括总结的部分要列举会议完成的任务和取得的成果,不能过于空泛笼统。提出要求和希望的部分,也要突出会议精神,体现会议宗旨。

(3) 结尾。闭幕词的结尾通常比较简单,最常见的说法是"现在,我宣布,××××××大会闭幕"。

【例文参考】

在九届全国人大四次会议闭幕会上的讲话

李 鹏

(2001年3月15日)

各位代表:

第九届全国人民代表大会第四次会议,在全体代表的共同努力下,会议议程已经进行完毕,圆满地完成了各项任务。

会议期间,代表们以对人民、对国家高度负责的精神,认真履行代表职责,畅所欲言,共商国是,使会议通过的各项决议、决定,充分反映了各族人民的根本利益和共同愿望。这是一次民主、求实、团结、奋进的大会,是总结"九五"、规划"十五"的大会,对于动员全国各族人民完成今年的各项任务,实现"十五"的宏伟蓝图,继续全面推进有中国特色社会主义的伟大事业,具有十分重要的意义。

会议通过的国民经济和社会发展第十个五年计划纲要,是我们在新世纪第一个五年各项工作的行动纲领。现在,奋斗目标已经确定,方针政策措施已经明确,关键是要狠抓落实。各级国家机关要解放思想、实事求是,结合本城区、本部门的实际,采取切实有效的措施,加强具体指导,解决实际问题,全面贯彻落实"十五"计划纲要提出的各项任务。要坚持群众路线,深入基层,深入群众,想人民之所想,急人民之所急,全心全意地为人民谋利益。要发扬艰苦奋斗,脚踏实地、廉洁、务实、高效的作风,坚决克服虚夸不实、奢华铺张,以及官僚主义、形式主义等危害极大的风气,团结广大人民群众,为完成"十五"的各项任务而共同奋斗。

各位代表是最高国家权力机关的组成人员,在实施"十五"计划纲要中,肩负着重要的责任。希望各位代表回到自己的工作岗位后,模范地遵守宪法和法律,积极宣传并带头贯彻落实这次会议通过的各项决议、决定,同人民群众保持密切联系,听取和反映人民群众的意见和要求,自觉接受人民群众的监督,努力为人民服务。

让我们在邓小平理论和党的基本路线指引下,更加紧密地团结在以江泽民同志为核心的党中央周围,按照"三个代表"重要思想的要求,坚定信心,把握重点,狠抓落实,同全国人民一道,为完成今年和"十五"的各项任务,为进一步推进我国的民主法制建设,开创我国改革开放和现代化建设的新局面而努力奋斗!

现在我宣布第九届全国人民代表大会第四次会议闭幕。

【简析】

这是李鹏同志在九届全国人大四次会议闭幕会上的讲话。由标题、署名、日期、称呼和正文几部分组成。讲话首先用简洁的语言说明大会在什么情况下圆满完成了各项预定任务,并简单回顾了会议的基本情况以及会议取得的成果和作用;然后对会议进行概括和总结,并向与会者提出贯彻落实会议精神、做好会后工作的要求和希望;然后,郑重宣布大会胜利闭幕。结构清晰明了,内容具有总结性和评价性,语言通俗易懂。

(三)闭幕词的写作要求

闭幕词是带有总结性的讲话,所以语言要高度概括,简明精练。

闭幕词对整个会议的评价要合理,要符合实际情况。

思考与练习

一、从下列题目中任选一个,制订一份通过努力能够完成的个人计划

1. 课外阅读计划。
2. 体育锻炼计划。
3. 利用假期进行社会调查计划。
4. 本学期工作或学习计划。

要求:符合计划的撰写格式,正文要写得具体明确,做什么、怎样做、做到什么程度、采取切实措施等,要分条列项逐一列出。

二、修改简报

(一)

编号　　　　　　　　　　　　　内部刊物
　　　　　税收简讯　　　　　　　妥为保管

总第128期　　税字[2001]第5号　　××市税务局主办
　按语:……………………………………………
××××……………………………………………

抓紧时间完成上半年税收指标

(正文略)

(二)　　　　　第三期工作简报
　　　　　全面深化改革,开拓工作的新局面
　　　　　　——××市出台一批改革措施

中共××市委　　　　　　　二〇〇三年十月三十日

三、选择题

1. 下面对请柬的理解,错误的是_____。
   A. 请柬的正文要交代清楚活动的时间、地点、内容
   B. 请柬具有庄重通知、盛情邀请的作用
   C. 请柬送达的时间越早越好
   D. 请柬的发送可派专人送达也可以通过邮局邮寄

2. 对于欢迎词的理解,错误的是_____。
   A. 是一种应酬性讲话,不必认真   B. 要尊重对方的风俗习惯
   C. 要使用敬语   D. 篇幅要简短,措辞要得体

3. 下列文种中不需要写祝颂语的是_____。
   A. 开幕词   B. 祝辞   C. 请柬   D. 欢送词

4. 下列文种中可以作为入场或者报到凭证的是_____。
   A. 欢迎词   B. 请柬   C. 祝辞   D. 贺词

四、问题诊断

(一) 下面是东方旅游学院部分师生去东湖宾馆参观学习时,宾馆总经理在欢迎仪式上的致词。请指出它的毛病。

欢 迎 词

尊敬的各位教师、各位同学们:

  在此谨代表本宾馆全体员工欢迎阁下同志们光临东湖宾馆。

  东湖宾馆坐落于风景秀丽的东湖岸边,三面环水,环境优雅,具有岛国风情,是山阳市委、市政府接待和开放的窗口。希望我们的服务能够让阁下有宾至如归的感觉,在此将宾馆内设备及服务向你们作一介绍。

  我们将忠诚地为阁下服务效劳,并希望你们能够提出宝贵意见。

东湖宾馆
总经理谨致

(二) 病文评析

1.

×××同志:

  定于×年×月×日下午三时召开甲某诉乙某遗产纠纷宣判大会,届时请准时入场指导。

  祝工作顺利!

此致

敬礼!

××市××区人民法院
即日

小提示:
(1) 格式是否正确?
(2) 请柬的写作日期如何正确书写?

2.

××同学：

　　兹定于2009年3月6日上午9时到医院看望病重的梅欣老师，届时请准时到县医院指导。

　　祝工作顺利！

××班委
二〇〇九年三月四日

小提示：

(1) 参加人不为客人，不用发请柬。
(2) 到医院看望病人非隆重喜庆之事，不可发请柬。
(3) 看医问药治疗事宜乃医生之事，"请准时到县医院指导"，措辞不妥，违背常理。

3.

李志豪博士：

　　我公司将于近期举行新产品鉴定会，您作为鉴定会嘉宾，特被邀请。望您届时必须参加。

　　恭候大驾光临！

××公司总经办

小提示：

(1) 请柬格式要规范。
(2) 邀请客人参加活动的时间和邀请的时间要明确。
(3) 发出请柬邀请者要适当，措辞要典雅得体。

五、简答题

1. 请柬有什么特点？
2. 简述欢迎词与欢送词的结构与特点。
3. 简述开幕词与闭幕词的特点和写作格式。

六、写作题

1. 某大学法学院的学生自发成立了班级爱心互助基金会。他们利用休息时间打工，创收所得由爱心基金会统一支配。爱心基金会的建立，帮助了学院许多家庭困难的同学顺利完成了学业，深受好评。社会各界的关心，使爱心基金会的基金不断增加，加强爱心基金会的内部管理已迫在眉睫。对此，学校专门发了一期简报。请你帮助写一则按语。

2. 某学院学生会想请学院领导参加文艺晚会，请你代学生会写一份请柬。

3. ××大学为庆祝第20个教师节，召开了隆重的教师节大会。请你代××大学团委为教师节大会写一份开幕词。要求内容充实、结构清晰。

第五章 经济文书

> **学习目标**
> - 了解经济文书的基本知识,弄清经济文书的适用范围。
> - 熟悉市场调查报告、市场预测报告、经济合同招标、投标书的相关基础知识。
> - 重点掌握市场调查报告、市场预测报告、招投标书、经济合同和广告文案的写作内容及结构。

第一节 经济文书概述

经济文书是在经济活动中形成和发展的、为经济生活服务的、具有特定惯用格式的应用文书。在经济全球化、工业经济向知识经济迅猛演进的现代社会中,经济文书写作顺应知识经济、市场经济、法制经济高速发展的需要,成为信息生产、存储的主要手段,传播、交流的基本方式,以及将先进的科学技术与现代化管理经验转化为社会生产力的桥梁和工具。得心应手地撰写各类经济文书,是经济工作者必须具备的基本素质。

一、经济文书的概念

经济文书是各企事业单位、机关或团体以及个人在经济活动中处理矛盾和事务时使用的具有相对固定惯用格式的实用文书。它记载和反映了国家、企业、个人的经济信息,是经济活动的重要凭证,是沟通经济信息、分析经济活动状况、提高经济效益的工具。

二、经济文书的特点

(一)行文的针对性

经济文书的写作是就经济活动中的某一事件、某一情况或某一问题,针对经济活动或管理的特定对象而撰写的,有着鲜明而具体的写作目的,行文具有针对性。

（二）内容的专业性

经济文书的写作必须以国家经济政策、法律法规和经济理论为指导,在掌握客观实际情况的基础上,总结和分析现实的经济业务活动规律和发展趋势,在内容的表达上多用专业术语和指标、数据来说明问题。

（三）体式的规范性

经济文书就其外部形式而论,有其相对固定的写作格式。其格式可以分为法定格式和非法定格式。法定格式是由国家、部门制定的法规性文件规定的,这类文书的写作必须依法行文,如合同等。非法定格式是长期以来人们约定俗成的惯用格式,具有程式性。

（四）语言的准确性

经济文书内容的专业性决定了语言的准确性,只要是文章所涉及的情况,包括人物、事件、地点、时间、数字,都必须是真实、准确、可靠的。

三、经济文书的作用

（一）管理和指导作用

经济应用文的首要作用就是它的管理和指导作用。为了使各个部门各个环节的活动协调一致,就必须借助于经济文书及时地将党和国家的方针政策以及上级部门的指令、决策、任务、要求、计划等传达给下级部门,对基层单位的工作进行具体领导和指导,以便统一思想,统一行动,令行禁止,步调一致,用以维护正常的经济秩序,实现经济活动的有效管理。

（二）沟通和交流作用

在社会发生巨大变革的时代,要想获得最大的经济效益和社会效益,就要及时沟通情况,总结经验,提高效率,改进工作。基层单位要通过经济文书向上级部门汇报工作,反映情况,提出建议,主动接受上级机关的领导;单位之间、部门之间也要通过经济文书交流信息,加强横向联系,相互沟通,取长补短,获得支持和帮助。

（三）宣传和推广作用

宣传和推广作用主要表现在三个方面:

1. 表现为对典型经验的宣传和推广

通过经济文书,可以对错综复杂的经济现象进行科学的研究与分析,以便总结经验,揭示规律,抓住典型,指导一般,对经济工作作正确导向。

2. 表现为对商情的反映和宣传

通过经济文书,企业可以及时发布商品产供销方面的信息,加速商品流通,开拓市场,扩大销售,提高效益。

3. 表现为对企业知名度与美誉度的宣传

企业的发展与其社会知名度是分不开的,社会知名度越高,社会评价越好,其发展的社会环境就越优越,前景就越广阔。提高企业的社会知名度与美誉度除了靠自身的业绩外,在很大程度上还得通过一定的形式来展示。这种展示,就得通过相应的经济文书来实现。

（四）依据和凭证作用

来自上级部门的经济文书常常是下级单位作出决策、开展工作的政策依据;来自下级单位的经济文书常常是上级机关制定政策、部署工作的情况依据;与有关方面发生权益关系而形成的经济文书则是维护自身合法权益的凭证,一旦发生经济纠纷,它们就成为处理纠纷、分清违约责任的法律依据。

在完成了特定的任务后,有些经济文书还需要归档保存,以备查考。这些文书可以作为珍贵的历史资料,将信息储存起来,供以后研究经济活动的规律、总结经营管理的经验教训、预测经济发展的趋势、制订经济规划时作参考。

第二节　市场调查报告

俗话说,"商场如战场",面对瞬息万变、纷繁复杂的商海风云,要想立于不败之地,就必须了解市场。企业的一切由市场决定,没有企业能对市场说"不"。市场调查是企业寻找商机、开拓市场的有效手段。深入调查,探求市场的真相,写出有分量的市场调查报告为企业赢得市场提供了保障。

一、市场调查报告的含义与作用

（一）市场调查报告的含义

市场调查报告是一种以市场及与市场相关的一切方面为调查研究的对象,运用科学的方法对调查得到的资料进行整理分析,作出较为科学的结论,以便为经营管理者提供切实可行的决策依据的应用文。

市场调查有利于企业的科学决策,有利于企业生产出适销对路的产品,有利于提高企业的竞争力。

（二）市场调查报告的作用

在经营管理活动中,市场调查报告具有非常重要的作用。

1. 了解市场供需情况,提供决策依据

通过市场调查可以了解市场供需情况,加强对商品的供需预测,为决策机关的科学决策提供客观依据,以便合理均衡地组织生产与供应,调节供需关系,实现供需平衡。

2. 了解消费者的多样需要,提高市场占有率

通过市场调查可以了解消费者的需求,有利于企业根据消费者的需要进行生产,研制适销对路的产品,提高产品的市场占有率。

3. 了解同类产品价格,增强市场竞争力

通过市场调查,可以加强对同类商品的价格的了解,有利于企业在保证经济效益的基础上,确定适宜的产品价格,使产品具有较强的市场竞争力。

4. 了解同行,提高管理水平

通过市场调查,可以充分了解同行业的经营情况,知己知彼,查漏补缺,提高企业的经营管理水平,实现企业的可持续发展。

二、市场调查的方案和方法

（一）市场调查的方案

市场调查的方案是事先对调查工作所做的计划,以保证调查有目的、有步骤地进行。

其内容主要有明确调查目的,明确调查对象、范围,明确调查内容,确定调查时间。

(二) 市场调查的方法

1. 询问法

也叫访问法。是指通过口头、电讯、书面等形式进行调查。具体有面谈调查、邮寄调查表调查、电话询问调查、留置询问表调查等。

2. 观察法

直接派人对调查对象进行现场观察。

3. 行为记录法

通过运用摄录设备对调查对象进行记录,搜集有关材料。

4. 实验法

通过实验对比,对市场某些变量现象的因果关系及变化规律加以分析,如产品包装实验、新产品试销、产品试用等。

三、市场调查报告的写作

市场调查报告一般包括标题、正文、结尾三部分。

(一) 标题

市场调查报告的标题可根据调查的单位、内容、范围和目标来拟定,如《天津纺织品在中外市场地位的调查》;也可以直接指出调查对象的状况,如《高档呢料在北京市场畅销》;还可以用正副标题的形式,如《"混血儿"在风雨中——合肥合资企业产品市场情况调查》。

(二) 正文

正文包括前言、主体两部分。

1. 前言

前言的文字要简明扼要,一般交代清楚调查的目的、时间、地点、对象、范围和方法,说明调查的主旨和采用的调查方法,也可以概括全文内容和观点。

2. 主体

主体部分一般先概述基本情况。即过去或现在存在的客观情况,包括市场占有、消费与生产的关系、产品质量与价格等情况。这些情况,可以采用数字、图表加以说明,然后依据上述调查的资料做出科学的分析预测。为了使层次清晰,可用分列小标题的形式,将主体划分为若干部分。

(三) 结尾

结尾部分一般是针对调查预测提出相应的建议或决策,即准备采取的措施。建议或决策要写得切实可行,这是全文的落脚点。

【例文参考】

××市居民家庭饮食消费状况调查报告

为了深入了解本市居民家庭在酒类市场及餐饮类市场的消费情况,特进行此次调查。调查由本市某大学承担,调查时间是 2005 年 7 月至 8 月,调查方式为问卷式访问调查,本次调查选取的样本总数是 2000 户。各项调查工作结束后,该大学将调查内容予以总结,其调查报告如下:

一、调查对象的基本情况

(一) 样品类属情况

在有效样本户中,工人 320 户,占总数比例 18.2%;农民 130 户,占总数比例 7.4%;教师 200 户,占总数比例 11.4%;机关干部 190 户,占总数比例 10.8%;个体户 220 户,占总数比例 12.5%;经理 150 户,占总数比例 8.52%;科研人员 50 户,占总数比例 2.84%;待业人员 90 户,占总数比例 5.1%;医生 20 户,占总数比例 1.14%;其他 260 户,占总数比例 14.77%。

(二) 家庭收入情况

本次调查结果显示,从本市总的消费水平来看,相当一部分居民还达不到小康水平,大部分人均收入在 1000 元/月左右,样本中只有约 2.3% 的消费者收入在 2000 元/月以上。因此,可以初步得出结论,本市总的消费水平较低,商家在定价的时候要特别慎重。

二、专门调查部分

(一) 酒类产品的消费情况

1. 白酒比红酒消费量大

分析其原因,一是白酒除了顾客自己消费以外,用于送礼的较多,而红酒主要用于自己消费;二是商家也多数做的是白酒广告,红酒的广告很少。这直接导致白酒的消费市场大于红酒的消费市场。

2. 白酒消费多元化

(1) 从买白酒的用途来看,约 52.84% 的消费者用来自己消费,约 27.84% 用来送礼,其余的是随机性很大的消费者。

买酒用于自己消费的消费者,其价格大部分在 20 元以下,其中 10 元以下的约占 26.7%,10~20 元的占 22.73%。从品牌上来说,稻花香、洋河、汤沟酒相对销量较好,尤其是汤沟酒,约占 18.75%,这也许跟消费者的地方情结有关。从红酒的消费情况来看,大部分价格也都集中在 10~20 元之间,其中,10 元以下的占 10.23%,价格档次越高,购买力相对越低。从品牌上来说,以花果山、张裕为主。

送礼者购买的白酒其价格大部分选择在 80~150 元之间(约 28.4%),约有 15.34% 的消费者选择 150 元以上。(略)

(2) 购买因素比较鲜明,调查资料显示。(略)

(3) 顾客忠诚度调查表明。(略)

(4) 动因分析。(略)

(二) 饮食类产品的消费情况。(略)

三、结论和建议

(一) 结论(略)

(二) 建议

(1) 商家在组织货品时要根据市场的变化制定相应的营销策略。

(2) 对消费者较多选择本地酒的情况,政府和商家应采取积极措施引导消费者的消费,实现城市消费的良性循环。

(3) 由于海鲜和火锅类餐饮消费的增长导致城市化管理的混乱,政府应加强管理力度,对市场进行科学引导,促进城市文明建设。

【简析】

这份市场调查报告标题由调查范围、调查内容和文种组成,简明扼要,一目了然。前言部分简要介绍调查的目的、承担调查的部门、调查的时间、调查的方式和调查抽样的数量,并用"各项调查工作结束后,该大学将调查内容予以总结,其调查报告如下"一句话引领下文。正文部分采用条块式来谋篇布局,叙述了"调查对象的基本情况",介绍了"专门调查部分"的具体内容并提出了作者的"结论和建议"。全文结构完整,格式规范,思路清晰,条理分明,中心突出,详略得当。

第三节 市场预测报告

古人云:"凡事预则立,不预则废。"面对风云变幻的市场、稍纵即逝的商机,精明的人会把握其规律,预测其走势,走在市场的前面。

正确的市场预测,能创造巨大的财富。日本的丰田汽车进入美国市场时,先进行了一番市场调查,发现当时美国汽车以豪华、宽敞为主,这仅仅满足了上层社会需求,但漠视了广大新兴中产阶层的需求,而且费油、笨重。丰田公司抓住契机,适时推出新型节能、舒适、轻巧的轿车,立刻在美国汽车市场引发购买潮,丰田也就借势在美国竞争激烈的汽车市场获得了属于自己的市场空间。

一、市场预测报告的含义与作用

(一)市场预测报告的含义

市场预测报告是根据市场调查、产销分析等经济情报,预测未来市场发展情况或发展趋势,并提出针对性措施和建议的一种应用文体。

市场预测报告与市场调查报告既有相同之处又有明显区别。相同之处是两者都与市场状况紧密相关,都要用到有关调查与分析的方法。不同之处是市场调查报告要客观反映市场过去的情况和现在的动态,要求通过市场调查研究对有关资料做准确、客观的分析;市场预测报告则是在市场调查分析的基础上,尽可能地对市场未来的发展趋势做出客观分析、合理推断和科学预测。

(二)市场预测报告的作用

1. 有利于做出正确的经营管理决策

在经济管理活动中,决策是经济行为的重要依据。正确的决策可以给企业带来巨大的经济效益,促进企业的快速发展;而错误的决策则会给企业带来重大经济损失,会使企业一蹶不振,甚至倒闭破产。因此,现代企业特别重视市场预测的功能与作用。在做出重大经济决策之前,几乎所有的企业都要通过市场调查写出客观科学的预测报告,作为管理决策的依据,以减少决策的盲目性,提高决策的科学性。

2. 有利于企业制订和调整生产经营计划

市场经济瞬息万变,企业要在不断变化的市场竞争中不断发展,就必须重视对市场的预测分析。只有通过及时的市场预测分析,才能掌握目前的经济情况,分析未来的发展趋势，从而为企业制订和调整适应市场竞争的生产经营计划提供科学依据。

3. 有利于开拓市场，提高经济效益和管理水平

市场预测报告是开拓市场、提高企业经济效益和管理水平的重要手段。现代市场经济要求企业必须以市场预测为导向积极开拓市场，参与市场的激烈竞争。企业的经营管理也需要通过科学预测，把握未来的发展趋势，从而减少可能带来的经济损失，不断提高企业的经济效益和管理水平。

二、预测的内容和预测的程序

（一）预测的内容

凡是与市场有关的情况，如产品的生产、包装、销售、维修，围绕用户的消费心理、购买力、兴趣指向，围绕企业的资金、环境、知名度以及同行业竞争、市场同类产品的供需结构变化等诸多环节，都是市场预测的内容。具体来看，主要包括以下几方面：

1. 商品需求量预测

商品需求量反映了社会的购买力、消费热点的变化。商品需求量预测，包括对商品的数量、质量、种类、规格的产销预测。这是市场预测的中心目标。要达到科学性与准确性，就要力求深入研究影响商品销售量变化的环境、季节、顾客群、商业、企业的知名度和信誉度等多种因素。

2. 商品价格预测

商品价格浮动变化受到生产成本、价格政策、货币流通和供求关系等因素的影响。对商品未来价格的预测，实际上关系到对产品技术改造、对一定时期内国家价格政策的趋向、对消费者的消费意识和水准的综合把握。

3. 商品资源预测

商品资源预测是对资源的保障程度和发展趋势的预测。它关系到市场的供求平衡问题，也关系到国民经济的平衡问题。要在调查了解围绕商品的物质资源、技术资源、人力资源、仓储和运输资源的基础上，预测其发展潜质。同时，还要重点研究由于科学技术的进步、国家经济政策（如工资政策、价格政策、能源政策等）的调整，对商品满足社会需求程度的影响。

4. 市场占有率预测

市场占有率是指某种产品销售量（额）与市场同类产品销售总量（额）之间的比率。对市场占有率的预测，实际上是对产品市场竞争力的预测。

5. 经济效益预测

提高经济效益是每个工商企业所追求的目标，这就要求对未来市场的潜在的经济效益进行预测，同时也会促使企业通过深化体制改革、技术创新、调查营销策略等，提高劳动生产率，不断降低成本，增加利润，以尽可能少的劳动消耗取得更多的经济效益。

（二）预测的一般程序

1. 确定预测目标和任务

确定预测的范围、预测的明确目标、预测的具体任务，以便全面开展预测工作。

2. 收集、分析预测所需要的各方面资料

主要是通过反复调查、收集影响预测对象未来发展的内部条件和外部环境各方面资

料,并进行整理、分析和选择,为分析预测提供各种翔实资料。

3. 确定预测方法

常用的预测方法有以下几种:

(1) 外推法。是一种仅依赖于事件发生之前的统计资料来预测事件延续发展的方法,它多以数字表明事物发展趋势,只适用于短期预测。

(2) 因果法。通过寻求事物变化过程中的因果关系,进而预测未来趋势。

(3) 直观法。是预测人员借助经验来分析、推断未来的预测方法。这种方法的着眼点在于专家、"智囊"的经验及综合分析能力。

(4) 时间序列法。把所掌握的过去、现在的有关数据按时间顺序排列,根据数据变化特点推断未来市场情况。这种方法容易掌握,但它只注重时间关系而忽视因果关系,精确度不高,比较适用于近、短期的预测。

(5) 指数函数法。是引入拥有率与饱和率的概念所建立起来的一种预测方法。对耐用消费品而言,一旦社会拥有量增加,饱和率提高,势必导致未来销量下降,如住宅、汽车等。

(6) 统计表法。根据消费者过去购买量的原始数据,统计出消费者在某一时间内购买某种商品的概率值,得出概率矩阵(列出图表),然后再统计目前拥有某种商品的消费者占消费者总数的比率。从而得出消费者购买某种商品的概率。这是以定量分析为主的一种方法。

(7) 集合意见法。是通过多种途径(如订货会、展销会、物资交流会)召集各方推销人员、公关人员以及用户代表进行会商,根据他们的意见,预测未来市场行情的方法。

预测方法的选择,因预测对象、预测目的、占有资料情况、对预测准确度要求、预测费用和该经济过程的特点以及问题类型等不同而有所不同。有的用其中一种,有的则是多种方法综合运用。

4. 建立数学模型

在掌握大量资料的基础上,经过深入细致的分析,确定影响经济和社会发展的种种因素及其互相制约的关系,并且抓住经济现象之间互相联系的一些主要方面,建立起比较正确的反映经济实体的模型。建立数学模型,也即建立市场预测模型,关键是正确而科学地分析资料和进行推理判断;同时也必须注意假设条件,根据经济运动内部直接相关因素和外部相关因素,设计一些可能出现的足以影响经济运动变化的条件;注意从全方位、多层次、立体化观察和反映经济活动,以寻找市场预测需要的全面、系统的参数。

5. 进行预测,写出预测报告

根据模型进行具体运算,或定性分析求出初步预测结果,对预测结果进行综合分析,写出预测报告。

三、市场预测报告的写作

市场预测报告基本结构包括标题、正文、结尾三个部分。

(一) 标题

市场预测报告的标题一般由四部分组成:预测范围或内容、预测对象、预测期限和文种。如"洛阳地区 2002 年至 2005 年啤酒需求量的预测",其中"洛阳地区"是预测范围,

"2002年至2005年"是预测时间,"啤酒需求量"是预测对象,"预测"是文种,有时带有整体性的预测,也可省略范围,只标明时间和对象就可以了,如"2001年至2002年纺织品'流行色'预测"。

(二) 正文

1. 前言

前言一般说明预测的目的、缘由,介绍预测的时间、对象和预测方法。一般是概述经过,或概述预测对象的主要情况,或提出主要内容、观点,或指出预测活动的主要意义、影响等。

2. 主体

主体部分由现状、预测、对策三部分内容组成。

第一部分"现状"是利用资料和数据,对经济活动的历史和现状作简要的回顾和说明。预测报告的特点,就是根据过去和现在的经济活动预测未来,因此,在"现状"说明中要选择准确、简明的资料,材料要真实可靠,为准确预测打下基础。第二部分,分析资料数据,预测经济活动的发展趋势,这是报告的中心部分。第三部分,根据预测分析,提出切实可行的建议,这是写作市场预测报告的根本目的。这一部分内容在文字表述上要求具体可行。所谓"具体",就是对策与建议清楚明白,行有目标,查有标准,而不是表面化、一般化、概念化或人云亦云的内容。所谓"可行",就是从实际出发,实事求是,既不能超越能力的可能提出毫无意义的建议,也不要妄自菲薄,看不到有利因素,忽视经过努力可以达到的目标。

(三) 结尾

结尾是市场预测报告的收尾和结束,主要起到首尾呼应的作用。有的以展望结尾,以引起读者的关注;有的以预测中的问题结尾,以引起重视。总之,市场预测报告的结尾应简明扼要、干脆利落,切忌空喊口号。

(四) 落款

落款一般是在正文后右下方写明单位名称或作者姓名,注明写作时间。有些在标题正下方已注明,这里可省略。

【例文参考】

干电池产销预测

干电池是一种携带方便、使用安全的化学电源,广泛应用于手电筒、半导体收音机、袖珍计算器、电动玩具、助听器和一些仪器、仪表。

一、产销现状

建国以后,我国电池工业有很大发展,到200×年,全国电池厂共有×家,年产×亿只,比新中国成立前增长×倍,年产量跃居世界第×位。品种也相应发展,新中国成立前主要是锌锰系列,现已扩大为锌锰、锌银、镁铜、镁银、镉镍和锌锡六个系列×个品种。

上海生产电池的工厂现有××电池厂等×家。年产量19××年约×万只,到200×年达到×万只。近年来,产量持续上升,200×年已达×万只,占全国总产量百分之×。

目前,由于各地新厂上马较多,产量增长幅度较大,全国电池产量从总量上说已处于饱和状态。其中工业和国防用电池一般是以销定产,产销基本平衡,而民用电池不同的规格品种紧弛不一,中小号电池偏松,大号电池偏紧。

二、预测

干电池的发展前景取决于国内消费水平和出口状况。从国内市场分析,主要用于半导体收音机、手电筒和儿童玩具。估计半导体收音机社会拥有量每年递增率为30%左右,对电池的需求将同步增长。电动玩具,由于社会关心儿童的成长以及年轻父母对独生子女的爱护,销售也有扩大趋势。据此,预测国内干电池的消费量尚有一定的增长前景。出口方面,据外贸部国际贸易研究所资料,世界市场电池进出口贸易近年来不断上升。19××年各国出口总额为×亿美元,200×年上升到×亿美元。我国电池产量居世界第×位,而出口额甚小,主要口岸之一的上海,200×年出口额仅×万美元,可见扩大出口额颇有潜力。

三、建议

(一)调整品种规格

目前有些地区大号电池仍畅销,而中小号电池滞销。据分析,一节1号电池零售×元,可间歇放电1100分钟;2号电池售价×元,可间歇放电350分钟;5号电池售价×元,可间歇放电150分钟。消费者使用1号电池要比5号电池节省费用三分之二。因此,从适应市场需要和节约社会财富而言,应调整品种规格,增加大号电池比重。

(二)采取措施,扩大出口

电池出口有两个特点:一是国内生产能力较强,不影响人民消费;二是换汇率高。为了扩大出口,一方面要提高产品质量,保住原有市场,同时要投产适销品种,齐全系列配套,加强竞争能力,打开欧美市场。

【简析】

这是一篇格式规范、符合要求的市场预测报告。报告开篇简要叙述了我国干电池生产的历史状况和现实状况,并着重指出尽管全国干电池产销总量上已处于饱和状态,但民用电池不同的规格品种松紧不一,中小号偏松,大号偏紧。这就为下文建议与措施的提出做好了铺垫。接着通过合乎逻辑的推理和具体数字的分析进行预测并得出结论:国内干电池的消费量尚有一定的增长前景;扩大出口额尚有潜力。最后针对预测结果,提出了两点建议:对内调整品种规格,扩大大号电池比重;对外投产适销品,齐全系列配套。建议理由充分,切实可行。全文篇幅虽短,但数据准确、资料全面、分析深刻、办法可行,行文条理清楚,语言简明。

四、市场预测报告的写作要求

(一)做好预测前的定向工作

定向就是确定预测的任务,分析预测的对象,对预测的课题或目标做到心中有数。只有在预测前做好定向工作,才能列出可行的预测步骤和计划,保证预测工作的顺利进行。

(二)准确、完整、及时地掌握信息资料

信息资料是提炼预测结论的基础,信息资料质量的高低直接关系到预测的精确度和科学性。收集信息资料时,一要保证真实准确,二是要认真做好选择、鉴别工作,为准确预测奠定基础。

(三) 学会使用正确的预测方法

预测方法种类很多,应根据预测的目的、掌握资料的情况、预测精度的要求选用适当的预测方法,不故弄玄虚,不主观推测,一切从实际出发,从客观事物的发展中寻找规律,从而把握预测对象未来发展的必然趋势。

(四) 准确、精炼地表达预测结果

预测结果体现在定性、定量、定时、概率四个方面。定性是指即将发生什么事件;定量是指这一事件活动水平有多大数量方面变化的可能性;定时是指这一事件将在什么时间发生;概率是指发生这一事件的可能性有多大。在弄清这四个方面的问题后,预测结果自然会明晰地展现出来。

第四节　可行性研究报告

市场经济时代,在进行各种重大投资活动之前,应该深入调查、仔细研究、科学分析投资标的的可行性,最大限度地减少风险。可行性研究是企业实施重大投资活动的保障,它能有效地避免盲目投资带来的损失。

一、可行性研究报告的含义与作用

(一) 可行性研究报告的含义

可行性研究报告是指运用专门的技术经济的方法,对拟投资兴建项目的设计规模与建设方案、经济与技术条件、生产经营及管理方案、经济与社会效益、风险等多方面的合理性、必要性、可能性进行分析、预测、计算、论证,通过多种方案比较,提出评估意见,呈报上级有关主管部门审批的一种专门文件。

可行性研究报告是有关部门实施相关项目或进行重大活动的客观依据和重要凭证。它的基本任务是为技术改造、技术开发、基本建设、科学研究、技术引进和设备进口项目等提供方案规划、技术论证、经济核算和分析比较,为项目的决策提供可靠的依据和建议。

国内外的许多实践经验充分证明,凡是经过可行性研究的建设项目,成功者多,失误者少,为此,世界各国已把可行性研究作为项目建设必不可少的一项重要程序。我国在20世纪80年代初期颁布的《关于建设项目进行可行性研究的试行管理办法》规定:一切大中型项目,在编制计划任务书之前,都必须进行可行性研究。它要求有关部门在进行生产、建设和科研项目决策之前,从经济上、技术上、财务上,对技术方案、生产设施、管理措施以及发展前景等方面进行认真、全面的科学研究,具体论证该项目的可行性和有效性。目前,可行性研究的应用范围已经拓展到社会经济生活的各个方面,成为我国进行经济建设的一项重要制度。

(二) 可行性研究报告的作用

1. 可行性研究是进行投资决策的依据

可行性研究提供的评价结果是投资业主和国家审批机关确定对此项目是否进行投资和如何进行投资的主要依据,是项目建设单位决策性文件。它可以最大限度地避免或减少决策的主观性和盲目性,将可能带来的损失或失误降到最低点。

2. 可行性研究是项目建设单位筹措资金,特别是向银行申请贷款或向国家申请补助资金的重要依据,也是其他投资者的合资理由和依据

凡是应向银行贷款或申请国家补助资金的项目,必须向有关部门报送项目的可行性研究。银行或国家有关部门对可行性研究进行审查,并认定项目确实可行后,才同意贷款或进行资金补助。如世界银行等国际金融组织以及我国建设银行、国家开发银行等金融机构都要求把提交可行性研究作为建设项目申请贷款的先决条件。

3. 可行性研究是编制计划任务书的依据

初步设计是根据可行性研究对所要建设的项目规划出实际性的建设蓝图,即较详尽地规划出此项目的规模、产品方案、总体布置、工艺流程、设备选型、劳动定员、三废治理、建设工期、投资概算、技术经济指标等内容,并为下一步实施项目设计提出具体操作方案。可行性研究不仅要对拟议中的项目进行系统分析和全面论证,判断项目是否可行,是否值得投资,还要进行反复比较,寻求最佳建设方案,避免因项目方案的多变造成人力、物力、财力的巨大浪费和时间的延误。

二、可行性研究报告的写作

可行性研究报告一般由标题、正文、落款和附件四部分组成。

(一) 标题

1. 完整式标题

完整式标题通常由项目实施单位名称、项目名称和文种三部分组成,如《深达公司关于××项目的可行性研究报告》。

2. 简略式标题

简略式标题在使用中可以省略项目实施单位名称,如《关于××项目的可行性研究报告》。

3. 正副标题

正副标题是将结论作为正题,项目单位名称与文种作为副标题,如《动迁××开发××风景区旅游业——关于扩建××风景区的可行性研究报告》。

(二) 正文

正文是可行性研究报告的核心部分,一般包括前言、主体、结论三部分。

1. 前言

又称总论,简要概述项目名称、实施单位、项目背景、项目具备的条件、主要的理论依据和政策依据等。

2. 主体

主体是可行性研究报告的分析论证部分,要求采用科学系统的分析方法,以经济效益为中心,围绕影响项目的各种因素,运用大量的数据资料论证项目是否可行。主要包括以下内容:

(1) 拟建规模与市场分析。具体包括对投资项目的可能发展规模的估计,对国内外市场结构和需求状况的分析,对产品投放市场后竞争能力的分析预测。

(2) 资源状况。即项目建设所需的诸如原材料、燃料等实物资源的来源及其品质、标准、数量、供应渠道。

(3) 建设地址及其他外部条件。不同的项目建设，对水文、气象、地质、交通、动力（包括水、电、气等）供应情况及发展趋势有着不同的条件要求，有的还涉及社会基础设施的改变（如居民搬迁、道路改造等），写作时，一定要进行综合研究和评估。

(4) 设计方案。主要叙述拟建项目的主体构成、技术工艺、设备选择方案比较，各项工程量估算等。

(5) 环境保护。建设新项目对环境总会产生一定影响，但绝不能为了经济利益而牺牲环境。要注重对环境保护的细致分析，提出明确的保护与治理的方案，以消除上级部门审批时的顾虑。

(6) 生产组织及人员培训。包括生产、管理、服务三方面的机构设置计划及其费用估算，三方面人员的素质要求、培训计划及其数量、年工资估算，等等。

(7) 进度计划。说明项目建设全过程的阶段计划和每个阶段的财务安排。

(8) 投资估算与筹资打算。投资估算既指基本建设投资估算，也包括流动资金的估算。资金筹措则需说明所需资金的来源，或自筹，或贷款，或引进外资。需要说明的是，投资估算的总额应与筹资平衡，不能留有缺口。要把资金的筹进与支出相应写清楚，并且说明偿还能力及期限。

(9) 效益评价。全面综合地分析评价该项目的经济效益与社会效益。

3. 结论

综上所述，明确提出研究结论：该项目的上马既必要又可能，因此可行。反之亦反。

(三) 落款

落款包括可行性研究报告的拟定单位和拟定时间。附件名称一般在正文之下注明。

(四) 附件

为使报告更具有说服力和操作性，一些不宜放在正文中但又具有一定参考价值或补充作用的材料，可作为附件处理。

【例文参考】

××木材加工厂新建工程可行性研究报告

一、项目说明

由于近年来我国木材供需之间缺口很大，为了缓和供需矛盾，发展人造板工业具有重要意义。广东粤北地区人造板工业刚开始发展，据有关单位调查表明，刨花板在粤北地区的销售前景还是乐观的。我厂利用当地林区内的枝丫（采伐木材的剩余物）为原材料建设一处刨花板分厂，在产品销路和原料供应上是具备条件的。这个项目由省、市联营，全部工程为新建，投资也全部由农业银行贷款。该项目选定国产工艺设备方案（大部分用引进设备仿制），年产普通刨花板3万立方米，建设地点在粤北××市林区附近。

二、基本数据

1. 产品方案及生产规模

产品规格：（略）

2. 主要生产车间的工作制度

一年工作280天，3班生产，每天纯生产工时不少于22.5小时。

3. 主要工艺设备条件(略)

4. 公用设施(略)

5. 职工人数及工资(略)

6. 原料供应(略)

7. 项目总投资及资金使用与筹措(略)

8. 固定资产折旧问题(略)

9. 产品销售问题(略)

10. 企业留利问题(略)

11. 税金(略)

12. 产品销售成本(略)

三、企业经济评价

1. 有关指标及结果(略)

2. 不确定性分析

(1) 盈亏平衡分析:(略)

(2) 敏感性分析:

① 基建投资增加 10% 时(具体计算略)

② 销售收入减少 5% 时(具体计算略)

③ 经营成本减少 5% 时(具体计算略)

综合比较如下表:(略)

3. 评价和建议

从以上指标分析中可以看出,本项目经济效益欠佳,投资回收期长,资金利润率低。主要原因是投资大,单在林区新建企业,大幅度降低投资是困难的。产品成本能耗较高,以致产品成本偏高,而产品销售价格在整个价格体系调整前又不宜提高。

为了提高项目的经济效益,首先,要采用干燥设备,降低能耗,争取经营成本降低 5%,这样,项目内部收益率达到 8.32%,产值利润率达到 18.09%,成本利润率达到 22.93%,资金利润率达到 6.63%,从林业情况看,该项目还是可以接受的。其次,要利用林区资源的有利条件,争取将刨花板进一步加工,进行薄木饰面处理,这样不仅使产品价值更高,销路会更好,且基建投资在原有基础上增加不多(约 2%),生产工人也只增加 30% 左右。如降低刨花板成本的设想能够实现,则项目经济效益将大为改善。

附件(略)

×××木材加工开发有限公司

××××年××月××日

【简析】

这则可行性研究报告标题由单位名称、项目内容和文种组成,简明醒目,一目了然。全文由三大部分构成:第一部分进行项目说明,概述发展人造板工业的重要意义、刨花板在粤北地区的销售前景、原材料供应所具备的条件、项目的资金来源、生产设备、年产量预测和厂址的选择等;第二部分从产品方案及生产规模、主要生产车间的工作制度和主要工艺设备条件等12个方面来进行基本数据介绍;第三部分运用有关数据和资料进行企业经济评价,并得出结论和建议。全文采用条文式,思路清晰,层次清楚,数据准确,分析透彻,结论中肯,建议可行,表述严谨,行文简洁。

第五节 招标书 投标书

招标、投标,是当今国际上广泛流行的一种经济活动方式。自改革开放以来,这种公开竞争方式在生产管理、科学研究、工程建筑、大宗物品采购、技术服务等方面广泛使用。了解招标、投标程序,掌握招标书、投标书的写法,是现代企业工作人员必须具备的一种能力。

一、招标书、投标书的含义与作用

(一)招标书、投标书的含义

招标书,是指招标人在进行某项科学研究、技术攻关、工程建设、合作经营或大批物资交易之前发布的用于公布项目内容要求、标准和条件,以便优选承包对象而制作的文书。招标书从内容上看有广义和狭义之分。广义的招标书是指在招标过程中使用的各种书面材料,包括在公共传媒上发布的招标公告和标价出售的招标文件等;狭义的招标书则是指其中的招标文件部分。

投标书也称"标函",投标企业或投标人按照招标书的要求,具体地向招标人提出自己的应标能力和条件,提出订立合同的建议,投送给招标单位的一种文书。投标书具有针对性、求实性和合约性的特点。

(二)招标书、投标书的作用

招标、投标作为当今国际上广泛流行的一种经济活动方式,具有非常重要的作用。

1. 招标书、投标书是经济管理的重要形式

招标业主公开提出招标项目的标准和条件,吸引具有适当条件的客商前来投标,引进公平的竞争机制,通过比较鉴别,优胜劣汰,可以选择最好的合作伙伴。投标企业或投标人针对招标条件,通过仔细运筹、优化管理,获得竞标项目,从而可以更好地促进企业的良性发展。

2. 招标书、投标书是双方合作的重要依据

招标书将招标项目、招标内容以及招标要求、招标步骤、投标须知、合同条款等告知广大投标者,让所有投标者可以根据自身实力来决定是否投标。投标书则是招标单位确定中标人的重要依据。招标单位通过对投标者情况及提供的方案或服务进行分析、比较来确定中标人。从投标者的角度来看,投标书是投标者战胜竞争对手成为中标人的有力武器。

3. 招标书、投标书是双方执行合同的依据

投标方根据招标方的招标要求与条件编制投标书。投标书中所写明的标价、权责、奖罚条款等内容,是招标、投标双方认可的,是双方签约后开展各项经济活动的依据。

二、招标方式

(一)公开招标

这是一种无限竞争招标。招标者在一定范围内(如全市、全省、全国乃至全世界)发布

招标公告,使得凡是愿意参加且又有一定条件的投标者,均有机会投标。

（二）邀请招标

这是一种有限竞争招标方式。招标者根据招标目的与内容的具体要求,有选择地邀请若干合适的投标者前来投标。邀请书发出后,同样进行资格预审和开标前会议,再由投标人提出报价进行投标、开标等一系列招投标程序,最后经过标书评审,择优选定中标人,发出中标通知书。

三、招标与投标的程序

招标、投标是一个复杂而细致的过程,只有做好充分的准备工作,方法得当,程序合理,才能顺利完成招标、投标任务。招标与投标的程序如下:

(1) 招标方编制和报审招标文件,发布招标公告,出售标书。

(2) 投标方购买或领取标书。

(3) 招标方组织投标者勘察设计现场,解答招标书中的疑点。

(4) 投标方填写投标书。

(5) 招标方对投标方的资格及信誉进行审查。

(6) 招标方按时召开揭标会议,当众开标,公布标底、标价,评定中标单位,并发出中标通知书。

(7) 招标方和中标方签订合同。

四、招标书、投标书的写作

（一）招标书的结构和写法

招标书的结构是"标题+正文+尾部"。

1. 标题

招标书的标题一般由"招标项目名称+文种"或"招标单位名称+文种"构成。如:"南通航院天星湖新校区项目招标书"。

2. 正文

招标书的正文结构是前言+主体+结尾。前言写明招标项目的法规文件根据、招标目的、招标项目名称、招标范围等。主体包括具体项目与要求,招标程序与方法,招标的起止时间,标书售价,发送招标文件的时间、地点、方式,开标的时间、地点、方式,以及投标者的责、权、利等内容。这部分内容较多,且十分重要,常常使用条款式或表格式结构,力争简明扼要,重点突出,条理清楚。结尾写明招标单位的名称、地址、联系人、联系方式、发文日期等。

3. 尾部

包括有附件名称、落款和附件原文。

【例文参考】

××理工学院连排椅招标书

一、招标内容

名称	数量	要求
固定式	1330	座、靠板、写字板均为白桦贴面。移动式248座、靠板、写字板均为白桦贴面。着地为双爪方钢(附图),每两两组之间用螺栓相连。
固定式	1454	座、靠板均为湖蓝色防火板贴面。写字板均为白桦贴面。
固定式	200	座、靠板均为银灰色工程塑料。写字板均为芝麻灰贴面。
固定式	434	座、靠板、写字板均为蓝灰色防火板。
移动式	248	座、靠板、写字板均为蓝灰色防火板。着地为双爪方钢(附图),每两两组之间用螺栓相连。

要求:

1. 高档异型管桥式硬席排椅。自弹无声。上层写字板为16mm厚的杨木多层板,上贴防火面,圆弧边;下层书包架为4根直径1.5cm左右的不锈钢支撑。(附图)

2. 座、靠板用10mm厚的桦木多层板,双贴防火面。

3. 所有座、靠板、写字板一律不封边,抛光后用清漆圈边。

4. 钢骨架用40×80×1.8mm国际椭圆管,横担用40×60×1.5mm方钢或30×70×2mm椭圆管。表面采用无光、喷塑工艺处理。

5. 用轴的转动带动座板,而非座板带动弹簧转动。(附图)

6. 采用两连或三连组合。

7. 全部无扶手。

8. 数量如有出入,以实际安装数量为准。

二、投标人条件

1. 在工商部门登记注册的,并取得了合法生产、经营资格的企业。

2. 按时到工商行政管理部门参加企业年检,有良好的企业信誉,有较强的生产、经营能力。

3. 投标人提供的产品必须符合《产品质量法》的要求,并具有生产许可证、产品合格证等。

4. 投标时,投标人应向招标人提供以下证件:

(1) 企业营业执照复印件。

(2) 企业税务登记证复印件。

(3) 企业法人身份证复印件。

(4) 产品质量监督检查合格证书、检验报告。

(5) 组织机构代码证。

三、招标过程中双方的权利、义务

1. 招标人的权利、义务。

按照公平、公正、公开的原则进行招标,即同种质量,价格优先;同等价格,质量优先。为投标人提供招标的项目、规格要求。

2. 投标人的权利、义务。

严禁假投标、投假标。投标过程中,严格按照招标人的招标要求,始终以诚实、信用、积极、务实的态度进行投标。

四、招标要求

(一)投标人需根据招标项目的要求编制投标书,一式四份,一份正本(加盖行政公章)、三份副本(正本的复印件)。投标书内容包括:

1. 投标单位简介、资信证明、法人授权委托书。

2. 投标设备单价。

3. 售后服务。

(二)有关说明

1. 投标报价应包括安装、运输、调试等一系列费用。请务必于2005年8月15日前安装完毕。

2. 标书应密封,并在封口处加盖单位公章。

(三)付款方式

设备安装、验收合格后一次付款项的85%,六个月后付货款的10%,5%作为质保金,一年后付清。

五、中标根据

标价合理,社会信誉好,售后服务好。评定结束后五日内,以电话或书面方式通知中标单位。与中标单位签订经济合同,在签订合同时中标方需交纳5000元的履约保证金,待安装完毕后全额退还。

六、投标截止时间:2005年7月8日8:00前

七、招标文件售价:200元/套

八、开标地点:××理工学院行政楼会议室

九、开标时间:2005年7月8日

十、联系方式

联系人:(略)

联系电话:(略)

传真:(略)

联系地址:××理工学院校产管理处

××理工学院校产管理处

二○○五年六月八日

【简析】

这是一份生产经营性招标书。标题由招标单位、招标事项和文种组成,完整醒目。正文部分的招标内容采用表格式,让人一目了然,通篇采用条款式表达,条理清晰,行文简洁,具体明确。落款详细具体,便于联系。

（二）投标书的结构和写法

投标书的结构是"标题+正文+尾部"。

1. 标题

投标书的标题一般由"投标项目名称+文种"或"投标单位名称+文种"构成。

2. 正文

投标书的正文结构是"送达单位+引言+主体+结尾"。送达单位顶格书写。引言说明投标的依据、目的和指导思想。主体根据招标书提出的目标、要求，介绍投标企业的现状，明确投标期限及投标形式，拟定标的，填写标单，等等。结尾写明投标书单位的名称、地址、联系人、联系方式、发文日期等。

3. 尾部

尾部主要包括附件名称、落款和附件原文、注意事项。

【例文参考】

××××投标书

××交通大学：

　　我单位全面研究了××交通大学计算机等设备采购招标文件及附件，我们将按招标文件中的所有规定对合同的完成承担全部责任和义务。

　　现递交我单位招标文件正本1份，副本3份。

　　我们完全同意评标委员会和招标人按综合得分的高低，根据相关法规确定中标单位的要求，并同意自行承担为投标所发生的一切费用。

　　我们所递交的投标文件已充分考虑了各种外部因素对报价的影响，同意投标文件规定的投标截止时间。

　　如果我单位中标，我们完全同意招标单位拟定的设备价款结算和拨付方式，同意将我单位的承诺报价及所有内容作为结算的依据。我单位的投标设备清单总报价为：_____万元。

投标单位：（公章）

投标单位法定代表人：（签章）

委托代理人：（签章）

投标单位地址：（略）

投标单位电话：（略）

投标日期：（略）

【简析】

这是一份生产经营性投标书。标题采用省略式，简洁醒目，称呼具体明确。正文行文简洁，用语得体，针对性强。落款清楚具体。

第六节 经济合同

近年来,对簿公堂、两败俱伤的案例中,绝大部分是合同引起的经济纠纷,可见商海风高浪急,涉足或投身于此,随时有被巨浪冲击或吞没的危险。一份好的经济合同如橡皮艇、救生圈,能有效地保护自己,合理规避风险。

一、经济合同的含义与作用

(一)经济合同的含义

《中华人民共和国合同法》指出:"合同是平等主体的自然人、法人和其他组织之间设立、变更、终止民事权利义务关系的协议。"经济合同则是在经济活动中,具有平等民事主体的自然人、法人和其他组织之间为实现一定的经济目的,明确相互权利义务关系而订立的协议。

合同当事人是指实际享受合同权利并承担合同义务的公民或组织。合同中的公民包括中国公民、外国公民和无国籍的人。组织包括机关团体、企事业单位、私营企业、合伙组织及外资企业等。

法人是指一种享有民事主体资格的组织,它和自然人一样,同属于民事主体的范围,而且是民事主体中的重要组成部分。《民法通则》第36条规定:"法人是具有民事权利能力和民事行为能力,依法独立享有民事权利和承担民事义务的组织。"

经济合同是合同中最常见的一种。它一般用书面形式加以明确,表达形式又分为表格式和条款式。经济合同有建筑工程承包合同、购销合同、租赁合同、加工承揽合同、货物运输合同、技术转让合同、借款合同、财产保险合同等不同种类。

(二)经济合同的作用

经济合同是市场经济条件下各类经济组织之间通过沟通、协调、制约进行良好合作的重要措施和手段,它对保证国民经济宏观和微观的正常运行具有十分重要的作用。

1. 有利于保护当事人的合法权益,维护社会经济秩序

《中华人民共和国合同法》规定,依法订立的合同,对当事人具有法律约束力,其合法权益受到法律的保护。任何一方合同当事人如发生违约,就必须承担违约责任甚至受到法律制裁。因此,合同当事人既是合同的执行者,又是合同的直接受益者。订立合同的当事人在按照合同规定履行自己的义务的同时,也享有合同规定的权利。这样既有利于保护当事人的合法权益,又有利于建立和维护正常的社会经济秩序。

2. 有利于促使当事人加强管理,提高经济效益

经济合同是合同当事人经过充分协商之后签订的,必须兼顾各当事人的利益。合同签订后,当事人为完成合同规定的各项指标,就必须加强经营管理,加强经济核算,降低成本,提高劳动生产率。

3. 有利于加强社会生产的专业化协作和和经济联合

在当今这个互动与交换日益频繁的商品经济时代,合同的订立是有序开展经贸往来、发展市场经济、获得经济效益的有效形式。不同的民事主体之间为了一定的经济目的而通过合同

进行经济合作,有利于优势互补,扬长补短,形成良性循环,从而达到双赢或多赢的目的。

二、经济合同的订立原则

(一) 遵守国家法律,维护国家利益的原则

订立经济合同,必须遵守国家的法律,必须符合国家各项经济政策。任何单位与个人不得利用合同进行违法活动,扰乱经济秩序,损害国家和社会公共利益,牟取非法收益。

(二) 平等互利,协商一致,等价有偿的原则

经济合同当事人在经济来往中的地位是完全平等的,权利与义务是相互关联的。不存在一方只享有权利而另一方只承担义务的情形。各方当事人必须在协商一致的前提下充分体现各自的利益与要求。任何一方不得将自己的意愿强加给对方,任何单位与个人不得非法干预依照法律成立的合同。采取欺诈、威胁等手段签订的合同属无效合同。

三、经济合同的订立程序

订立经济合同的程序有两个步骤:

(一) 要约(订约提议)

即当事人的一方向对方提出订立合同的要求或合同草案的过程。经济合同的提议必须用书面或电讯的方式提出。提议人在答复期内要受到自己提议的约束,否则(如另找合同伙伴进行合作),给对方造成损失,提议人应承担责任。值得注意的是,广告是一种要约引诱,不应作为一方的订约提议,不具备法律约束力。任何他方都不能就广告而承诺,"自作多情",只能自吞苦果。

(二) 承诺(接受提议)

即一方对另一方提出的合同建议表示完全同意的过程。在合同提议中,如果明确了答复期限,应在期限内答复。未规定答复期限的,一般应在一个月内作出答复。答复方式可书面、可电讯,也可在答复期限内,用实际履行代替答复。

在实际操作中,当事人双方往往就合同各项内容反复协商,因此,订立经济合同的程序实质上就是要约、承诺、再要约、再承诺……的过程。

四、经济合同的基本内容

根据经济合同法规定,经济合同的主要条款应包括以下内容:

(一) 标的

标的是合同当事人的权利与义务关系所共同指向的事物、目标。标的一般有三种:实物标的(如商品、货物),行为标的(劳务行为、保管行为),工程标的(如道路、建筑等建设项目)。

所有标的在合同中都必须写得明确、具体,同时,标的必须合法,有些事物,如武器、弹药、麻醉药、金银等限制性流通物,不能作为标的。

(二) 数量与质量

标的的数量要具体、确定,它直接关系到当事人权利和义务责任的大小。数量的计量方法要按国家或主管部门规定的执行,没有规定的,则按约定俗成或各方商定的办法执行。数量的计量单位还必须合乎规范,度、量、衡必须精确无误。

标的的质量是确定标的特征的最重要因素。它包括标的的品种、规格、型号、牌号、商标、技术标准、技术和工艺要求等。凡有标准等级的均应标明等级。

（三）价款或酬金

价款或酬金是权利的体现，要明确规定数额大小、计算标准和结算方式。要严格执行国家的价格政策和相关规定，结算方式一般用人民币通过银行转账结算。

（四）履行的期限、地点和方式

履行期限要具体、明确，它是确认违约责任的依据之一。规定时不能用"不日内交货"、"产出交货"这类模糊语言。履行地点要写明省、市、县全称，以避免差错，如浙江省和山东省都有叫"乐清"的地方，只写"乐清"二字显然会产生混淆，给履行合同带来麻烦。履行方式包含若干方面，如一次性履行或分期履行，当事人亲自履行或由他人代理履行，履行时所用的工具或手段，如水运、陆运等，要根据不同的标的内容确定不同的履行方式。另外，如果是需要包装的标的，合同中一定要专门规定履行时必须遵照执行的包装标准与要求。例如食品、医药、化学品等，均要严格执行国家规定的包装标准。

（五）违约责任

为了有效地保证合同的履行，保护合同当事人的正当权益，维护社会经济秩序，合同中必须标明双方的违约责任。目前主要是用规定违约金的形式来体现。

五、经济合同的基本结构

经济合同的基本结构有三种：

（1）条款式。把经济合同的内容按照条、款、目的方式排列，每个条款（目）说一个方面的内容。

（2）表格式。按照业务特点和惯例，设计好表格形式，签订时在有关栏目中填写相应的内容，使合同文本更加规范化、统一化。

（3）条文兼表格式。用表格式表达与标的有关的内容，如数量、品种、规格、价格、计量单位等；用条文形式规定和补充其他主要条款，特别适用于标的品种多、数量大、计量复杂的合同的签订。

无论采用哪种格式，经济合同都必须具备合同名称、当事人名称、正文、落款四个部分。

（1）合同名称。通常标明合同业务性质和文种名称。如"购销合同"、"运输合同"、"财产保险合同"等。

（2）当事人名称。写明订立合同的双方单位名称，要写全称。为了表述方便，可以在全称之后括注以下简称，如"甲方、乙方"；"供方、需方"；"买方、卖方"；"托运方、承运方、收货方"；等等。但要注意不能使用因角度不同而容易产生歧义的简称，如"你方，我方"；"贵方、鄙方"；"本方、对方"之类。

（3）正文。正文包括立约开始语、立约条款、附则、附件四部分。立约开始语往往表明双方签订合同的依据与目的。可写成"为了……（目的），经双方协商，签订本合同"。立约条款则根据合同的基本内容，用分条列项的方式写作。附则主要写明合同的份数、保存方式及有效期限。附件部分要写明附件的名称，附件的份数、页数。值得注意的是，不是每份合同都有附件。

（4）落款。落款包括合同当事人单位名称、地址、法人代表姓名、开户银行、账号等内容,单位要加盖公章,法人代表要签名并加盖私印。最后填写签订日期,日期要写全称。

如果合同有担保人,担保人应在落款处签名盖章。

如果合同需要公证、鉴证或有关主管部门审核的,应写明公证、鉴证机关或主管机关的名称,并加盖公章。

六、经济合同的写作要求

合同不得违反相关法律、行政法规,不得危害社会公共利益。否则,合同无效。无效合同不能实现其写作目的。

合同内容必须完整、具体、明确,表述不能含糊笼统,更不能产生歧义。否则,小则引起争议,不能顺利履行合同;大则给当事人造成重大损失。各种数据宜使用汉字大写,单位名称不能简写或缩写。

正确使用字词和标点。用字正确规范;用词准确周密,慎用多义词;常用的合同用语有"兹、该、拟、未、经"等单音节词,逾期、变更、权利、义务、违约、赔偿、协商、约定、承担等双音节词。因字词和标点错误导致损失惨重者,报端时有所见,千万要当心。

【例文参考1】

劳动合同

订立合同双方

招聘方:＿＿＿＿＿＿＿＿＿＿＿＿＿＿＿＿(简称甲方)

受聘方:＿＿＿＿＿＿＿＿＿＿＿＿＿＿＿＿(简称乙方)

甲方招聘合同制职工,按有关规定,已报请有关部门的批准(或同意)。甲方已向乙方如实介绍涉及合同的有关情况;乙方已向甲方提交劳动手册。甲乙双方本着自愿平等的原则,经协商一致,特签订本合同,以便共同遵守。

第一条　合同期限

合同期限为＿＿＿＿＿年(或＿＿＿＿个月),从＿＿＿＿年＿＿＿＿月＿＿＿＿日起至＿＿＿＿年＿＿＿＿月＿＿＿＿日止。

(附注:没有一定期限的合同或以完成一项工作的时间为期限的合同,应注明"本合同无一定期限"或"本合同以某一工作完成为届满期限"。)

第二条　试用期限

试用期限为＿＿＿＿个月(或＿＿＿＿＿年),即从＿＿＿＿年＿＿＿＿月＿＿＿＿日起至＿＿＿＿年＿＿＿＿月＿＿＿＿日止。

(试用期长短,有关部门有规定的,按规定执行;有关部门无规定的,由招聘方根据受聘方的工作能力和实际水平确定。)

第三条　职务(或工种)

甲方聘请乙方担任＿＿＿＿＿＿＿＿＿＿职务(或从事某工种的工作)。

第四条　工作时间

每周工作五天,星期日休息。每天工作时间为八小时。上下班时间按甲方规定执行。

(附注:以完成一定工作量为期限的合同,工作时间由双方商定。)

第五条　劳动报酬

（一）乙方在试用期间，月薪为_____元。试用期满后，按乙方的技术水平、劳动态度和工作效率评定，根据所评定的级别或职务确定月薪。

（附注：以完成一定工作量的时间为合同期限的，亦可按工作量确定报酬。实行计件工资的，按计件付酬。）

（二）乙方享受的岗位津贴和奖金待遇，与同工种固定职工相同。

第六条　生活福利待遇

（一）补贴待遇：乙方享受交通费补贴、粮食补贴、取暖费补贴等与固定职工相同。

（二）假日待遇：乙方享受节日假、婚假、产假、丧假与固定职工相同。工作满一年以上需要探亲的，可享受_____天（不包括路途中的时间）的探亲假待遇，工资照发，路费报销。

（三）特保儿费：乙方享受特保儿费与固定职工相同。

第七条　劳动保护

_____

_____。

第八条　乙方的患病、伤残、生育等待遇以及养老保险办法

_____

_____。

（附注：本条国家有规定的，按规定执行；无规定的，由双方商定。）

第九条　政治待遇和劳动纪律要求

（一）乙方在政治上享有同固定职工一样的权利，如参加民主管理企业的权利，参加党、团组织和工会的权利，等等。

（二）订立有一定期限的劳动合同的乙方，在担任领导职务以后，如职务是有任期的，在劳动合同期限短于领导任期的情况下，可以将合同期限视为领导职务的任期；如果职务是没有任期的，可以视为改订没有一定期限的劳动合同。

（三）乙方应当严格遵守甲方单位各项规章制度，遵守劳动纪律，服从分配，坚持出勤，积极劳动，保证完成规定的各项任务。

第十条　教育与培训

甲方应加强对乙方进行思想政治教育、遵纪守法教育、安全生产教育，根据工作和生产的需要进行业务、职业技术培训。

第十一条　劳动合同变更

（一）发生下列情况之一者，允许变更劳动合同：

1. 经甲乙双方协商同意，并不因此而损害国家和社会的利益；

2. 订立劳动合同所依据的法律规定已经修改；

3. 由于甲方单位严重亏损或关闭、停产、转产，确实无法履行劳动合同的规定，或由于上级主管机关决定改变了工作任务、性质；

4. 由于不可抗力或由于一方当事人虽无过失但无法防止的外因，致使原合同无法履行；

5. 法律规定的其他情况。

(二)在合同没有变更的情况下,甲方不得安排乙方从事合同规定以外的工作,但下列情况除外:

1. 发生事故或自然灾害,需要及时抢修或救灾;
2. 因工作需要而进行的临时调动(单位内工种之间,机构之间);
3. 发生不超过一个月时间的短期停工;
4. 甲方依法重新任命、调动、调换订立没有一定期限劳动合同职工的工作;
5. 法律规定的其他情况。

(附注:解除劳动合同的条件,国家主管部门有规定的,按规定执行;没有规定的,由双方当事人商定。双方议定条款不得违反法律和政策的规定,不得损害国家利益和社会公共利益。解除劳动合同,除因乙方违法犯罪或乙方不履行合同给甲方造成损失,或者严重违反劳动纪律和本单位管理章程的规定被开除的,以及乙方擅自解除劳动合同的以外,甲方应按规定发给辞退补助费和支付路费。解除劳动合同时,双方应按规定办理解除手续。甲方应按规定将解除合同的情况报告给有关机关核准。)

第十二条 违约责任

(一)甲方无故辞退乙方,除应发给辞退补助费和路费外,应偿付给乙方违约金_____元。

(二)甲方违反劳动安全和劳保规定,以致发生事故,损害乙方利益的,应补偿乙方的损失。

(三)乙方擅自解除劳动合同,应赔偿甲方为其支付的职业技术培训费,并偿付给甲方违约金_____元。

(四)乙方违反劳动纪律或操作规程,给甲方造成经济损失的,甲方有权按处理固定职工的规定予以处理。

第十三条 其他事项

_____
_____。

本合同于_____年____月____日起生效。甲乙双方不得擅自修改或解除合同。合同执行中如有未尽事宜,须经双方协商,作出补充规定。补充规定与本合同具有同等效力。合同执行中如发生纠纷,当事人应协商解决,协商不成时,任何一方均可向单位主管机关或劳动合同的管理机关请求处理,也可依法向人民法院起诉。

本合同正本一式二份,甲乙双方各执一份;合同副本一式_____份,报主管机关、劳动合同管理机关(本合同如经公证,则应交公证处留存一份)等单位各留存一份。

甲方:_____(公章) 乙方:_____(签章)

代表人:_____(签章)

_____年____月____日订

【简析】

这是一份标准的劳动合同参考样式。首行正中写标题,标题写明合同的性质。在标题之下空一行,分行并列写明签订劳动合同双方的名称。正文前言部分用简明的语言说明签订合同的目的和依据。正文主体部分采用条款式,从"合同期限"、"劳动报酬"等十三个方面写清劳务合同的有关具体内容和事项。落款写明合同双方的单位名称、代表人姓名和日期。全文格式规范,内容详细周密,清楚明白,语言准确简洁。

【例文参考2】

买卖合同

签订日期:_____年_____月_____日

合同编号:_____

签约时间:_____

签约地点:_____

供方:_____

需方:_____

1. 本合同是依照《中华人民共和国合同法》订立的,经双方签字盖章后,即发生法律效力,双方必须严格执行。

2. 合同条款

(1) 签订双方商妥订货产品总值人民币_____元。其产品名称的规格、质量、数量、单价、总值、交货付款等详如附表。

(2) 产品及原材料检验方法。

(3) 产品价格规定。

(4) 产品的包装方法及费用负担。

(5) 产品交货方法及费用负担。

(6) 货款及费用等结算方法。

(7) 补充条款。

3. 经济责任

(1) 供方如未能履行合同,须负下列责任:

① 产品花色、品种、规格、质量不符合规定:需方同意利用的,按质论价,退还贬值部分价款,不能利用的,应负责保修、保退、保换。由于延误交货时间,每天应偿付需方千分之_____的罚款。

② 产品数量不符合规定:少交需方仍有需要的照数补交;因延期而不要的,可以退货,并承担因此而造成的损失;不能交货的,应偿付需方以不能交货的货款总值的百分之_____的罚款。

③ 产品包装不符合规定:应负责返修或重新包装,并承担支付的费用;需方不要求返修或重新包装,应偿付不符合规定包装价值的千分之_____的罚金。

(2) 需方未能履行合同时,须负以下责任:

① 中途变更花色、品种、规格、质量或包装的规格,应偿付变更部分货款(或包装价值)总值百分之_____的罚金。

②中途退货,由双方根据实际情况商定,同意退货的偿付退货部分货款总值千分之_____的罚金。

③未按规定的时间和要求提交原材料或技术、资金、包装物,除交货日期得以顺延外,应偿付顺延交货产品总值每日千分之_____的罚金。

④自提产品未按规定日期提货,每延期一天,应偿付供方以延期提货部分货款总额千分之_____的罚金。

⑤未按规定日期付款,每延期一天,应偿付延期付款总额千分之_____的罚金。

⑥实行送货或代运的产品拒绝接货,应承担由此而造成的损失和运输费用及罚金。

(3)产品价格如需要调整,必须经双方协商方能变更。

(4)任何一方要求全部或部分解除合同,必须提出充分理由,经双方协商,并报请鉴证机关备案。

(5)如因生产原料、生产设备、生产工艺或市场发生重大变化,需要变更产品品种、花色、规格、质量、包装时,应提前_____天与对方协商修订调整,并报鉴证机关备案,任何一方不得擅自变更合同。一方变更合同,对方有权拒绝收购,因此而不能执行合同应偿付对方千分之_____的罚金。

(6)确因自然灾害等原因,影响执行合同或延期交货,需提前_____天通知对方,经有关机构证明,可酌情减免罚金。

4.执行合同中,发生争议和纠纷,签约双方协商不成,均可向法院提出诉讼,向仲裁机关申请仲裁(两者选一)。

5.本合同及附件一式六份,供需双方各执正本一份,副本四份,双方主管部门和工商行政管理局各一份。

供方单位(盖章):_____　　　需方单位(盖章):_____
法定代表人签字:　　　　　　　　　法定代表人签字:
代理人签字:　　　　　　　　　　　代理人签字:
地址:　　　　　　　　　　　　　　地址:
电话:　　　　　　　　　　　　　　电话:
开户行、账号:　　　　　　　　　　开户行、账号:

第七节　审计报告

一、审计报告的含义与作用

(一)审计报告的含义

审计报告是审计人员依照国家有关法规和审计准则,按一定的程序,利用专门的方法,对被审计单位的财务状况、经营状况、经济效益以及遵守财经法纪方面情况审查之后进行综合评价、提出意见和建议,并报送主管部门审核形成的书面报告。

审计报告按其内容和性质的不同,又可分为财政审计报告、财务审计报告、经济效益审计报告和财经法纪审计报告。

(二)审计报告的作用

审计属于经济范畴,是适应经济管理需要而产生和发展的,是总体经济管理的重要组成部分。审计的本质是监督,是专门监督经济活动的一种手段。审计报告是审计情况和审计结果的书面表现形式,在经济管理活动中,具有非常重要的作用。概括起来,主要有以下几点。

1. 审计报告是对被审计单位作出审计结论和决定的依据

审计报告是审计人员在依法对被审计单位的财务状况和有关经济活动行为进行审查之后形成有关评价和结论的报告文书。被审计单位的经济管理行为是否合理、科学,是否遵规守纪,有何问题,都会从审计报告中体现出来。因此,审计报告是对被审计单位作出审计结论和决定的依据。

2. 审计报告是有关部门指导经济工作的重要参考依据

由于审计报告需要对被审计单位的任务完成情况、经营管理情况、财务支出情况以及经济效益等各方面情况作出综合的审查和报告,因此有关部门在审阅审计报告时,可以获得大量可靠的信息。这些信息,对有关部门工作解决有关问题,作出正确决策,具有非常重要的参考价值。

3. 审计报告是查处经济犯罪行为的重要手段

在审计工作中,审计人员要依照国家有关法规和审计准则,对被审计单位的财务状况与经营管理情况作出是非判断。对揭露的问题和查出的漏洞,则要根据国家有关法律法规和政策,在审计报告中提出处理意见。从这一点上看,审计报告无疑具有查处经济犯罪行为的作用,是惩处经济犯罪的重要手段。

二、审计报告的编写程序

编写审计报告是一项十分严肃而又重要的工作,写好审计报告,必须要遵循以下程序。

第一,制订合理的审计计划。审计工作涉及的审计对象、被审计单位、审计范围和内容、审计的时限、审计人员的组成、审计步骤等内容,都要在审计计划中具体体现出来。

第二,收集全面的审计证据。审计证据包括会计记录(如记账凭证、账册、报表等)、实物资产及其他有关证明材料。审计证据要全面、真实,否则就会影响审计结论的客观公正和科学性。审计结论不准确,势必给国家和集体带来损失,或使单位、个人蒙受不白之冤。

第三,分析研究材料。对获得的全部有关证据进行整理、分析和研究,对事实反复调查取证,对数据仔细核对落实,去粗取精、去伪存真。这是最终产生审计结论的基础和凭据。

第四,编写报告的写作大纲。在分析研究的基础上,围绕审计目标,确定中心,拟写写作提纲。

第五,撰写报告。在集思广益、意见基本一致的前提下,由一人执笔,草拟报告,然后将草稿交其他参审人员传阅、修改,最后定稿,送交有关机关。

三、审计预告的内容与结构

审计报告的主要内容有以下几方面：一是关于审计任务的说明，如审计对象、范围、审计方式、审计时限、审计人员组成、审计依据等；二是审计中发现的主要问题；三是对审计事项的评价和结论，以及对产生问题的原因与责任的分析；四是审计人员的建议与意见。

审计报告的结构框架大致如下：

（1）标题。审计报告的标题大多采用公文式标题，由审计单位、审计内容和文种组成。例如《×××审计局关于××市 2010 年财政决算的审计报告》《××审计局对××大学使用世行贷款的试审报告》。

（2）主送单位。指审计报告的送达单位。

（3）正文。审计报告的正文包括以下内容：

① 审计任务说明。这一部分主要写清审计的依据目的、任务、范围等。例如，某审计局对某超市经营管理中的违法与违纪问题的审计报告的正文开头部分写道："受你厅 2011 年 10 月 25 日号文的委托，我局对××超市经营管理和财政收支情况进行了审计。审计工作组在有关单位的积极配合下，重点审计了该超市 2011 年 1 月至 10 月的资金活动情况。现将审计中查出的主要问题和处理意见报告如下："

② 审计中发现的主要问题。说明审计中发现的问题是审计报告的主体。在提出问题时，一要分清主次、轻重，二要真实、确凿。不能把道听途说、主观臆测的东西列入其中。例如《关于铁道部财经纪律执行情况的审计报告》中写道："我们查明，2009 年至 2010 年，铁道部在未按规定公开招标的情况下，投资 1850 万元制作中国铁路宣传片，未达到预期效果。铁道部部分资产管理不规范，具体是：已处置行政房产账面价值 89116.09 万元，未按规定核销；建筑面积共 22471 平方米的 5 处行政房产未按规定纳入法定账册核算；建筑面积共 7006 平方米的另 9 处行政房产未进行资产评估，均按 1 元价值核算。这些行为严重违反了财经纪律，损害了国家利益。"这段文字，有观点、有材料，说服力强。

③ 审计决定。这部分内容先概括事情经过，然后追根寻源，找出问题的症结，根据政策、法令和财经纪律，提出适当的处理意见。

④ 评价和建议。对被审计单位在具体经济活动中的表现进行"打分"，对存在问题写出准确评语，并提出具体的、切实可行的建议，供被审计单位参考。

（4）落款。正文右下方，审计单位或审计人员签名、盖章，并署上报告日期。

（5）附件。如有附件（如图表、数据或其他证明材料等），可附在正文后面作补充说明或参照。

四、审计报告的样式与写作要求

（一）审计报告样式

常见的审计报告的样式有：

1. 文章式

像写普通文章那样按段落或层次叙述，多用于审计对象牵扯线索较多、问题较复杂的审计报告。

2. 条款式

将报告内容分列成若干条目,扼要说明。多适用于审计对象单一、问题比较简单明朗的审计报告。

3. 表格式

由审计部门根据一般性和经常性的审计内容与要求,事先设计出一整套报告表格。审计结束后,由审计人员逐个栏目填写。这种样式方便简捷,但难以显示具体情况或问题经过,有时只得再加附件来补充。

4. 综合式

由文章式、条款式、表格式三种样式联合组成,使得审计报告既有详叙情况和分析问题的文字,又有归纳清楚简洁的条文便于把握要点,还有反映全面情况或专项审查项目的图表,使人一目了然。整个报告,图文并茂,全面具体。但篇幅长,编写时间长。

5. 批示结论式

这是一种特殊的报告样式,更准确地说是一份证明材料。多用于只需证明经济活动的某种情况是否属实,或对被审计单位的经济活动状况作评价之类。

(二) 写作要求

第一,审计的根本目的是促进被审计单位不断改善经营管理,堵塞漏洞,提高经济效益,维护党和国家的政策、法令的严肃性和法制约束力,"曝光"、"揭丑"仅仅是手段。

第二,写作时一定要反复查清核对有关事实和数据,确保下结论的依据确凿、合法。

第三,所下结论或建议要准确、适当、可行。

第四,语言要朴实明白,措辞要准确得体,是"完全属实",还是"基本属实"?是"偷税"还是"漏税"?诸如此类,表述一定要准确。

【例文参考】

关于企业职工基本养老保险基金挤占挪用情况的审计报告

市政府:

根据省审计厅统一工作部署及年度审计计划安排,我局派出审计师于2000年6月8日对××市的1999—2000年6月末企业职工基本养老保险基金挤占挪用情况进行了审计,现将审计情况报告如下:

这次审计主要按"×审办发〔2000〕34号"审计方案的要求,依据中华人民共和国国务院令第259号《社会保险费征缴条例》,从会计凭证、账簿及报表等进行了专项审计。

一、基本情况

截至2000年6月末,我市从事企业职工基本养老保险基金征缴人员130人。含1999年7月已并入市劳动保险总公司原由人事局代管的事业单位养老保险的从业人员11人。

截至2000年6月末,企业职工基本养老保险基金各项收入49028万元,其中,1999年32746万元,2000年1—6月16282万元。基本养老保险金各项支出54421万元,其中,1999年35477万元,2000年1—6月18944万元。基金累计结余,1999年末2187万元,截至2000年6月末475万元。基金暂收款3022万元,其中,企业预缴养老保险费1895万元，暂存未付养老金（属于企业正常往来）287万元，财政借款40万元，贷款800万元。基金暂付款2591万元，其中，垫付企业退休人员养老金651万元，挤占挪用1433万元，部门占用10万元，暂付款正常往来507万元。

二、审计评价

××市自1986年开展养老保险工作以来，在政府各部门的密切配合下，始终把社会保险费的征缴工作放到各项工作的第一位，在征缴工作处于十分困难的情况下，加强扩大社会覆盖面，提高基金征缴率工作，2000年7月1日将经办了15年的工伤保险费征缴工作正式移交给市地方税务局，这标志着我市社会保险制度在征缴体制上进行了重大改革，将对社会保险事业深入发展起到推动作用。

三、审计发现问题

根据国发〔1995〕6号《国务院关于深化企业职工养老保险制度改革的通知》规定，企业职工基本养老保险基金专款专用，纳入财政专户，任何单位和个人不得挤占挪用。

（一）××市企业职工养老保险基金被占用主要是1991年以前发生的，历次审计也对此提出审计要求，截至1998年被占用余额1433万元。其中，市××局占用1193万元，市委占用100万元，××报社占用100万元，市××厂占用30万元，部门占用10万元。

（二）1993年集体企业职工养老保险基金由市人民保险公司划入市劳动保险公司，交接时贷款明细表有405.9万元基金被贷出收回，市劳动保险公司合并时没有将这部分贷款并入账内。此款将由谁负责收回，目前市劳动保险公司已上诉法院。

四、审计处理意见和建议

（一）处理意见

根据《国务院关于违反财政法规处罚的暂行规定》第五条（三）款规定，政府及部门挪用的基金1433万元，应尽快作出还款计划，归还基金，以保障退休职工基本生活费的发放，以前历次审计均要求作出还款计划，归还基金，但至今未还，对于市人民保险公司贷出的405.9万元，将由法律裁决。

（二）审计建议

企业职工基本养老保险基金的征收与发放，已成为社会的热点、难点问题，政府部门应高度重视这项工作，占用的基金应尽早归还。是否能及时发放养老基金关系到国计民生，影响到社会的安定，如果基金不能归还，势必会增加社会负担。

××市审计局
2000年7月18日

抄送：省审计厅　市人大　市劳动保险总公司

【简析】

这是一篇关于企业职工基本养老保险基金被挤占挪用情况的审计报告。报告标题由审计的内容和文种组成。因本文是由市政府委派市审计局对全市企业职工的基本养老保险基金被挤占挪用情况进行审计，所以主送单位为市政府。引言部分交代了审计时间和审计的法律依据,自然引出正文。正文部分从基本情况、审计评价、审计发现的问题、审计处理意见和建议四个方面介绍审计的过程和结果。情况介绍清楚明白,审计评价客观中肯,发现问题证据确凿,处理意见和建议切实可行。落款写明审计单位和审计人的名称、日期,加盖印章并写清抄送机关。全文采用条文式来谋篇布局,格式规范,层次分明,内容真实,数据精确,语言精练。

第八节　广告文案

一、广告和广告文

"广告"一词是外来语,大约在 20 世纪初才传入我国。英语中"广告"一词最早源于拉丁文,是注意与诱导的意思。其原意就是唤起大家注意某一事物,并诱导于一特定方向的手段。广告有广义与狭义之分。狭义的广告即人们常说的广告,指经济广告,是公开而广泛地向人们介绍商品、劳务等方面信息的一种传播方式。它借助一定的媒介作为宣传手段,以扩大销售、树立形象为目的;它是商品经济的产物,并随着商品经济的发展而发展。广义上的广告既包括经济广告,也包括非经济广告。非经济广告,是指经济以外的各种广告,它虽然也传达一种信息,但跟经济利益没有关联。如社会团体的公告、启事、声明,个人的寻人启事、征婚启事等。这里介绍的广告以及广告学中研究的广告,都是指狭义广告。

随着我国市场经济的不断发展,经济广告已成为推销商品、宣传劳务的最有效方法,成为沟通生产者、经营者、消费者之间的桥梁,在传播信息、指导消费、刺激需求、密切产销关系、加速商品流通、推动企业竞争、促进经营管理、发展对外贸易以及丰富人民的物质生活和文化生活等方面,发挥着越来越大的作用。

常见的经济广告,从内容来看,有商品广告、企业广告、劳务广告等;从广告利用的媒介来看,有报刊广告、音响广告、电视广告、牌匾广告、灯光广告、交通广告、橱窗广告、展销广告、馈赠广告和包装广告等。采用什么方式,以什么做广告的媒介,要根据商品或劳务的特点及宣传对象等情况来决定。但是,无论采用何种形式,都离不开用语言文字来展示广告的主题和创意,因此,广告中的广告文案(即用以展示广告宗旨的语言文字,不包括绘画、图片等)质量的优劣,就直接决定了广告宣传效果的好坏。

优秀的广告文案应能起到以下的作用:

1. 引起注意

人们一般是不愿花费精力自动去收听或观看广告的,因此,广告文案要有特殊的吸引力,要能在瞬间引起视听者的注意,并能吸引人听下去或看下去。有人说:"能够引起人们注意的广告,就成功了一半。"这话有一定道理。

2. 刺激需求

广告文案不但告知人们有关商品、劳务的信息,更重要的是通过信息的传播,引发消费者的购买兴趣,诱发购买欲望。因此,广告文案不仅要使视听者获得正确充分的理解,而且要适应消费者的心理特点,刺激其心理需求。

3. 维持形象

广告是通过宣传提示和潜移默化来起到促销作用的，消费者的购买也往往是在接受广告、形成印象之后实现的，因此，广告文案应能使消费者确立信念，维持印象，保持记忆。

4. 促成购买

广告的最终目的，是促成消费者购买，因此，广告文案要有强烈的感召力，促使顾客购买，最终实现自己的使命。

二、撰写广告文案的基本要求

根据广告类型的不同，广告文案的写作要求也不同。但不论采用何种广告形式撰写广告文案，首先必须遵守国家的有关法律和工商管理部门的有关规定。1994年10月27日第八届全国人民代表大会常务委员会第十次会议通过了《中华人民共和国广告法》，并自1995年2月1日起施行，它是规范广告活动的基本法则，也是广告文稿写作必须遵守的基本准则。当然，要写好一则广告文案，还必须注意以下几点：

1. 要实事求是

广告文案只有忠实地、负责地向消费者介绍商品或劳务，不说假话，不夸大事实，才能建立商品和企业信誉，最终赢得消费者。诚然，在行文时一定限度的艺术渲染和艺术夸张是被允许的，但都必须以事实为基础。美国著名的广告人欧吉沛在其主张的广告准则的第一条就提出："绝对不要制作不愿让自己的妻子、儿女看的广告，因为诸位大概不会有欺骗自己家人的念头，当然也不能欺骗别人。"可见，实事求是，内容真实，是所有广告制作者必须遵循的原则。

2. 要有明确的诉求重点

广告文案由于受传播媒介等条件的限制，必须从众多的宣传信息中选取最能体现商品、劳务的功用，最能突出商品、劳务的特殊个性的"核心点"来作为诉求重点。如《给太太一份安全感》的诉求重点是其安全性。在确定诉求重点时，还必须注意商品是在进入市场的引入期、成长期，还是成熟期、饱和期或衰落期。在引入期和成长期，诉求重点是商品的名称和性能，以激发消费者的兴趣和关注；在商品的成熟期和饱和期，诉求重点是商品的性能改良和商标的信誉；在商品的衰落期，诉求重点是商品的新技术和新用途，以争取新用户，开辟新市场。例如有一种"AR3240"型打字机，用不同的广告来突出不同的诉求重点："AR3240的魅力，三十天内见分晓"——突出质量的可靠；"出售三十天内，用户如不喜欢，保证原银奉还"；"外行看热闹，内行看门道"——突出性能的优良；"好汉不提当年勇"——突出比已经深受用户欢迎的该厂另一型号打字机更胜一筹；"三秒钟告诉你一个好消息"——突出是最近研制成功的高速打字机。

3. 要抓准顾客的消费心理要求

所谓消费心理要求，就是消费者的兴趣、需要、动机、情感、态度等心理因素。广告文案一定要针对顾客的消费心理，善于根据不同地区、不同消费对象的消费特点做到"有的放矢"。例如，南方或北方、沿海或内地、城市或农村、国内或国外情况不同，需求也不同；消费者的年龄、性别、职业不同，需求也不一样。这样，广告文案就要因地制宜，因人制宜。同是服装的广告文案，在内地农村，要着重于宣传服装质地的优良；在沿海城市，则要突出款式的新颖。又如，当前化妆品的广告大多数在追求健康和美丽上做文章，但有一则广告却这样写:"我要他注意我,而不知道我化妆。"这则广告迎合了人们追求自然美和崇尚素雅的心理,容易取得城市消费者的好感。

4. 语言文字要有感染力

广告文案的语言文字是否具有感染力,是衡量广告优劣的重要标志。它可以采用各种体裁,可以叙述、说明、议论、描写、抒情兼用,但语言文字必须准确、精练、鲜明、生动,既要通俗易懂,朗朗上口,易于记忆,又要活泼风趣,富于高尚的情调。如三门峡日报社记者董陆明替三门峡市延源氨基酸有限责任公司撰写了这样的广告词:"孝心献给父母,爱心献给孩子,关心献给朋友。"这三句话看似普通却意味深长、生动感人。必须注意的是,广告文案不能采用庸俗、低级、不健康的语言。

三、广告文案的构成与写法

广告文案的构成与写法,因广告媒介和宣传内容的需要而不同,既没有统一的结构形式,也没有固定的写作方法。一般来说,广告文案包括标题、正文、随文以及广告标语。这四项都齐全的广告文案,多见于报刊上的印刷广告;单纯用广告标语,或标题、标语与正文合一的多见于灯箱、标牌等上的广告;用标语、标题与画面配合的多见于电视广告。

(一)标题

广告文案的标题既标明广告的主旨,又是区分不同广告内容的标志。俗语说,"看书先看皮,看文先看题",看广告文案也不例外。标题给人第一印象,"题好一半文",好的标题富于感召力,使人"一目了然"、"一见钟情"、"一听难忘",并激发人的兴趣。它要能高度概括主旨,具体突出诉求重点;要有新颖的创意、生动简洁的文字。广告标题按其诉求方式划分,可分为直接性标题、间接性标题和复合标题三类。

1. 直接性标题

通过标题一语道破广告信息的焦点,使人一目了然。这种标题往往以商品、商标或企业名称充当。如"春兰空调"、"长虹'红太阳'一族电视机"、"富达牌吸尘器"、"爱多VCD"等。

2. 间接性标题

标题本身并不直接介绍产品或劳务,而是选用文学词语用迂回的方法来吸引顾客的关注。这种标题富有情趣,以引人注目、诱发兴趣为目的。例如,一则以"只花八十元,再跑八万里"来推销汽车轮胎的广告标题,用数字对比突出了产品的价廉耐用;国外某公司用"本公司的产品维修人员,是全世界最闲的人"来做广告标题,突出了产品质量的优良。间接性标题多采用比喻、比拟等修辞手法,用成语、俗语、谚语、富于哲理或生活情趣的名言使人历久不忘。某打字机公司用"不打不相识"做广告标题,准确、生动、贴切,使人难忘。

3. 复合标题

这是采用新闻的标题形式,包括引题、正题和副题。引题用来说明信息的意义或交代背景,正题用来点明广告的主要内容,副题是对正题内容的补充。如"开拓前进,走向世界",这是引题,交代背景,引出正题;"汕头海洋音像总公司"、"汕头海洋音像出版社",点明这则企业广告的主要内容;"以音像出版制作、磁记录材料工业、高分子合成工业为企业三大支柱,形成专业化、多功能生产经营体系,系列产品配套成龙"是副题,对正题作补充。

（二）正文

正文是广告文案的中心部分，它是广告的主旨和主要内容所在，包括广告主办单位和商品名称，商品的规格、性能、功效，使用保养方法，出售方式和接洽方法，等等。撰写正文要注意：

1. 重点突出

一则广告要有明确的主题，正文部分应突出诉求重点，而忌头绪纷乱，杂乱无章。《给太太一份安全感》一文，就突出了压力锅这一商品的新颖安全这个重点。

2. 简明易懂

广告正文要写得简明扼要，浅显易懂，切忌拖沓晦涩。一般日用品的商品性能是众所周知的，广告文案宜简短；高档生活用品以及生产资料，为便于消费者了解，广告文案宜详细。如上海三菱电器有限公司的广告："三菱电梯，上上下下的享受。"语言简洁明了。

3. 有趣引人

广告正文不但要有概括性，言简意赅，而且要有文艺性，富于人情味，使消费者倍感亲切，乐于接受。1934年12月《论语》半月刊连载老舍先生的长篇小说《刘天赐传》第九节，老舍先生在文末尚余的空白处拟写广告一则："《刘天赐传》是本小说，正在《论语》登载。《老舍幽默诗文集》不是本小说，什么也不是。《赶集》是本短篇小说集，并不去赶集。《猫城记》是本小说，并无真事。《离婚》是本小说，不提倡离婚。《小坡的生日》是本童话，又不太像童话。《二马》又是本小说，而且没有马。《赵子曰》也是本小说。《老张的哲学》也是本小说，不是哲学。"中国文人为自己的作品撰写广告，老舍先生可能是第一人。其广告语言幽默风趣，深受读者关注和欢迎。英国作家毛姆所写的小说并不畅销，他突发奇想，在报纸上刊登了一条"征婚启事"：本人是年轻而有修养的百万富翁，由于知音难觅，目前仍然一身。因此，特公开征求终身伴侣，其人须同毛姆小说中的女主人公相当。结果，女人们纷纷争购毛姆的小说，很快，毛姆积压的数千本小说被抢购一空。人们不得不佩服其广告手段的高明。

4. 有号召力

广告的号召力，关键在于真实性，在于商品、劳务的高质量和企业优良的经营作风。但要使消费者知晓和信任，就要借助于令人信服的有号召力的广告文案。常见的有引用权威人士、社会名流、消费者等评价和推荐的话，或利用权威部门颁发的证书、奖状来证明。下面是一则美国前总统布什向英国公民所做的介绍美利坚合众国旅游的广告："在美国的土地上，您可以看到迥然不同的景色：交叠起伏的绿色田野、平坦的金色海滩、迪斯尼乐园和经黑人乐曲谱写的明快而又狂热的爵士乐。您可以目睹火湖区和大峡谷的风采。——现在您比以往有更多的理由来美国参观游览，没有比现在这个时候更好的了——总统发出邀请，您还等什么呢？"这则广告利用总统的身份向英国公民发出邀请，其效果可想而知。

（三）随文

随文也称附告，是在正文之后的必要说明，即附带告诉人们的一些内容，包括广告单位的名称、地址、电话号码、电报挂号、邮政编码、银行账号、购买手续等，对消费者起到购买指南的作用。

（四）广告标语

广告标语又叫广告口号，它是广告者从长远利益出发，在一定时期内反复使用的特定宣传语句。它的作用在于使消费者加深对企业的经营特点和对商品、劳务的独特优良个性的理解和记忆，以形成深刻强烈的印象。这个印象，往往在无形中成为人们购买商品或选择劳务时的依据。所以，广告标语是现代化广告中常用的重要形式。

广告标语按其内容和心理效应，可分为赞扬式、号召式、情感式、综合式等。

赞扬式，就是运用直接陈述的方法强调商品或劳务的优点，使消费者容易鉴别和牢记。例如四川长虹电器股份公司的广告标语："天上彩虹，人间长虹"；苏州长城电扇厂的广告标语："长城电扇，电扇长城"。

号召式，就是运用鼓动性的语句，直接动员消费者购买。例如："男子汉的一天从飞鹰开始"（飞鹰剃须刀广告标语）；"看看逛逛其他路，买卖请到四川路"（上海四川路的一则广告标语）。

情感式，就是使用富于人情味的、引人联想的言词来显示商品、劳务或企业的特点。例如春兰空调的广告标语："奉献一片爱心，均匀人间冷暖"；四通打字机的广告标语："输入千言万语，奏出一片深情"。

综合式，就是综合上述各种形式，融合为一。例如，某品牌咖啡的广告标语是"生活是一首诗，写尽人生的真善美；生活是一首歌，唱出人生'浓浓'情。浓情蜜意，'侬侬'咖啡"。

广告标语的撰写要求与标题的拟写基本相同，但广告标语的鼓动性更强，因此，要突出特点、富于号召力，要朗朗上口、简单易记。

一、简答题

招标、投标有哪些程序？在招投标过程中需要制作哪些文书？

二、分析下面这篇审计报告，并提出修改意见

××厂财经纪律执行情况的审计报告

我局××厂违反财经纪律一事，前经组织上决定，由财务和政工部门联合进行检查。兹将检查中发现的问题报告如下：

（一）固定资产的账、卡、物不实。财务处账面上在用的设备105台，后勤处设备卡只有87台。

（二）入库单重复，会计记账也随之重复。

（三）隐匿收入，偷漏税8840.6元。

该厂自2000年起将临街橱窗出租，每月收取广告费5000元，全年合计60000元，偷漏营业税625元和所得税12000元。

以上资料完全属实。为了充分发挥财务监督作用，严肃财经法规，拟请组织上派员加强该厂财会领导工作。

三、思维训练

阅读下面的案例，谈谈对预测、市场预测的理解。

在朝鲜战争爆发前八天,美国民间咨询公司兰德公司通过秘密渠道告知美国对华政策研究室,他们投入了大量人力和资金研究了一个课题:"如果美国出兵朝鲜,中国的态度将会怎样?"而且第一个研究成果已经出来了,虽然结论只有一句话,却索价500万美元。当时美国对华政策研究室认为这家公司是疯了,一笑置之。但是几年后,当美军在朝鲜战场上被中朝联军打得丢盔弃甲、狼狈不堪时,美国国会开始辩论"出兵朝鲜是否真有必要"的问题,在野党为了在国会上辩论言之有理,急忙用280万美元的价格买下了该咨询公司这份已经过了时的研究成果。研究结论只有一句话:"中国将出兵朝鲜。"但是,在这一句结论后附有长达600页的分析报告,详尽地分析了中国的国情,以充分的证据表明中国不会坐视朝鲜的危机而不救,必将出兵并置美军于进退两难的境地。并且这家咨询公司断定:一旦中国出兵,美国将以不光彩的姿态主动退出这场战争。从朝鲜战场回来的美军总司令麦克阿瑟将军得知这个研究之后,感慨道:"我们最大的失策是怀疑咨询公司的价值,舍不得为一条科学的结论付出不到一架战斗机的代价,结果是我们在朝鲜战场上付出了830亿美元和十多万士兵的生命。"

四、写作实训

(一)手机在大学生中已经基本普及,通讯费也成了同学们一笔不小的开支,请参考案例,就大学生喜欢的手机品牌、款式、功能等方面做调查,并写出市场调查报告。

(二)××职业技术学院对南校区学生公寓物业管理权进行公开招标,选定物业管理单位对南区学生公寓物业进行管理。管理范围包括:学生公寓(3层—14层)28776.5平方米;周边道路、运动场6704平方米;绿化面积1171平方米。招标内容按招标单位提供的《招标文件》。凡达到××市物业管理三级以上资质的物业管理公司或高校后勤服务公司(集团)均可参加投标。请据此制作一份招标书。

(三)请运用有关审计报告的写作知识,对上学期本班的班费开支情况进行审计,并写出审计报告。

第六章　司法类文书

学习目标

- 了解司法文书的概念、作用等基本知识。
- 弄清司法文书的适用范围、写作格式、写作方法和写作要求。
- 培养撰写起诉状、上诉状、申诉状、答辩状等的写作能力。

第一节　司法文书概述

随着社会经济的快速发展、我国法制建设的日臻完善和人们法律意识的不断加强，通过诉讼解决各种权益争端已日益频繁，各类诉讼文书成为人们最常用的司法文书。因此，掌握司法文书的基础知识和写作方法，熟练地制作各类司法文书，显得尤为必要。

一、司法文书的概念

司法文书，从广义上讲，是指由国家机关、社会团体、企事业单位或者公民个人撰写的有关法律行为或事实、具有法律效力或法律意义的所有书面文字材料。从狭义上讲，则是指公安机关（含国家安全机关）、人民检察院、人民法院和司法行政机关为了处理刑事、民事案件或者执行其他法律行为，机关、社会团体、企事业单位或者公民个人为进行诉讼或进行其他有法律意义的活动，根据法律规定而制作、撰写的具有法律效力或法律意义的文书。

本章重点介绍几种常见的司法文书，包括诉状、法庭辩论文书和申请文书等。

二、司法文书的作用

（一）具体实施法律的重要手段

国家法律的实施，大都是通过司法机关对各类案件的处理来进行的。而司法机关对案件的处理，又是通过诉讼活动中每个程序上的司法文书来体现的。如刑事案件的处理，从公安机关立案侦查程序起，到人民检察院的起诉、法院的审理判决，直到交付执行，每一阶段均需制作相应的司法文书，最终给犯罪嫌疑人以应得的法律制裁。

（二）能如实地反映诉讼活动的全过程

诉讼活动中的每个程序、每个环节，都需制作相应的司法文书。从一个完整的案卷中，可以看出司法机关是如何具体执法的。所以，司法文书也是反映司法机关办案质量的依据，同时，司法文书作为现时办案情况的文字记载，也是存档的重要史料。

（三）是进行法制宣传的活教材

司法机关的布告、起诉书、判决书、公诉词、辩护词在法庭上公开宣读或宣判，对于广大群众和旁听者来说，无疑是一种具体而生动的法制教育，是活生生的法制宣传教材，它可以促使人们增强法制观念、遵纪守法、减少或避免民事侵权行为和刑事犯罪行为的产生。

（四）是考察司法干部业务素质的重要尺度

司法文书，是司法人员办案质量的集中反映。它的制作和作用，是办案人员坚持"以事实为依据，以法律为准绳"的结果，是认识和适用法律的"成文化"。这里不仅有一个文字表达能力的问题，更重要的是它是衡量司法人员办案能力、业务水平的重要尺度。因此，司法人员必须提高工作责任感，认真钻研法律知识，不断提高司法文书的写作水平。

三、司法文书的特点

司法文书作为应用文体的一个边缘分支学科，除了具有应用文的一般的功能外，还具有其特点，主要表现在以下几个方面：

1. 文书内容的合法性

司法文书是为实施法律而制作的，是法律的具体体现。法律乃是调整人们社会关系的行为规则，分为实体法和程序法两种。实体法是对案件实体问题的处理规定；程序法是反映对案件实体问题处理的程序规定。司法文书既要反映实体法的内容，又要反映程序法的内容。例如，我国的民事诉讼法明文规定，民事案件的起诉，民事原告应当向法院递交起诉状，并按被告人数提供副本。起诉状中应写明当事人姓名、性别、年龄、民族、籍贯、职业、工作单位和住址；诉讼请求和所根据的事实与理由；证据与证据的来源，证人的姓名与住址；等等。这表明，司法文书的制作是有法律依据的。

2. 制作格式的规范性

制作司法文书，不仅要求合法，而且要求规范，从内容到形成都有严格的要求。司法文书制作的规范性主要体现在以下几个方面：

（1）结构固定。所有司法文书的结构均由首部、正文、尾部三部分构成。一般而言，首部包括：制作文书的机关名称、文书名称、文书编号、当事人身份等，正文包括事实、理由、结论，尾部包括署名、日期、印章，有的文书还有附项。

（2）称谓固定。司法文书中对当事人的称谓，法律有明确的规定，必须依法书写，不能自行其是。如公诉案件称"被告人"、"上诉人"、"公诉人"、"抗诉人"、"受害人"等；第一审民事案件的当事人称"原告"、"被告"、"第三人"。

（3）事项齐全。各种司法文书都有其特定的事项，固定不变，缺一不可，写作时甚至连次序也不能颠倒。如起诉书中当事人的身份情况，对被告人应写明姓名、性别、年龄、民族、籍贯、文化程度、单位、职务、住址，曾否受过刑事处罚，被拘留、逮捕的年月日，等等，一项也不能缺漏，且要严格按照顺序写。又如刑事案件的事实叙述，要突出体现犯罪构成的"七要素"，即时间、地点、动机、目的、手段、情节、后果。民事案件的叙述，要写清反映原、被告发生纠纷的事实，包括原被告之间的法律关系，发生争执的时间、地点、原因、焦点、经过、结果,以及双方争执的具体意见等八大要素。

（4）用语的程式化。司法文书的用语常常是程式化的。如刑事判决书中关于案由、案件来源、法庭组成及审判方式等内容的表述,形成了固定的用语程式:"××人民检察院于×年×月×日以被告人×××（姓名）犯×××罪（起诉的罪名）,向本院提起公诉。本院受理后,依法组成合议庭（或依法由审判员×××担任审判）,公开（或不公开）开庭审理了本案。××人民检察院检察长（员）×××出庭支持公诉,被告人及辩护人×××,证人×××到庭参加诉讼。本案现已审理终结。"这几乎是千篇一律的。

（5）其他。司法文书使用纸张的规格、文字的行款布局、印刷字体大小,都有统一规定。

3．文字解释的单一性

司法文书写作中,对语言文字的运用必须做到精确,无歧义。无论是对情况的说明,对事实的叙述,对理由的阐述,还是对处理意见的表达,都必须只有一种解释,不允许产生歧义。而汉语的文字很容易产生歧义,如"被告人×××因盗窃两次被劳改"这里就有两种解释:一是"被告人×××因盗窃两次,被劳改",二是"被告人×××因盗窃,两次被劳改"。这种歧义现象是不利于执法的。因此,司法文书的写作者,必须加强自身的语言修养,准确地遣词造句。

4．生效执行的强制性

司法文书一旦付诸实施,任何单位、个人都不能抗拒或随意违反变更。如裁判文书已发生了法律效力,被告人就要服从判决,如有抗拒,应依法追究其法律责任。

四、司法文书的写作要求

在具体的司法文书写作实践中,应遵循以下要求:

1．根据行文关系或目的,准确选定文种

各类司法文书,都有其特定的作用和行文目的。因此,制作时应根据行文关系或目的选准文种。如人民法院对刑事、民事上诉案件审理终结后,认为原判正确,需驳回上诉时,刑事案件应当使用裁定书,民事案件应当使用判决书。如果不加以区分而随意选用,不仅会造成文书使用管理上的混乱,也丧失了文书应有的功能。

2．确立鲜明集中的主题,选择精当的材料

司法文书的"主题"就是制作文书的目的和文书的中心意思。根据客观的案件事实和有关的法律规定,遵循"以事实为根据,以法律为准绳"的原则去分析、研究材料,从而形成主题。司法文书的主题要求单一而集中,力争做到"一文一事"。任何文章的写作都离不开选材。司法文书的材料大致可分为两类:一类是事实材料,包括诉讼当事人状况的材料和案情事实材料;另一类是法律材料,指诉讼中涉及的有关法律条款,包括实体法和程序法。无论哪种司法文书,都要围绕着所认定的事实选择材料。

3．采用恰当的表达方式

司法文书主要运用记叙、议论、说明三种表达方式。司法文书的记叙,是把案件的发生、发展、结局记叙清楚。写作时,要有一个明确的记叙线索,把人物之间的关系交代清楚,尤其要把涉及法律责任的关键情节交代清楚,把事情的前因后果及争执的焦点表述得明明白白。

司法文书要做到说理有分析,立论有根据。分清是非,明确责任,抓住要害,有理有据。

要做到前后一致,相互照应。

司法文书中的说明,主要用于对作案现场的如实记录,对有关事理和规定的阐明与解释,力争简明扼要。

4. 格式要正确,固定用语要规范

司法文书有统一规定的格式或约定俗成的惯用结构,制作时必须严格遵循,不能各行其是。实践证明,统一规范的格式,既体现司法机关庄重严肃的特点,又有利于文书的制作处理与管理,还能提高司法机关的工作效率。

第二节 民事诉状

21世纪的中国社会,是一个法制更健全、更完善的社会,了解有关法律知识,掌握诉讼中常用法律文书的写作,已成为现代人的必备技能。

【案例1】

20世纪80年代,我国著名运动员王健强根据我方与西德一家俱乐部签订的合同去了西德。当时合同是这样写的:"月薪5000美元,包吃包住包来回飞机票,雇佣期一年。"然而到了西德后,王健强遇到了好多麻烦:月薪要自己交税;吃的东西除了冰箱里的食物外就没有了,经常吃不饱,在比赛时常常饿得发晕;比赛获得的奖金全归俱乐部,他自己一分钱也得不到……为此,出现了一年打球半年打官司的现象。你知道问题出在哪里吗?假如你是他,你知道怎样来维护自己的合法权益吗?

【案例2】

王某、倪某二人某日下午到某国际贸易中心开设的超级市场购物。购物后正欲离开该市场时,被超级市场的两名工作人员叫住并质问她们有没有拿商场的东西,两人即告知其所购物品均已付款。但工作人员不信,仍一再追问:"到底拿没拿?"二人仍答:"没拿就是没拿。"两名工作人员即将二人带至商场收银台,指给二人看该超级市场张贴的"本超市保留在收银处检查带进本店各类袋子之权利"的告示并声称据此有权检查二人的手袋。在此情况下,王某气愤地将所有手袋打开让对方检查。该超级市场工作人员仍说"拿了就是拿了"等话,而二人坚持声明未拿。双方争执无果,商场工作人员即将王、倪二人带至办公室继续盘问。在办公室里,商场的一名女职员也加入讯问盘查。迫于压力,二人摘下帽子、解开衣服、打开手袋,由超级市场的工作人员检查并伤心地掉下眼泪。商场工作人员检查后,确未查出二人拿了什么东西,这才向王、倪二人道歉并放行。高高兴兴地去购物,却遭如此"待遇"。王、倪二人想找市场经理说理,得到答复是"经理不在"。面对商场的此种做法,王、倪二人觉得非常委屈,决定通过诉讼的途径来讨个说法,于是,王、倪二人以国贸中心的行为侵犯其人格为由,向当地法院起诉。王、倪二人递交起诉状后,法院受理了此案,并进行了公开审理。在庭审过程中,被告方主动提出要求调解。在法庭的主持下,双方达成了一致意见,被告方当庭向原告赔礼道歉并一次性支付2000元作为对原告精神损害的补偿。王、倪二人讨回了公道。

与王、倪二人一样,很多人在其日常生活中也碰到过各种各样的纠纷。在法制社会,解决纠纷最合适、最有效的途径便是诉讼,这就需要人们首先掌握诉讼中一些常用文书,如起诉状、上诉状、答辩状等的写作。本节主要介绍民事诉讼中的常用法律文书的写作。

一、民事起诉状

（一）诉状的概念

诉状，是在刑事、民事、行政案件的诉讼过程中，诉讼当事人为了维护自己的合法权益，依法向人民法院提出某种诉讼请求或答辩而递交的书面状词。俗称为"状子"或"状纸"。

（二）诉状的种类

诉状分为三大类：民事诉状、刑事诉状、行政诉状。各类诉状又可分为起诉状、上诉状、答辩状、反诉状、申诉状等。经济纠纷、劳动纠纷和海事、海商等案件的诉状，都属于民事诉状。刑事案件可分为公诉和自诉两种，检察机关的起诉书，是以国家执法机关的名义制作的，不属于诉状的范围；刑事自诉案件的起诉状称为刑事自诉状。

（三）民事起诉状的概念

民事起诉状，是民事原告在自己的民事权益受到侵害或者与他人发生争议时，为维护自身的民事权益，依照事实和法律，向人民法院递交的书面请求。

我国民事诉讼法第108条规定，起诉应具备四个条件：原告必须与本案有直接的利害关系；有明确的被告；有具体的诉讼请求和事实、理由；属于人民法院的受理与管辖范围。第111条规定了不予受理的情况：在客观上不存在纠纷；案件不归人民法院管辖、案件正在人民法院审理；案件已经人民法院审理过；依法在一定时期内不得起诉的案件；依法判决不准离婚的案件，在六个月内没有新情况、新理由的。

（四）民事起诉状的基本格式与写法

1. 首部

首部依次写明下列事项：

（1）当事人的身份事项。包括原告、被告及第三人的姓名、性别、年龄、民族、工作单位和地址，如当事人是法人或其他组织，应写明其名称、所在地及法定代表人的姓名、职务，如果有数位原告或数位被告，应——列明。

（2）民事诉状的案由。写明请求的标的（争议的权益、相争议的事物），请法院依法判处。请求的事项应明确具体、合情合理、切实可行。例如，请求保护所有权，应写清楚是请求确认所有权，还是请求返还原物、原产业或者赔偿损失等。以离婚诉状为例，其请求事项如下：请依法判决与被告人××离婚；婚生男孩李××随母随父由他自己选择；财产处理，除男女双方各自的衣物归各自个人所有外，其他生活用品，任被告人挑选，原告人同意。请求事项还应合情合理，切实可行，如要求子女给付赡养费应考虑自己的经济收入和对方的负担能力。诉讼请求要概括扼要，罪名要写准确。

2. 正文

正文包括请求事项、事实与理由。

（1）诉讼请求。诉讼请求是指起诉人要求人民法院解决的具体事项，具体写清起诉人提起诉讼的目的和要求。诉讼请求应明确、言简意赅，如"原告目前生活无着，请求判令被告给付赡养费"，"原、被告双方之间感情确已破裂，请求判决离婚"。诉讼请求应合理合法，切实可行。

（2）事实。要围绕诉讼目的，全面反映案件的真实情况。在民事起诉状中，原告必须写清以下几点:第一,当事人之间的法律关系;第二,当事人之间纠纷的由来、发生、发展的全过程;第三,双方争执的焦点和双方对民事权益争执的具体内容;第四,在叙述案情的基础上,恰如其分地说明被告应承担的民事责任。写作时,应力求做到事实与诉讼请求相一致,叙事清楚具体,实事求是,不夸大缩小,不含糊其辞,不写流水账或与案情无关的事,不盛气凌人、讽刺挖苦。

与事实不可分的是证据。没有证据,就经不起人民法院的审查和被告的辩驳。民事诉讼书规定,当事人提出自己的主张,有责任提供证据。证据包括:书证、物证、人证以及其他能够证明事实、真相的材料;证据证明何事,内容如何;证据的来源与可靠程度;证人的证言内容及证人的姓名、职业、住址等;提交证据的原件或复印件。在写作证据时,一般的方法是随写事实随列证据,也可在叙述事实后单写一段证据。

(3) 理由。主要是根据民事权益争执的事实与证据,概括地分析其纠纷的性质、危害、结果及责任,同时提出诉讼请求所依据的法律条文,以论证上述诉讼请求的合理合法。这部分可分为两个层次:一是事实认定的理由;二是提出法律根据的理由,如"综上所述,……(分析纠纷的性质、过错和结果)。根据×××法第×条第×款的规定(说明被告应负的民事责任)。请求人民法院依法处理,以实现诉讼请求"。

3. 尾部

尾部包括以下内容:

(1) 致送人民法院名称。分两行写"此致"、"×××人民法院"。

(2) 起诉人签名盖章。位于右下方。

(3) 起诉时间。"×××年×月×日"。

(4) 附项。写明本状副本×份;物证×件;书证×件;证人姓名、住所。

(5) 如系代书,应在起诉时间下一行写明代书人姓名、工作单位与职务。

【例文参考】

民事起诉状

原告:邹×,男,1962年7月2日生,汉族,农民,住××县××镇××村××组。电话:×××××××

诉讼代理人:刘大华,×××联合律师事务所律师。电话:×××××××

被告:××省××房地产开发有限公司,地址:××市××路××号。电话:×××××××

案由:购房合同纠纷

诉讼请求:

1. 判令被告双倍返还购房(成约)定金4万元整。

2. 判令被告承担本案原告律师费4000元整。

事实与理由:

×××年×月×日,原、被告双方签订了"××花园商品房认购书"(以下简称认购书),约定双方在10日内签署正式购房合同,被告同时收取了原告定金两万元整。当原告依约去签署合同时发现,被告尚未得到建筑工程规划许可证、施工许可证和商品房预售许可证,不符合预售商品房的法定要求,因此不同意违法签订购房合同,要求被告在办好相关证件后签约。被告直至×××ㄨ年×月×日才办齐上述许可证,而此时,被告却以房价上涨为由,拒绝签订合同,不同意退还原告的定金。

原告认为,双方签订的认购书具有法律效力,原告所交两万元是"成约定金",因被告的原因导致合同不能成立,当然由被告承担违约责任,依法应双倍返还定金。

此案因被告违反民法的"诚信"原则,利用优势地位坑害消费者所致,为保护消费者依法维权的积极性,更好地维护和发扬"诚信"的社会风尚,应当保护消费者的维权成本,所以请求判令被告承担原告的律师费。

此致
××市××区人民法院

具状人(原告):邹×
二〇〇九年二月二十日

附:1. 诉状副本
    2. 有关证据复印件

【简析】

标题直接写文种。状首写明原告、被告等的基本情况。正文部分是诉讼的主体,包括诉讼请求、事实和理由两部分。"诉讼请求"简洁明了,"事实和理由"详细充分。明确具体地写明要求人民法院依法解决的有关双倍返还定金的具体纠纷。商品房买卖纠纷起诉状开头部分要逐一说明原告和被告双方当事人的基本情况,并简明扼要地概括诉讼的主要内容,即"购房合同纠纷"。明确具体的请求目的,要求被告双倍返还定金和承担原告的律师费。结尾部分呈送机关、落款、附项简洁明了。

(三) 起诉状的写作要求

必须有明确的请求对象,即写清被告人。如果有两个以上的被告人,则应按其承担责任的大小、主次顺序排列。

必须有明确的诉讼请求,即写清提起诉讼要求解决的问题。诉讼请求要求具体明确、切实可行。对于给付之诉的要写明给付的标的(如证券、物品等)、给付的金额,特别是赔偿的数额,要准确估算,适度合理。对于确认之诉的,要具体写明确认标的所有权归属及行为的有效无效。书写诉讼请求一定要具体明确,即所提要求事项能够履行。数字应明确,避免笼统抽象。请求不明确,人民法院将无法受理。

必须充分阐述提出诉讼请求所依据的事实和理由。事实部分,主要写明被告侵权行为的具体经过和当事人双方权益争执的具体内容,一般按事实发生、发展的顺序,围绕中心来写。理由部分,先以简练的语言概括一下所发生的事实,然后指出被告行为的性质,论证双方的权力关系,引用法律条文,主要是说明起诉的事实可靠,提出的要求和理由有法律依据。

二、民事上诉状

(一) 民事上诉状的概念

民事上诉状是民事案件当事人或其法定代理人,不服人民法院第一审民事判决或裁定,依照法定程序和上诉期限,向上级人民法院提起上诉,要求撤销、变更原裁判而提出的书面请求。

(二) 民事上诉状的特点

第一,必须是有权提起上诉的人才能书写上诉状。被告人的辩护人和近亲(夫、妻、子女、同胞兄弟姐妹),经被告人同意,可以提起上诉。如果没有得到被告人的同意,即使认为判决和裁定有误,也无权提出上诉,提出了也不具有引起第二审程序的法律效力,他们只能提出申诉,按照法定的审判监督程序处理。

第二,必须是当事人不服地方人民法院第一审判决或裁定而有上诉请求的才能书写。

第三,必须在法定期限内上诉。

我国《民事诉讼法》第147条规定:"当事人不服地方人民法院第一审判决的,有权在判决书送达之日起十五日内向上一级人民法院提起上诉。当事人不服地方人民法院第一审裁定的,有权在裁定书送达之日起十日内向上一级人民法院提起上诉。"

(三) 民事上诉状的写作格式与写法

民事上诉状一般由首部、正文、尾部三部分组成。

1. 首部

首部依次写明下列内容:

(1) 文书名称。写"民事上诉状",位于状纸上部正中。

(2) 上诉人(原审×告),包括姓名等身份事项。

(3) 被上诉人(原审×告),包括姓名等身份事项。

上诉人有法定代理人或委托代理人的,则另起一行写代理人的姓名等身份事项。

上诉人是法人或其他组织的,写"上诉人单位全称,所在地址,邮政编码,法定代表人或代表人姓名、职务、电话,企业性质,工商登记核准号,经营范围和方式,开户银行和账号"。

被上诉人是法人或者其他组织的,写"被上诉人单位全称,所在地址,邮政编码,法定代表人姓名、职务、电话"。

(4) 案由。包括原审人民法院名称,处理时间,文书名称、字号。例如"上诉人因××××一案,不服×××人民法院×××年×月×日(×)字第×号民事判决(或裁定),现提出上诉"。

2. 正文

正文包括上诉请求与上诉理由。

(1) 上诉请求。应先概述案情全貌,写出原审裁决的结论内容,然后表明对原审哪个部分不服(认定事实不清?证据不确凿?适用法律不当?诉讼程序不合法?),再说明具体的诉讼请求,要求撤销原审裁判(全部改变,还是部分改变原审的处理结果)。

(2) 上诉理由,依照事实与法律,从以下几方面进行论证和辩驳。第一,原审认定事实错误,提出纠正或否定的事实和证据;第二,原审定性不当,重新确定案由;第三,原审适用程序法不当,提出纠正的法律依据。

写完上诉理由,通常写"为此,特向你院上诉,请依法撤销原判决(裁定),给予改判(或重新审理)"。

3. 尾部

其内容与写法和民事起诉状相同。但应将"起诉人"改为"上诉人"。

【例文参考】

民事上诉状

上诉人(一审被告):中国建筑××局××安装公司
法定代表人:王××,公司经理
被上诉人(一审原告):××市××置业有限公司
法定代表人:易××,董事长

上诉人因房地产合同纠纷一案,不服××市××区人民法院二〇〇三年十二月三十日(2003)×民初字第809号判决,现依法提起上诉。

上诉请求

1. 撤销××区人民法院(2003)×民初字第809号民事判决书。
2. 依法驳回被上诉人的诉讼请求。

上诉事实和理由

一、一审法院判决认定事实严重错误

1. 一审认定上诉人与被上诉人转让的土地面积只有4.65亩没有任何事实依据。(略)

2. 一审认定上诉人对被上诉人委托××市××资产评估有限公司的评估报告没有提出异议是完全错误的。(略)

3. 一审认定被上诉人请求变更或撤销与上诉人签订的协议并没有超过诉讼时效是没有事实依据的。(略)

二、一审法院适用法律错误

被上诉人在一审中只请求上诉人继续履行第二期开发协议,签订的六份协议该变更的变更、该撤销的撤销,庭审中也没有明确到底是变更还是撤销。而法院越权判决,有违法律规定。

综上所述,上诉人认为一审法院的判决严重背离了事实,且程序不合法。为此,上诉人恳请二审法院在查明事实的基础上公正裁判,撤销一审判决,以维护上诉人的正当权益。

此致
××市中级人民法院

上诉人:中国建筑××局××安装公司
二〇〇四年元月十二日

【简析】

这一份民事上诉状,项目齐全、结构完整,符合要求。正文部分主要从实体与程序两个层面展开且能紧紧围绕原审判决书的关键内容进行说理,能进行合理的引述,更显有力;不足之处是第二部分内容不够翔实。

三、民事答辩状

(一) 民事答辩状的概念和分类

1. 民事答辩状的概念

民事答辩状,是在民事诉讼活动中,被告或被上诉人针对原告或上诉人的诉状内容进行答复和辩驳的一种书状。

2. 民事答辩状的分类

民事答辩状可分为两种,即第一审民事答辩状和民事上诉答辩状。一审程序上的答辩状,是被告针对原告诉状提出的;二审程序上的答辩状,是被上诉人针对上诉人的上诉状而制作的。

民事诉讼法第113条第1款规定:"人民法院应当在立案之日起五日内将起诉状副本发送被告,被告在收到之日起十五日内提出答辩状。"第2款又规定:"被告不提出答辩的,不影响人民法院审理。"第150条第1款规定:"原审人民法院收到上诉状,应当在五日内将上诉状副本送达对方当事人,对方当事人在收到之日起十五日内提出答辩状。对方当事人不提出答辩状的,不影响人民法院审理。"由此可见,提出答辩状,对民事被告和被上诉人而言,是一项重要的诉讼权利,体现了原被告诉讼权利平等的原则。

(二) 民事答辩状的基本结构与写法

民事答辩状由首部、正文、尾部三部分组成。

1. 首部

(1) 文书名称。写明"民事答辩状"。

(2) 答辩人身份事项。如答辩人是公民,则写答辩人的姓名、性别、年龄、民族、职业、住址、邮政编码等;如答辩人是法人或其他组织,则写答辩人的单位全称,所在地址,邮政编码,法定代表人姓名、职务、电话,企业性质,工商登记核准号,经营范围和方式,开户银行与账号。

(3) 案由。通常写为"答辩人因××××一案,现提出答辩如下"。

2. 正文

正文针对起诉状或上诉状所列出的事实与理由,所提的诉讼请求,进行答复或辩驳,同时清晰地表达自己对案件的主张和理由。

(1) 答辩的理由。可从以下几方面考虑:第一,如果对方当事人的指控是真实的,但只是全部纠纷事实中的一部分,而未写的部分恰是对原告、上诉人不利的,答辩人应补充提出这部分事实,分析对方隐瞒或歪曲事实的意图,从而反驳对方的诉讼请求。第二,如果对方提出的事实与理由有部分虚假,答辩人应用新的、真实的事实与证据,反驳对方的诉讼请求。第三,如果对方提出的事实没有出入,而是对实体法条文理解错误,以致提出不合法请求,则可据理反驳。总之反驳要瞄准关键问题,切中要害。

(2) 答辩的主张、意见。这是答辩人在提出事实、法律方面的答辩后,对本案的处理提出自己的主张,请求法院裁判时予以考虑。

3. 尾部

尾部与民事上诉状写作部分相似,只是当事人称呼要辩明。

【例文参考】

民事答辩状

答辩人:黄××,男,60岁,退休工人,汉族,住本县××街××号。

因原告××服装厂诉建筑纠纷一案,提出答辩如下:

原告××服装厂因改建民房,在我私房后施工,准备盖楼房。原告施工的北墙与我家的南墙相邻,仅距60厘米,与原告计划修建的厕所窗子基本相对。原告的建筑不仅会遮住我家室内的光线,建成后的厕所还将会污染我室内的空气。原告计划在三层楼修建一个生产车间,一旦竣工投产,机器的震动和噪音,将直接影响和干扰我家的正常生活和休息,我们将会昼夜不得安宁。

我曾数次与原告交涉,但原告不顾及我的利益,一意孤行,仍然继续施工。在这种情况下,我拆了原告人北墙的西段(约一米)。为此,原告要求我赔偿工程损失,我认为这是没有道理的。

建筑房屋、修建厕所,应顾及他人的合法利益,如果损害公民健康,影响人们的生活和休息,应当承担民事责任。鉴于此,原告务必考虑我的合法权益,改变设计,或者为我调换面积相当的住房,按搬迁处理。

以上事实请详查,并予以公正审理。

此致

××县人民法院

答辩人:黄××
二○○八年三月二十日

附:答辩状副本2份

【简析】

这份答辩状格式规范,内容完整。答辩人思路清晰,先写原告所犯错误,有时间,有环境,有答辩人发现的过程,有答辩人核对的情节;再写答辩人对原告所犯错误的态度与做法,详述其写信、发言和当面规劝的经过;最后从权利与义务上进行说明,并对全文进行归纳。这份答辩状事实陈述清楚,法理分析透切,达到了边破边立的效果。

(三)答辩状的写作要求

答辩状的写作,要很好地运用反驳的方法和立论的方法。反驳的运用,其目的是使对方败诉。运用反驳方法的步骤:一是先抓住对方在诉状、上诉状中所陈述的错误事实,或所引用法律上的错误,作为反驳的论点;二是由被告人、被上诉人列举出事实与证据,反驳诉讼请求的论据;三是运用逻辑推理论证。运用反驳方法时,要尊重事实,抓住关键,尖锐犀利。

立论方法的运用,其目的是提出自己的主张。其步骤,一是从整个事实中经过归纳,提炼出答辩人的观点;二是提出法律根据,举出客观证据,列出事实凭据作为立论的论据;三是经分析论证,得出结论。

运用立论方法的要求:一要简明扼要,不横生枝蔓;二要有针对性;三要逐条论证。

第三节　法庭辩论文书

林肯是美国历史上颇有声誉的一位总统。他在担任总统之前，曾经当过一段时间的律师。

有一次，他得悉自己亡友的儿子小阿姆斯特朗被控谋财害命并已初步判为有罪，于是就以被告的辩护律师的身份，向法院查阅了全部案卷。阅后，他要求法庭复审。

这个案子的关键在于：原告方面的一位证人福尔逊发誓说，某一天晚上十一点钟，在月光下清楚地目击小阿姆斯特朗用枪击毙了死者。按照美国法庭的惯例，作为被告辩护律师的林肯和作为原告证人的福尔逊，进行了一场对质。

林肯："你发誓说你认清了小阿姆斯特朗？"

福尔逊："是的。"

林肯："你在草堆后，小阿姆斯特朗在大树下，两处相距二三十米，能认清吗？"

福尔逊："看得很清楚，因为月光很亮。"

林肯："你肯定不是从衣着方面认清的吗？"

福尔逊："不是的，我肯定认清了他的脸蛋，因为月光正照在他脸上。"

林肯："你能肯定时间在十一点吗？"

福尔逊："充分肯定，因为我回屋看了看时间，那时是十一点三刻。"

林肯问到这里，就转过身，发表了辩护演说："我不能不告诉大家，这个证人是个彻头彻尾的骗子。"

林肯发现了福尔逊的所谓"证词"的破绽，从而在逻辑上予以驳斥，他是这样下结论的：

"只有在月光的照射下，才能看清被告的脸。但是，这一天是上弦，到了晚上十一点钟，月亮早就下山了，因而不可能有月光照射被告的脸。既然如此，福尔逊说当时'我肯定认清了他的脸蛋……'，显然也就是完全不可能的。这就说明福尔逊的证词是捏造的、虚假的，根本不可能作为判案的依据。"

听了林肯的辩护词，大家先是一阵沉默，紧接着便都明白了。掌声和欢呼声一起迸发出来。福尔逊顿时傻了眼，小阿姆斯特朗被宣告无罪。林肯一举成为全国有名的人物。

一件即将定罪的谋杀案，忽然乾坤倒转。这一改变，不仅维护了法律的尊严，同时又保护了公民的合法权益。而这一切，全依仗林肯睿智而精彩的辩护。

诉讼的关键环节在庭审，庭审的核心在辩论。要想赢得官司，必须有一场精彩的演说。一篇好的辩护词或代理词对于打动法官，争取主动，使法庭作出有利于己方的裁判具有特别重大的意义。法庭演说词是一种实用性很强并具有雄辩性的文章，其中有许多值得注意的写作和辩论方面的技巧。

一、辩护词的概念和基本格式

（一）辩护词的基本概念

辩护词是被告人及其辩护人在诉讼过程中根据事实和法律提出有利于被告人的材料和意见，部分或全部地对控诉的内容进行申述和辩解，反驳控诉，证明被告人无罪、罪轻或者应当减轻甚至免除刑事责任的法庭演说词。

辩护人依法参加诉讼活动,行使辩护权,能使人民法院客观地、全面地了解案情,查明案情真相,分清是非曲直,正确定罪量刑,使案件得到正确、合理的处理,从而维护法律的尊严,保护被告人的合法权益。

(二) 辩护词的基本格式

辩护词没有统一规定的内容和格式,但在大量辩护实践中,已大体形成了一种相对固定的形式,一般由序言、辩护理由和结尾三部分组成。

1. 序言

(1) 标题。写明案件性质和文书名称,如"关于×××(姓名)××案辩护词"。

(2) 称谓。顶格写"审判长、人民陪审员"或"审判长、审判员"。

(3) 引言。包括三点内容:一是说明辩护人行使辩护权的合法性;二是简要说明辩护人在开庭前所做的工作;三是简要说明辩护人对本案的基本看法。例如,"我接受被告人×××的委托,出庭为他辩护。我查阅了有关案卷材料,会见了被告人,调查访问了××公司保卫干部×××,刚才又听了法庭调查,我认为被告人×××不构成盗窃罪。现发表以下辩护意见。"

2. 辩护理由

辩护理由是辩护词的核心内容,通常从以下几方面展开辩论:

(1) 针对起诉书认定的犯罪事实进行辩护。第一,犯罪事实虽然存在,但并非起诉书指控的性质,如把轻罪定重罪;第二,犯罪事实部分失实,如将犯罪集团的从犯指控为主犯;第三,犯罪事实全部失实,如将通奸定为强奸;第四,犯罪事实不清,证据不足或无证据,如流氓团伙斗殴,究竟谁刺伤谁,无法认定;第五,事实清楚,证据确凿,可针对被告人有无从轻处罚的情节和条件进行辩护。

(2) 针对起诉书引用法律条文是否恰当进行辩护。这主要涉及罪名的确定是否恰当及量刑轻重的问题。

3. 尾部

尾部包括结束语、署名、时间。

结束语一般包括两点内容。一是辩护人对自己发言进行归纳总结,提出结论性的意见,使法庭成员明了辩护词的基本观点;二是对被告人如何定罪量刑,适用什么法律条款,向法庭提出看法、要求和建议。

结束语完结后,在正文右下方署名并注明时间。

(三) 辩护词的写作技巧

一篇好的辩护词,应该有一个通盘的考虑,也就是说要有一个论辩的思路。常见的论辩思路有两种。一是欲进先退,后发制人。这种方法常用在作"有罪辩护"中。即先退一步,承认被告人有罪,然后逐步申述有利于被告人的种种客观事实和从轻的理由,使人不得不承认其确有从轻的情节和依据,达到辩护的目的。二是针锋相对,据理驳辩。即针对对方诉状中在事实认定上或适用法律上的错误,针锋相对地据理据法予以驳辩。

辩护词的写作要求:

第一,认真调查了解案情,确立辩护论点。

第二,抓住案件关键,确定辩护思路。

第三,提出的辩护理由具体确切,力避空洞无物。
第四,运用反驳和证明相结合的方法,增强辩护力。
第五,严格遵守我国法律规定,准确援引法律条文。

【例文参考】

刘立走私香烟案辩护词

案情简介:

1995年7月,一只走私船进入我国北方某港口,船上载有走私香烟价值300余万元,后被警方截获。被告人刘立,以走私罪共犯被起诉,名列六被告中的第二位。经法庭公开审理、律师力辩,法庭接受律师的辩护意见,判决被告刘立无罪。

辩 护 词

审判长、审判员:

我受被告人刘立的委托,受北京××律师事务所的指派,担任本案一审辩护人。

开庭前,我会见了被告,查阅民卷宗,并进行了必要的调查。现根据事实与法律,提出如下辩护意见。

我认为,被告人刘立的行为不构成犯罪。具体理由如下:

一、被告人刘立走私的故意谋利之目的

根据我国刑法的规定,走私罪是以营利为目的的故意犯罪,过失不构成走私罪。被告人刘立作为宏达公司联络员,其单位领导明确指示他不做香烟生意,公司营业执照也未表明可以经营香烟,他本人从未擅自决定做过香烟生意。在这次走私香烟中,被告人刘立事先未入股,事后未投资;事先未约定分利,事后也未得利。对上述各点,在案件整个侦查过程中,被告人刘立的口供始终是一致的,并得到了同案人及其公司领导的证实。

二、被告刘立的行为不属于刑法意义上的走私行为

起诉书认定,"张×(本案首犯)与李×(同案犯)、刘立等人寻找引航船,联系运输工具和存放地点,做好了接船准备。1994年2月28日,张×、郭××(同案犯)指派陈×(同案犯)、刘立等人乘张××(同案犯)驾驶的2048号渔船出海,于3月1日晚将洪都拉斯籍货轮引入××港三千吨码头"。起诉书还认定,"3月3日上午,在车辆运烟过程中,张×、林×(同案犯)、刘立将装有641箱香烟(价值58万元)的两辆运烟车带到张×事先租赁的××厂仓库内"。

我认为,根据上述事实认定被告人刘立实施了走私行为,既不准确,也不具有刑法上的意义。

第一,在张×寻找引航船,联系运输工具、存放地点过程中,被告人刘立所起的作用是驾驶汽车,而不是同谋者。案内有关人的供述均证实了这一点。从客观情况来分析,刘立个人和宏达公司没有从走私香烟中获得利益,被告人刘立又不认识引航船船主和仓库负责人,在寻找引航船与仓库过程中,被告人从未与船主及仓库负责人见过面,更未参与发表过任何意见,他仅仅是个司机。

第二，在引航过程中，被告人刘立根本没有引航的任务，也未起到引航的作用。刘立不识水性，也不懂引航业务，同行者朱××证明被告人刘立是睡着觉出海并回到岸上的(详见朱××证言)。可见，被告人刘立出海不可能是为了引航。

第三，被告人刘立没有逃避监管的行为。张×供认，他曾对刘立说过"这条船备案了"，被告人刘立也看到了洪都拉斯这艘船的船员的护照在××市有关部门盖的章，被告人刘立无从判断这些行为的违法性。刘立既没有走私谋利的意图，也没有违法性的认识，因此，无论在走私活动之前，还是在走私活动过程中，还是在走私活动之后，均未与张×等人形成共同故意(间接故意不构成走私罪)。

基于上述情况，我们认为，被告人刘立对其所参与的几个行为，只有在他明知是走私行为而帮助其实施的情况下，才能承担刑事责任，否则便动摇了主、客观相统一的刑事责任基础。而被告人刘立所参与的几个行为，恰恰没有这样的明知，因此，他不应承担刑事责任。

综上所述，我们的结论是：被告刘立的行为不构成犯罪，应当释放。

请法庭考虑我们的意见。

辩护人：北京市××律师事务所律师裴××
××××年××月××日

二、代理词的概念和基本格式

（一）代理词的概念

代理词是民事、行政案件当事人，刑事案件的被害人以及刑事附带民事案件的原告、被告所委托的诉讼代理人，在法庭审理阶段为维护被代理人的合法权益所发表的指控、答辩的演说词。

在审判的辩论阶段，诉讼代理人中肯地阐述诉讼理由，恰当地分析案情，有助于法院客观地、全面地了解案情，对案件作出公正的处理，使当事人的民事合法权益得到保护。

（二）代理词的基本格式

代理词的写法与辩护词的写法大体相似，由序言、申明控告被告或答辩原告的理由、结尾三部分组成。

1. 序言

（1）标题。一般写成"关于×××案件的代理词"。

（2）称谓。与辩护词相同。

（3）引言。首先申明代理出庭的合法性，然后阐述出庭前的准备工作，最后写庭审调查和对本案的基本看法。

2. 申明控告被告或答辩原告的理由

代理人根据事实和法律，实事求是地分析论证，客观公正地维护被代理人的合法权益。

3. 结尾

依次写明两方面内容。

（1）代理词的结论。就案件的处理，向法庭提出具体要求与建议。

（2）署名与日期。

（三）几种常见的民事案件代理词的内容

1. 关于赡养案件

先说明被代理一方与对方之间是否存在扶养或赡养的关系。接着写双方之间争执的事实和各自的理由。然后，依照有关民事法规，对代理一方提出要求赡养的理由进行论证，或答辩不能给付赡养费的理由。

2. 关于离婚案件

先讲清双方的婚姻基础，写明相识时间长短、了解程度深浅、是否家庭包办等。接着，阐明婚后感情变化发展情况、感情是否破裂及原因、责任在谁、分居情况如何等。然后，以婚姻法为依据，提出离婚或不同意离婚的理由和要求。

3. 关于继承案件

先交代被代理一方与被继承人之间的关系，说明是否属于合法继承人。接着，说明继承的标的等情况。然后，以继承法为依据，写明争执的事实和被代理一方以及对方的主张和理由，提出被代理一方的具体要求，反驳对方的理由和要求。

【例文参考】

案情简介：

　　原告：马××，A市医院护士。

　　被告：A市卫生局。

　　案由：不服卫生行政处罚决定。

　　事实：

1993年12月，田桂丽患感冒，经医生诊断需要注射青霉素。田桂丽到注射室时，恰逢原告马××值班。马××由于急着去托儿所接孩子，考虑田桂丽过去多次来注射青霉素都未见异常，故没有给田桂丽做皮下试验，即给田桂丽注射了一针青霉素。一刻钟后，田桂丽面呈紫绀、胸口发闷，半小时后死亡。经市卫生医疗事故技术鉴定委员会鉴定后认为，原告的行为属于医疗事故，原告对此无异议。被告根据《医疗事故处理办法》第22条的规定，对原告作出行政处理。

　　（1）原告给予死者家属经济补偿费8000元。

　　（2）吊销原告马××的行医资格。《医疗事故处理办法》第22条规定，个体开业的医务人员所造成的医疗事故，由当地卫生行政部门根据事故等级、情节、本人态度，除令其给病员或其家属一次性经济补偿外，还可以处一年以内的停止或者吊销开业执照。原告不服诉到法院。

代 理 词

审判长、审判员：

　　根据《行政诉讼法》第29条的规定，我受××律师事务所的委派，担任原告的诉讼代理人。在审理之前我认真地查阅了本案的卷宗材料，并进行了必要的调查，现结合本案事实，根据有关法律、法规发表如下意见：

　　（1）被告适用法律是错误的。根据《医疗事故处理办法》第22条的规定，个体开业的医务人员所造成的医疗事故，由当地卫生行政部门根据事故等级、情节、本人态度,令其给病员或其家属一次性经济补偿。医疗事故的补偿费,由医疗单位支付给病员或家属。从以上规定可以看出,给予病员或家属经济补偿费的主体一是个体开业的医务人员,一是医疗单位。原告是 A 市医院的护士,而不是个体开业的医疗人员,原告是以 A 市医院的名义从事医务活动的,原告出现医疗事故应由其所属单位予以死者家属经济补偿。被告作出的由原告支付经济补偿费的处理是没有法律依据的。被告适用《医疗事故处理办法》第 22 条规定是错误的,应适用该办法第 18 条的规定。

(2)被告作出吊销原告行医资格的行政处罚决定没有法律根据。根据《医疗事故处理办法》第 20 条的规定,对造成医疗事故的直接责任人员,医疗单位应根据其事故等级、情节轻重、本人态度和一贯表现,分别给予行政处分,从这可以看出,医疗单位因其工作人员对外造成医疗事故后,对该直接责任人员,应按照行政隶属关系给其相应的行政处分,而不存在吊销行医资格处罚问题。

(3)据《行政诉讼法》第 54 条第 2 项的规定,我认为被告适用法律、法规是错误的,特此请求法庭依法判决撤销对被告作出的行政处罚决定。

以上意见,供合议庭参考。

××律师事务所律师:×××

××××年××月××日

【简析】
这则案件代理词格式规范,条理清楚。论点明确,引用法律条文具体恰当。

(四)代理词的写作技巧

1. 代理词写作的主要论证方法

(1)据实论证。这就是通常所说的"摆事实,讲道理"的方法,这种方法容易起到折服对方的作用。

(2)据法论证。事实是案件的基础,但法律是衡量是非的准绳,特别是比较复杂的纠纷,若不用法律加以衡量和分析论证,便不易辨清其具体的是非界限和双方的法律责任。

(3)据情说理。一般来说,法律与情理有相一致的地方,在情理上的申说,可以取得更好的论辩说理的效果。

2. 代理词写作注意事项

(1)实事求是,客观公正地摆事实,讲道理。

(2)有理有据,不超越权限,注意分寸,以免引起被动。

(3)论点要明确,论据要可靠。

(4)引用法律条文要具体、全面、恰当。

(5)要适时根据庭审的进行作适当的调整,抓住对方的观点进行辩驳,不要你说你的,我说我的。

第四节 申请文书

在诉讼过程中,当事人不仅要善于运用好各种诉状类文书与法庭辩论类文书,而且也应适时、恰当地运用好申请类法律文书以达到更有效地保护自己的合法权益的目的。申请类法律文书种类繁多,本节将以财产保全申请书、强制执行申请书、民事再审申请书为例作简要介绍。

一、财产保全申请书的基本概念和基本格式

（一）财产保全申请书的基本概念和分类

财产保全申请书是指当事人为了保证将来发生法律效力的判决能够得到全部执行,在人民法院审理给付之诉判决之前,申请人民法院对当事人的财产或争执标的物采取查封、扣押、冻结或者法律规定的其他方法的措施的法律文书。它包括诉前财产保全申请书与诉中财产保全申请书。

（二）财产保全申请书的基本格式

1. 首部

（1）标题。居中写明"财产保全申请书"。

（2）申请人、被申请人的基本情况。应分别写明申请人、被申请人的姓名、性别、出生年月、民族、职业、工作单位和职务、住址等;申请人、被申请人是法人或其他组织的,应写明名称,所在地址,法定代表人(或主要负责人)的姓名、职务。

（3）请求事项。写明要求保全的财物情况,包括申请人与被申请人的关系,申请人和被申请人要求被保全财物的关系及财物名称、数量、质量、形状、花色、品种、价格、所在地点及现状,等等。

（4）保全数额。必须写明要求保全财产的总金额,如无法计算精确,也可以写成"或以相应价值的财产"。这一点尤为重要。

2. 正文

（1）申请的事实和理由。主要写明采取保全措施的重要性、紧迫性及在判决执行中的意义。

（2）证据。写明能够证明申请请求的证据名称、件数和证据来源,有证人的,应写明证人的姓名和住址。如果证据不在申请人手里,应向人民法院提供证据线索。

3. 尾部

（1）致送人民法院的名称。一般为财产所在地的基层人民法院。

（2）申请人签名或盖章。如果是委托律师为申请人代写申请书,可在申请书的最后写上代书律师的姓名及代书律师事务所名称。

（3）申请时间。

4. 附项

除附上有关证据外,还应附上担保材料。

【例文参考】

诉讼财产保全申请书

申请人:中国××建筑工程局第×公司
地址:北京市××区×××大街61号
法定代表人:赵×× 职务:总经理
被申请人:北京××房地产开发有限公司
地址:北京市××区××路72号
法定代表人:朱×× 职务:董事长

申请人与被申请人之间因建筑工程施工合同纠纷,于2003年7月12日向你院提起诉讼。由于被申请人有转移财产的可能,特申请采取保全强制措施。

请求事项:

1. 立即查封被申请人银行账号,冻结账户上的存款(被申请人开户行:中国工商银行×××分理处;账号:××—××××××)。

2. 如果以上账户存款不足,请求扣押被申请人财产"奔驰"轿车1部(1998年款560型;车牌号:京A×××××)。

事实与理由:

2002年1月27日,申请人与被申请人之间订立建筑工程施工合同,约定申请人承建被申请人发包的住宅楼1栋,工期1年,工程总造价560万元人民币,被申请人分3次将工程款付给申请人。合同订立后,申请人依约按质按期施工,该住宅楼已于2003年4月投入使用。然而,被申请人却以款项紧缺为由,曾分六次给付工程款482万元,但至今仍欠申请人78万元工程款没有付清,为此,申请人向人民法院提起诉讼,请求依法判决被申请人立即给付拖欠的工程款,并赔偿因其欠款给申请人造成的经济损失。

以上事实,有申请人向人民法院提交的建筑工程施工合同、双方款项往来票据等证据材料为证。

为确保申请人诉讼请求真实,并承担因申请财产保全措施不当给被申请人造成的经济损失,中国××建筑工程局同时向你院提出财产保全担保书,为申请人提供担保。

此致
北京市××区人民法院

申请人:中国××建筑工程局第×公司
二〇〇三年七月二十一日

附件:(略)

【简析】

这份财产保全申请书基本符合要求,其行文中有两个特点值得借鉴:首先,请求事项部分写了两项,一为首选申请事项,二为后备申请事项,这样可以使财产保全的实施有所保证。其次,有关证据材料,虽已在起诉时提交法院,但这里又重申了有关种类,显得简洁具体,增强了行文效果。这份申请书最大的缺陷是未能阐明采取财产保全措施的必要性。

二、强制执行申请书的基本概念和基本格式

（一）强制执行申请书的基本概念和分类

强制执行申请书是指享有权利的当事人根据人民法院作出的已发生法律效力的民事判决、裁定、调解书，或根据仲裁机关已经发生法律效力的裁决书，或根据公证机关依法赋予强制执行效力的债权文书以及行政机关作出的决定书，在对方当事人不履行或拒绝履行义务时，向人民法院提出强制执行的书面请求。

（二）强制执行申请书的基本格式

1．首部

（1）标题。居中写明"强制执行申请书"。

（2）申请人、被申请人的基本情况。应分别写明申请人、被申请人的姓名、性别、出生年月、民族、职业、工作单位和职务、住址等；申请人、被申请人是法人或其他组织的，应写明名称、所在地址、法定代表人（或主要负责人）的姓名、职务。

（3）请求事项。写明请求强制执行的理由。主要包括人民法院判决或裁定的案卷号和判决或裁定的结果，以及被申请人未执行或未全部执行判决或裁定的事实，提出强制执行的请求。

2．正文

（1）申请的事实和理由。主要写明被申请人不执行判决或裁定的事实，说明采取强制措施的重要性、紧迫性及执行的意义。

（2）证据。写明能够证明申请请求的法律依据和判决文书。

3．尾部

（1）致送人民法院的名称。一般为原审人民法院。

（2）申请人签名或盖章。如果是委托律师为申请人代写申请书，可在申请书的最后写上代书律师的姓名及代书律师事务所名称。

（3）申请时间。

【例文参考】

强制执行申请书

申请人：郑××，男，48岁，×族，××省××市人，××厂工人，住××市××街××号

被申请人：李××，男，45岁，×族，××省××市人，××厂工人，住××市××路××号

请求事项：

申请人与被申请人借贷合同纠纷一案，经××市××区人民法院（2005）×法民字第×号判决书，判决被申请人于2005年8月10日前偿还申请人借款15万元。但被申请人至今拒不执行判决。特申请你院依法予以强制执行。

事实与理由：

2004年3月5日，被申请人向申请人借款15万元，书面承诺1年后还款。但2005年3月5日，申请人向其催要，申请人概不承认。

2005年7月,申请人诉至你院,经审理作出上述判决,但时至今日,被申请人仍无故不执行判决。

为维护申请人合法权益,现根据《中华人民共和国民事诉讼法》的规定,特提出上列请求,请予以支持。

此致
××市××区人民法院

申请人:郑××
二〇〇五年十月五日

附:判决书

【简析】

这份强制执行申请书格式规范,内容要素完整。

三、民事再审申请书的基本概念和基本格式

我国台湾同胞季×中自1980年以来多次回乡探望大陆的儿子季×球,每次都要带来一些钱物,同时还多次以汇款或托人带款的方式给季×球大量美金。季×球也从农村发展到城市,并于1994年在×市一黄金地段购置一栋房产,经营旅店与餐饮业。后父子关系出现裂痕,并最终走上法庭。季×中起诉儿子季×球侵占其财产,请求法院判决季×球归还人民币70万元。一审法院判决季×球归还人民币56万元,季×球不服提起上诉,二审法院作出了维持原判的判决。季×球无论如何想不通:你给我的钱怎么能又要回去呢?我拿你的钱,怎么又成了"侵占"呢?此种情形下,要想人民法院改变终审判决,只有及时提出再审申请或申请人民检察院抗诉。

(一)民事再审申请书的基本概念和分类

民事再审申请书是当事人对已经发生法律效力的判决、裁定,认为确有错误,依法向原审人民法院或上一级人民法院申请再审时所制作的文书。

当事人申请再审,需要符合以下法定情形:

第一,有新的证据足以推翻原判决、裁定。

第二,原判决、裁定认定的事实的主要证据不足。

第三,原判决、裁定适用法律确有错误。

第四,人民法院违反法定程序,可能影响案件正确判决、裁定。

第五,审判人中在审理该案时有贪污受贿、徇私舞弊、枉法裁判行为。

具备上述法定情形之一,当事人便可以提出再审申请。

(二)民事再审申请书的基本格式

1. 首部

(1)标题。居中写明"民事再审申请书"。

(2)申请人基本情况。申请人系公民的,应写明姓名、性别、出生年月、民族、职业、工作单位和职务、住址等;如果申请人是无诉讼行为能力的人,应写明其法定代理人的姓名、性别、职业或工作单位和职务、住址,及其与申请人的关系;申请人系法人或其他组织的,应写明名称、所在地址、法定代表人(或主要负责人)的姓名和职务。如果委托律师代理申请

再审,应写明律师姓名和律师所在的律师事务所名称。

2. 正文

(1) 请求事项。写明申请人要求人民法院撤销原判,进行再审改判。如请求部分改判,应当写明申请撤销原判决某一项或某几项,请求事项较多的,可以分项一一列出,并写明原审人民法院的名称和案件的编号。

(2) 事实与理由。阐明终审判决在事实认定、适用法律以及诉讼程序等方面存在的问题。

(3) 证据和证人。可写明证据的名称、来源、件数以及证人姓名和住址。

3. 尾部

(1) 致送人民法院的名称。

(2) 申请人签名或盖章。如果委托律师为申请人代写申请书,可在申请书的最后写上代书律师的姓名及代书律师所在的律师事务所名称。

(3) 申请时间。

4. 附项

原审已生效的判决书或裁定书抄件一份。

【例文参考】

民事再审申请书

申请人(一审被告、二审上诉人):中国建筑××局第×建筑安装公司

法定代表人:王×× 职务:经理

申请人不服××市中级人民法院(2004)×中民一终字××号民事判决,现依法申请再审。

申请事项:

请求人民法院依法撤销二审判决,以维护当事人的合法权益。

事实与理由:

申请人与被申请人就房地产联合开发事宜于2001年4月25日至2002年7月31日先后达成六份协议。因在履行过程中发生纠纷,被申请人于2002年9月起诉至鼓楼区人民法院,一审法院作出了"撤销原被告2002年7月30日所签的两份协议,由被告赔偿原告经济损失1217486元"的判决。申请人不服该判决上诉至××市中级人民法院,二审法院经审理于2004年5月25日作出终审判决:一方面撤销了一审法院的上述判决,另一方面又改判申请人双倍返还定金243479.2万元。申请人认为该判决认定事实严重错误,且违反法定程序,若不依法撤销该判决,结果将不只是给申请人造成巨大的经济损失,更危险的是正义与秩序的丧失。这将是司法的悲哀,更是法治的悲哀。

一、终审判决认定事实不清,证据不足,颠倒是非。

首先,二审法院认定,申请人与被申请人于2001年7月18日签订的《联合开发协议》不因双方于当日发表的《郑重声明》及2002年7月30日签订的协议而失去法律效力。但事实上,2001年7月18日的协议在双方的权利义务方面有多项未作明确约定,包括乙方的资金要求,项目竣工日期等。正因为双方存在诸多达

不成一致之处,双方才于同日发表了一份《郑重声明》,称:"因协议部分条款上有争议,双方未能达成一致……有待今后另行协商。故此协议只能作为一种意向性协议,但协议本身可作为双方今后签订二期开发协议的参考文件。"根据《合同法》的基本原理,合同是双方合意的结果。既然双方无法就各自的权利义务达成一致,自然就没有成立合同,当然也就无所谓有效无效。然而,二审法院却不顾此一基本事实,强行赋予上述"参考文件"以合同上的法律效力,个中原因令人深思。

另一方面,2002年7月30日,双方又签订了一份协议,约定:"双方于2001年7月18日签订的'二期开发协议'没有生效,也没有实行履行,甲方不存在违约行为,甲方所收受的合法定金作为甲、乙双方履行上述两个协议(指第一期开发协议,引者注)时,甲方应得的295万元效益中的一部分,乙方所联系的设计、规划、施工队伍等所造成的一切损失均由乙方承担。"尽管该条款的表述存有某种不妥,却是双方真实意思的表示,是双方合意的结果,而二审法院却断章取义地认定,此条款只是双方的"主观看法和评价,并未明确对实际发生的履行行为进行处理"。这应该是对客观事实的又一次背叛。

其次,关于定金……

第三,关于所涉土地的面积……

二、终审判决严重违反法定程序,导致裁判不公。

一审中,被申请人向人民法院请求双方所签协议"该变更的予以变更,该撤销的予以撤销"。申请人以不符合起诉的条件及超过诉讼时效为由进行抗辩。但一审法院枉法裁判,否定了申请人的主张,作出了"撤销原被告2002年7月30日、31日所签的两份协议,由被告赔偿原告经济损失1217486元"的判决。申请人不服提起上诉,但不知何故,二审法院一方面认定申请人的"上诉理由成立"、"原审法院将该两份协议予以撤销显然错误",并据此撤销了一审法院的判决,另一方面却又判决申请人双倍返还定金。根据"不告不理"的基本原则以及《民事诉讼法》第151条中"第二审人民法院应当对上诉请求的有关事实和适用法律进行审查"和《最高人民法院关于民事经济审判方式改革问题的若干规定》第35条中"第二审案件的审理应当围绕当事人上诉请求的范围进行,当事人没有提出请求的,不予审查。但判决违反法律禁止性规定,侵害社会公共利益和他人利益的除外"的规定,二审法院不应对是否该双倍返还所谓"定金"进行审查。因为申请人的上诉请求中并不涉及此方面内容,一审判决也并没有"违反法律的禁止性规定,侵害社会公共利益或他人利益"的情形,同时被申请人也未就此提起上诉。所以,二审判决的违法性是一目了然的。

基于以上事实和理由,申请人特申请人民法院依法再审,以纠正错误的判决,维护司法的公正与法律的尊严,挽回申请人不应蒙受的损失。

此致

××市中级人民法院

申请人:中国建筑××工程××公司
二〇〇四年六月十一日

【简析】

这份民事再审申请书写得比较成功,表现在:第一,正文的开头部分能简要概括一、二审的基本情况及判决结论,并指出终审判决存在的错误及其危害,起到了提纲挈领的作用。第二,正文的主体部分能针对终审判决的错误分别进行阐述,层层推进,层次分明,既阐述了事实,又阐明了法理,事、理贯通,浑然一体,让人一目了然,能让法官看后产生非审不可的效果。第三,整份申请书文字精练,语气适中,既据理力争,又避免言辞过激。

(三)民事再审申请书的写作技巧

第一,要简要概括诉讼双方及原审的基本情况,并指明终审判决的错误所在,如事实认定错误、适用法律错误、程序违法、办案法官枉法裁判等。

第二,文字要简洁,做到说理透彻而不啰唆;语气要适中,做到有力而不过激,有气势而不咄咄逼人。

第三,摆事实讲道理要紧密结合,并能恰当引用法律条文,做到每一个观点都既有事实根据,又有理论依据。

第五节　授权委托书

一、授权委托书的概念

授权委托书通常是指委托代理人取得代理资格,为被代理人进行某项重要事情的契约性的证明文书。内容主要包括委托事项和代理权限。授权委托书可以使当事人在有其他事情脱不开身,或者由于种种原因而不能亲自处理时,委托可信的代理人及时、安全、妥善地处理某项事情,将个人的某些权力委派于他人身上,使某项事情在时效内得以解决。

授权委托书具有四个特点:

(1) 委托性。委托人委托办理事务的具体内容,受托人的权限范围,履行的期限、地点、方式、报酬等,都要求在授权委托书中写清楚,无歧义。

(2) 法律依据性。正文开头写明授权委托的法律依据,如"根据法律规定,委托人××自愿委托××,并经其同意为受委托人"。

(3) 委托可信性。委托人和被委托人相互信任十分重要,在受理委托的事务中,被委托人相当于自己亲身操作办理,因此,权力移交时,必须在委托书中对被委托人的情况介绍清楚。

(4) 补偿性。在委托因故终止(如委托人死亡、破产等)时,被委托人得到相应的赔偿。

二、授权委托书的种类

根据委托对象,可以分为个人授权委托书、单位授权委托书和法人授权委托书。

根据委托事项,可以分为诉讼委托书、物业委托书、销售委托书和运输委托书等。

三、授权委托书的写作

1. 标题

一般写上文种名称,如"授权委托书"。

2. 正文

正文包括文首和主体两部分。文首部分写明委托人和受托人的基本情况,包括姓名(或名称)、国籍、住址(或营业地址)。主体部分必须写明委托事项和委托权限。

3. 结尾

结尾部分一般是委托人及受托人的签名和印章,并写上委托书订立的时间。

【例文参考】

委 托 书

委托人:×××,工作单位:×××××,职务:××

受委托人:××,工作单位:×××××,职务:××

现委托上列受委托人在我与×××与×××纠纷一案中,作为我的诉讼代理人。代理人×××的代理权限为代为提出、变更、放弃诉讼请求,代为提出反诉、上诉,代为和解,代签法律文书等特别授权。

委托人:×××(签章)
××××年××月××日

【简析】

标题直接写文种。文首写明委托人和受委托人的基本情况。正文写清委托事宜。委托书写作前一定要注意对委托人真实情况的了解,写作时对委托的权限要写得清楚,这样既便于被委托人操作,同时也避免日后其他纠纷。最后,具名、日期一定要写全。

思考与练习

一、问题诊断

(一)下面是一例案情和根据该案情所写的一份代理词,请根据所学知识来分析此份代理词存在的问题。(提示:从基本格式、写作要求、文字表达等方面入手)

案件:被告a、b、c,a是社会青年,b与c都是在校学生。他们因为没有钱去网吧玩游戏,所以三人合伙抢劫了一个背包的女人。在实施抢劫时,b是迫不得已而去的。a拿着水果刀抢到了包,但没有伤害到被抢劫者。抢劫实施后,被告三人逃跑,后因过于紧张而被抓住。

尊敬的审判长、审判员:依据《××诉讼法》第××之规定,我接受本案原告方的委托,作为原告××的委托代理人,出庭参加原告××诉被告××游戏厅抢劫一案的诉讼。出庭前我全面查阅了本案案卷材料,进行了必要的调查。今天又认真听取了法庭调查,对本案的事实有了全面的了解。本代理人认为,根据本案现已查明的事实和我国的法律精神和相关规定,原告的合法权益受到被告的侵害,致使原告蒙受巨大的经济损失,而被告在本案中的辩驳亦是缺乏事实和法律依据的。理由现阐述如下:

(略)

综上所述,原告要求被告赔偿损失,是有法律依据的,我方建议法庭判令被告立即偿还原告××元,充分采纳本代理人的代理意见,作出公正的裁决。

（二）以下是一份财产保全申请书，请指出其中存在的问题。

财产保全申请书

申请人：××市××有限公司

被申请人：蔡××

申请人因与被申请人借款纠纷一案已于 2003 年 9 月 20 日向贵院提起诉讼，因被申请人有转移财产的行为，故特向贵院申请查封被申请人的一栋房产，请予支持。

此致

××市中级人民法院

申请人：××有限公司

2003 年 10 月 10 日

二、情景模拟

（一）根据下列案情拟写一份代理词。

2009 年 4 月 21 日，原告程先生和陈女士前往被告哈佛婚纱摄影有限公司拍摄结婚照。一周后，两人前去看照片时，哈佛公司即提出欲留下一张照片作为样照，但遭婉拒。后来在取照时，哈佛公司再次提出欲制作样照，又一次被回绝。不久之后，陈女士从亲友处得知哈佛公司已将其结婚照样册放在营业柜台上展示。同年九月，陈女士与哈佛公司交涉未果，遂以哈佛公司侵犯其肖像权为由，向徐汇区人民法院提起诉讼，要求被告赔礼道歉，赔偿经济和精神损失。

（二）根据以下材料写一份财产保全申请书，不明确的内容以"××"表示。

2001 年 1 月，基建包工头赵××为支付民工工资而向刘××借款 2 万元，口头约定 3 个月内偿还。2001 年底，刘××多次催讨未果，遂于 2002 年 3 月 20 日将赵××告到法院。法院判决赵××偿还所欠借款。但赵××此时已身无分文，连自己的一栋房产也在诉讼开始时悄悄变卖，刘××赢了官司却得不到本该得到的 2 万元，除了摇头叹息，别无他法。

三、技能训练

某专业客户出国去了，国内相关业务委托某律师全权操办，请拟写一份相应的授权委托书。

第七章 新闻报道类文书

学习目标

- 了解新闻的含义,把握消息、通讯和新闻评论的特点。
- 参阅例文,模拟写作,能够写作结构完整的消息、通讯和新闻评论。

第一节 新闻报道类文书概述

一、新闻报道类文书的概念

新闻报道类文书指机关团体、企事业单位为配合一定时期的中心工作、任务或活动,通过报道、评论某个事物或介绍某些知识,对公众进行宣传、教育与引导,使公众不仅有所知、有所信,还有所行动的应用文体。新闻宣传有多种形式,主要包括新闻体裁中的消息、通讯、新闻评论等,此外还有启事、海报、解说词等形式。

新闻是对新近发生的、社会公众关心的、有社会意义的事实的报道,统称新闻报道。

新闻报道类文章通常是通过各种媒介(报纸、广播、电视、期刊等)向社会公开传播的。党政机关、社会团体、企事业单位经常运用新闻报道宣传政府的方针政策、法律法规,表彰先进典型,揭露不良现象,引导社会舆论。

二、新闻报道的特点

新闻报道类文书要求能够迅速及时地反映事实,具体特点如下:

1. 真实准确

新闻是对事实的报道,真实是新闻的生命。新闻失实则不成为新闻。

2. 新鲜及时

新闻是对新近发生的事实的报道,它为人们提供新情况、新事物、新经验、新人物、新问题。舍去一个"新"字,新闻就成为历史。

3. 简短精粹

新闻一般是简明扼要、短小精悍的。语言上简洁精练;结构上开门见山。叙述事实要概括准确,描述细节要典型精粹。

4. 让事实说话

新闻报道的手法是"让事实说话",也就是让活生生的、真实无误的事实来体现客观事理和作者的观点。这并不是说新闻中没有评论,只是就文体而言,"让事实说话"而不滥发评论是新闻的本质。

第二节 消　　息

一、消息的概念

消息是用概括叙述的方式、简明扼要的语言,迅速及时反映新近发生的有新闻价值和社会意义的事实的一种新闻体裁。

写作消息要设想并回答读者关心的问题,这些问题就构成了新闻的五要素,即 When(何时)、Where(何地)、Who(何人)、What(何事)、Why(何故)。新闻学上还补充了一个要素:How(如何)。在五个"W"和一个"H"中,最主要的是 What(何事)、Who(何人)。写作时要认真写好这几个方面的内容。

当弄清了"我要说些什么",接下来就是"怎么说这些内容",这就涉及如何安排消息的结构。消息的结构比较固定、简单,大多数消息的结构都是"倒金字塔"式的,即最重要的材料放在开头,次要的材料放在后面。消息的结构具体表现为标题、导语、主体、结尾依次排列,并在文中穿插背景材料。

二、消息的特点

消息是一种最讲实效的宣传形式,它一般具有内容新、事实准、报道快、篇幅短的特点。

1. 内容新

消息报道的是新鲜事、新人物、新动态、新风尚、新知识、新问题等,它要求尽可能报道最新出现的人、事、物。

2. 事实准

就是报道有根有据,确有其事。人物、地点、时间、数字、引语、细节都准确无误;作者对事实的分析,符合客观事物的本来面目。真实性是新闻的生命,是新闻学的根本原则。消息要写真人、写真事、说真话、讲真理,对党对人民负责。消息不是文学创作,不允许臆想虚构,不仅基本事实要真实,就连细节也要真实。

3. 报道快

消息是对稍纵即逝的客观现象的及时记录,最讲究反应快。如果迟写慢发,就会贬值或失去意义。

4. 篇幅短

就是用简洁、概括的文字,把事实要点表达出来。短是消息的鲜明特色,也是社会生活的需要。稿件短,读者才能了解更多的信息。

三、消息的分类

根据不同的标准,可以将消息分为不同的类型。从写作体裁上分,可分为动态消息、综合消息、经验消息、述评消息等;从反映对象上分,可分为人物消息、事件消息;从篇幅的长短上分,可分为长消息、短消息等。

一般较为通行的分法是以写作体裁来划分。

(一) 动态消息

这是消息中最常见的一种,指迅速及时、准确精练地报道国内外重大事件、新鲜事实(包括新人、新事、新气象、新成就)的一种新闻体裁。它一般都不长,表述直接而简洁。比如《我三十万大军胜利南渡长江》,全文只有190多个字,却报道了一则震惊世界的重大事件。

重大新闻和简讯都属于动态消息。

重大新闻一般都是国内外的重大事件,意义重大,影响深远,见报时占有显著位置。

简讯,又称短讯或简明新闻。由于它内容单一、文字简短,报刊发表时往往按其内容归类编排,前面冠以不同的栏头,如"国际短波"、"要闻简报"、"祖国各地"等。

(二) 综合消息

这是综合报道全局情况的一种消息。它常常将不同地方、不同单位的若干事实,围绕着同一个中心思想综合起来加以宣传报道。

综合消息由于报道面较宽、声势较大、概括性强,写作时要占有全面、充分、典型的材料,要有较强的组织材料、发现本质的能力,要善于围绕一个中心,将概括的叙述和具体的事例(即"面"和"点")很好地结合起来。

(三) 经验消息

经验消息也叫典型报道。这类报道是指反映一些部门、单位贯彻执行党和国家的路线、方针政策,反映在某一方面取得明显效果和成功经验的报道。这类报道的目的在于以一般带动全局,进一步推动党和国家的路线、方针和各项政策的贯彻与落实。如《共产主义因素就在我们身边,我们都是共产主义实践者!》就是一条经验消息,集中报道了天津××三厂开展"宣扬身边共产主义因素"的活动。

经验新闻在写作时要求交代情况、叙述做法、反映变化、总结经验,由事实中引出结论,从个别中阐明规律,因而具有普遍的指导意义。

(四) 述评消息

述评消息又叫新闻述评或记者述评,是一种评论性较强的消息。这类消息仍以叙事为基础,在叙事中进行评论,它要求有述有评,夹叙夹议,叙事概括扼要,评论"一针见血"。例如《中原我军占领南阳》,就是运用边述边评、夹叙夹议的方式,评述了我军占领南阳的重大意义。

写作述评消息,一定要以事实为基础,防止脱离事实空发议论。同时,议论要少而精,恰到好处,起到"画龙点睛"的作用。进行述评时要做到旗帜鲜明,说理深刻,分析透彻。

四、消息的写作

(一) 标题

标题是消息的眼睛,拟写得好,可以使新闻增色,吸引读者;拟写得差,一篇好消息也会被埋没。可见标题的确定十分重要。如《两位市长直接关怀　大港"油郎"喜结良缘》《地球三分钟净增五百人》《杭城新事见新风　拎书拜年书压岁》等就是令人过目难忘的好标题。

消息的标题必须简明、准确地概括消息内容,帮助读者理解报道的事实。消息的标题在形式上有别于其他文章的标题,具有自己的特色。这主要表现在消息采用多行标题的形式,具有较大容量。消息的标题除正题之外,还常常前有引题(眉题),后有副题(子题)。如:

上海法院重视适用死刑年龄界限(引题)
防止嫌犯假冒未成年人逃脱制裁(正题)
避免未成年人被"误判"死刑　必要时进行骨龄鉴定(副题)
(《中国青年报》2006年12月6日)

正题,又叫"主题",是整个标题的中心,是一则消息中最主要事实或思想内容的概括与说明。

引题,又叫"眉题"、"肩题",其作用是交代形势,说明背景,烘托气氛,引出主题。

副题,又叫"辅题"、"子题",一般是对正题的补充,用来提要式地标明消息的重要事实或事件结果,有时也用来说明主题的来源、依据。

需要说明的是,消息的标题具有多行的特点,但不是所有的消息都是多行标题,有些消息只有引题和正题,例如:

告别贵州山乡　奔赴津巴布韦(引题)
徐本禹成为援非志愿者(正题)
(《中国青年报》2006年12月6日)

有些消息只有正题和副题,例如:

美国发生一系列严重袭击事件(正题)
纽约世贸中心和华盛顿五角大楼遭客机撞击发生大爆炸(副题)

有些消息既没有引题,也没有副题,只有正题。简讯就是如此。例如:

飞人刘翔昨日抵达多哈

对消息标题的拟定,要认真对待,精心考虑。拟定标题的要求是准确、鲜明、生动、新鲜和简练。

准确是最基本的要求。准确,就是要求拟定的文章标题能够正确地反映所报道事实的本质或精神,恰如其分地揭示其中心思想。

鲜明,是指消息标题要体现鲜明的政治倾向性。要根据党和国家政策,根据人民群众的利益,明确地表示提倡什么,反对什么。

生动,是指所拟标题要尽可能活泼一些、形象一些。可以采用拟人、拟物、比喻等修辞手法,也可以选用富有表现力的成语、典故、民间口语等。

新鲜,是指用别具一格的语句把消息中新的内容、新的思想标出来,避免标题上的雷同化和一般化。

简练,是指标题的行数、字数不宜过多。标题过于冗长,会使人感到沉闷。

(二) 导语

导语是指一篇消息紧接电头(即"新华社某地某日电"或"本报讯")之后的第一段文字或第一句话。消息的导语要简明扼要地叙述消息中最主要、最新鲜的事实,要概括全文的基本内容,使读者率先获得一个大概印象,以引起读者的注意或兴趣。

写作导语的要求:一是抓住事情的核心;二是要能吸引读者看下去。

导语写作中的思维过程,通常是以写作者的自问自答开始的:

◆ 什么事情是已经发生的事件中最重要的?
◆ 什么人参加进去了?——谁干的或谁讲的?
◆ 是用直接性导语,还是用延缓性导语?
◆ 有没有什么吸引人的词汇或生动形象的短语要写进导语中?
◆ 主题是什么?什么样的主题最能有效地吸引读者?

以上五个问题中,第三个问题涉及导语的类型。那么,导语有哪些类型呢?

一类是直接性导语——直接写出事实的核心的导语。多是陈述性的,像速记一样地反映事实。

一类是延缓性导语——通常用来设置一种现场或创造某种气氛。多是解释性、说明性的。

导语的写法多种多样,常见的有以下几种:

(1) 叙述式。用概括叙述的方法,简明扼要地写出最新鲜、最主要的事实,给读者以开门见山的感觉。例如:

今天上午九时,随着中共中央政治局委员、国务院副总理吴仪启动金钥匙,第十届中国国际投资贸易洽谈会正式在厦门开幕。 (《中国青年报》2006年9月9日)

(2) 描写式。对消息中的主要事实或某一有意义的侧面作简要的形象描述,给读者以鲜明的印象。例如:

昨晚午夜前后,××市雷声隆隆,电光闪闪,倾盆大雨,下个不停。

(《今夜××市降特大暴雨》)

(3) 提问式。以提出问题开始,把消息里需要告诉读者的事件,要解决的问题或要介绍的经验,突出地摆在读者面前,以引起人们的关注和深思。例如:

你见过挂在屋里的空调有眼睛吗?在四川长虹电子集团有限公司的团委办公室,记者在翻看空调创意比赛的一本作品集时,被一个带眼睛的空调创意吸引住了。

(《长虹公司团委整合资源有声有色》,2006年9月17日《中国青年报》)

(4) 评论式。消息一开头就对事件发表评论,把对事件的评论或结论写在开头,一下子就揭示出事件的意义和目的。例如:

山西省环保局近日宣布:因孝义市环保局对辖区内环境保护工作监督管理不力,对违法建设项目没有及时制止和上报,暂停孝义市建设项目环境保护审批权,直到整改达到环保要求。这是山西省首次采取暂停环保项目审批的处罚措施,也是到目前为止山西省在环保方面采取的最严厉的手段。

(《山西暂停孝义市环保审批权》,《中国青年报》2006年9月9日)

(5) 引语式。引用精辟的语言,点明消息的中心或意义,给读者以启迪。例如:

"教青年人学,则国兴有望;晓青年人理,则国强有望;予青年人雅,则国富有望。《中国青年报》乃如此物,理而智,新而雅,陶冶青年一代,任重而道远。"这是兰州市第33中学张天微同学眼中的《中国青年报》。

(《兰州师生评点本报寄寓深情》,《中国青年报》2006年9月9日)

再如:

"虽然我的父亲不在了,但是想到母校的老师,我的心里还是暖暖的。"北京大学已故教授孟二冬的女儿孟菲,面对北京教育系统的教师代表,流下了激动的泪水。

(《北京教育系统学习总书记回信精神》,《中国青年报》2006年9月9日)

写作导语过程中易犯的毛病主要有两个:一是过繁,概括提炼不够,把消息中许多具体材料不分主次地全部塞到导语中去,这就失去了导语的意义;二是过简,过简则看不出主要的新鲜的事实,因此也就无法担负起导语的职责。

(三) 主体

这是消息的主干部分。它紧接导语之后,是对消息内容作具体叙述或说明的部分,也是发挥主题、表现主题的决定性部分。主体有双重作用:一是注释导语,使导语中的事实更加清楚详细;二是补充导语,使导语中没提及的其他有关消息主题的事实得到补述,以保证消息的完备性。

1. 主体的结构顺序

(1) 时间顺序。按事物的自然发展、时间先后安排结构,可以由远及近,也可以由近及远。

(2) 逻辑顺序。按事物的内在联系、问题的发展逻辑安排结构。逻辑关系有主次关系、因果关系、总分关系、并列关系、点面关系等。

(3) 时间顺序和逻辑顺序相结合的顺序。

2. 写作主体部分的具体要求

(1) 线索清楚、层次分明。主体部分要叙述的内容比较多,但不能因为内容多,就忽视了线索的条理和层次的安排。为避免结构混乱、层次不清的现象出现,写作者在动笔之前,必须有一个通盘考虑。

按照时间先后安排消息结构,可使层次清楚,能让读者对事件的全过程能有一个鲜明、完整的印象。

按照事物的内部联系来安排消息结构,有助于反映事物的内在规律,揭示事物的本质和意义,增强说服力。

(2) 以叙述为主,用事实说话。消息是事实的报道,事实是消息的基础。写作消息要选择典型的、有说服力的事实来表达主题。对事实的表述主要通过叙述的方式来实现。

(3) 通俗易懂、生动耐看。消息报道的对象是事实,而最能勾画事实的语言总是平实的、朴素的。因此"通俗易懂"就应是新闻语言的首要要求。但是,消息的主体部分包括的内容一般都比较多,而文字又不宜太长,写作者要用有限的文字表达丰富的内容,必须在语言上仔细斟酌,否则就会显得干瘪、呆板、乏味。

在写作消息主体时,一定要认真分析事物的矛盾及其特点,运用各种叙述方法,穿插适当的描写、抒情、议论,并且长句、短句相结合。力求写得通俗易懂、生动活泼、波澜起伏、引人入胜。

（四）背景材料

所谓消息的背景材料，是对新闻事实的一种补充、点染、解释、阐明。它是与新闻事实密切相关的历史情况、社会环境、政治局势、自然情况、人物简历、知识资料、基本数据等。

消息写作中，背景材料有重要作用。首先它对新闻事实具有烘托作用，使新闻事实更具体、更生动、更富有立体感。其次，它对深化主题有重要作用。再次，它对新闻事实作必要的阐释，使受众更加明白新闻事实的来龙去脉、前因后果。最后，它可以增加消息的知识性、趣味性，从而增强消息的可读性。

可以作为消息背景的有以下三类材料。

（1）对比性材料。所谓对比性材料就是对报道的事物进行前后、左右、正反、今昔等各方面的对比，用以突出所报道的内容的重要意义的材料。例如：

翻开近期的《西藏日报》，招商引资的喜讯扑面而来：拉萨雪顿节经贸洽谈活动签约56个项目，投资额31.7亿元；日喀则珠峰文化节引进15个项目，投资额2.3亿元；沪藏经贸恳谈会在沪成功举办，60余国内外著名企业对进藏投资兴趣浓厚……

时光倒退20年，当时西藏的招商引资显得"小儿科"：1984年，自治区政府以优惠政策招引内地工商户进藏，发展服务、商业、餐饮等产业，两年间个体工商户由不到1万户增加到4万户。

（《在过去简直不敢想象——喜看西藏新变化之三》，《中国青年报》2006年9月14日）

这段对比性材料突出了青藏铁路正式全线通车给西藏招商引资带来的巨大变化。

（2）说明性材料。所谓说明性材料是指那些介绍政治背景、地理环境、历史演变、思想状况、生产面貌、物质条件等用以说明事物产生的原因、条件和环境的材料。例如：

山西省是全国污染最严重的省份，大气环境质量位居全国倒数第一，地表水体五类水质位居全国倒数第二，固体废弃物排放量位居全国第一。9月4日，国家环保总局公布了2005年全国城市环境综合整治定量考核结果，在全国城市环境空气质量劣于国家三级标准的43个城市中，山西省有16个城市名列其中，占全国空气质量劣于国家三级标准城市的37%，再次成为全国城市空气质量超标城市最多的省份。

2005年，山西省11个重点城市环境空气质量均未达到国家二级标准，除太原、长治勉强达到三级标准外，另有9个城市劣于三级标准，即不具备人类长期生存的基本条件。

（《山西省暂停孝义市环保审批权》，《中国青年报》2006年9月9日）

这段材料交代了山西省的环境质量情况，说明了山西省暂停孝义市环保审批权的目的，警示其他污染严重的市县，希望其尽快扔掉山西头上的"黑帽子"。

（3）解释性材料。所谓解释性材料，是指对人物的出身、经历，产品的性能、特色以及专用术语、技术性知识作必要的介绍或解释的材料。例如：

中俄天然气管道"西线方案"，是指以俄罗斯西西伯利亚天然气产地为起点，穿越中俄西段边界地区，最终到达中国新疆维吾尔自治区的天然气输送方案。

（《俄积极推动中俄天然气管道"西线方案"》，《中国青年报》2006年9月20日）

这段材料对中俄天然气管道"西线方案"进行了解释，使读者明白了什么是"西线方案"。

（五）结尾

消息的结尾是消息的最后一句话或最后一段话。好的结尾，能加深读者对主要事实的

感受,让读者得到更多的启发和教育。结尾的写法也是多种多样的,常见的有:

(1) 小结式。对消息的内容加以小结,使读者更加明确报道这一内容的目的。例如:

尽管这些都是日本媒体的猜想,但一点可以肯定,那就是小泉今后几年内不太可能年复一年、装模作样地前去拜鬼了,即使去,也难以引起什么波澜了。

(《小泉下台后会干什么》,《中国青年报》2006年9月20日)

(2) 启发式。不把话说尽,而是留有余地,启发读者去回味、思考。例如:

但兰台的村民们却忧心忡忡,土地卖完了,耕地不让种,我们今后指望什么?

(《兰台村400亩耕地撂荒的背后》,《中国青年报》2006年9月20日)

(3) 号召式。在消息所报道的事实基础上,最后发出号召,唤起读者的响应和共鸣。例如:

我们一些在领导岗位上的同志,是不是可以向唐成学一点什么?

(《当官不为民做主,不如回家卖红薯》)

(4) 展望式。指明事件发展的趋势,激励读者,鼓舞读者。例如:

建设创新型国家的热潮给神州大地送来了又一个黄金发展期。江山代有才人出。站在新起点上的伟大的中华民族,必将在新的时代高度上实现新的跨越,必定在中国特色自主创新道路上继续焕发蓬勃的生机与活力,以更加豪迈的英姿和稳健的步伐谱写出历史发展的新篇章。

(《只争朝夕勇创新》,《中国青年报》2006年9月20日)

有些消息不写结尾,这是因为主体部分已经写清楚,无需再写结尾。

第三节 通 讯

一、通讯的概念

通讯是以叙述、描写为主要表达方式,将具有新闻价值的人物或事件及时、具体、生动地进行报道的新闻体裁。通讯和消息一样,是报刊、广播中经常使用的一种重要文体。

"通讯"一词本身就体现出信息的传递和交换的意思,它是人际之间联系交往的普遍手段之一。我国古代的书信、官府邸报、军情文书等属于广义通讯的范畴。以书面文字报道异地他国的事件、风物人情的通讯发生于近代,并逐渐为报刊所采用,成为一种固定的常用新闻文体。

在我国早期的报纸上,"新闻"指本地消息,"通讯"指外埠消息,以示区别。其实,通讯是消息的丰富和延伸,它满足了读者对新闻事件或人物更充分更详尽了解的需要,弥补了消息报道的不足,被人们誉为"报纸的明珠"。

二、通讯的特点

1. 真实性

在报道内容的真实性上,通讯和消息完全相同。虽然通讯力求生动形象,但绝不能为追求故事性而添枝加叶、移花接木,搞"合理密植"、"合理想象"等。

2. 时效性

消息和通讯都要迅速及时。同一素材的消息和通讯,有时先发消息,续发通讯,有时同时见报,因为各有所长,互为补充。但过迟的通讯,同样会丧失新闻的时效性,成为"明日黄花",吸引不了不起读者的兴趣。

3. 生动性

通讯不仅要用事实讲话,还要用形象讲话,要有活灵活现的人物活动,有生动的环境场景描写,有类似电影的特写画面,在叙述事件过程中,有波澜、有情节,讲究故事性、趣味性。

4. 评论性

通讯须运用夹叙夹议的方法对人或事作出直接的评论。消息是以事实说话,除述评消息外一般不允许写作者直接发表议论。通讯则要求在报道人物或事件的同时表露作者的情感与倾向。但通讯的评论不同于议论性文体的论证,它须时时紧扣人物或事件,依傍事实作适时的、恰到好处的评价点拨,画龙点睛,旁敲侧击,情理相融,使读者读来饶有兴味。通讯的评论贵在以情感人,理在情中。

三、通讯的种类

通讯的种类很多,根据通讯反映的具体内容来划分,大致可分为五类。

(一) 人物通讯

人物通讯着重报道一个或几个人物的言行和事迹。通过描述人物的事迹,揭示人物的精神世界。

(二) 事件通讯

事件通讯着重反映现实生活中发生的有意义的典型事件,完整地报道事情的来龙去脉、问题的发生和解决,深入挖掘其中的思想意义。通讯以赞颂新思想、新风貌为主,也揭示实际问题,以引起人们注意,促进解决。

(三) 风貌通讯

风貌通讯是反映一个地区、一个部门、单位的概况和发展变化的通讯。包括报道建设成就、自然风光、人情物况、风俗习惯等。它的主要形式有见闻、巡礼、纪行、掠影、散记、侧记等。

(四) 工作通讯

工作通讯着重报道在贯彻党和国家的方针政策的工作中所取得的成功经验,反映实际工作中一些具有普遍意义的问题。

(五) 人物专访

人物专访是对受众所关心的人或事件作专题采访的一种通讯报道。它与人物通讯一样,同样要写人,但人物通讯侧重写人的"行",而人物专访侧重记人的"言"。

四、通讯的写作

(一) 通讯的写作要求

1. 关于选材与提炼主题

占有材料就是通过扎实细致的采访广泛搜集第一手资料,然后从纷繁复杂的材料中选出典型材料。这些材料不仅要求真实,而且要有意义,要具有典型性、指导性,同时还要有意味,具有生动性、情节性。在此基础上根据"深"和"新"的原则提炼主题,力求呼应社会关注热点,反映时代风尚,宣传党和国家的路线方针,以正确的舆论引导人,以先进的人物激励人,以真实的事件震撼人。

2. 关于写人

事因人生,人以事现。人与事虽不可分,但在人物通讯与事件通讯中的确有以人为主和以事为主之别。

写人在文学创作中已积累丰富经验,在"非虚构"的原则下,通讯写作不妨借用其多种手段,并注意以下三个方面:一是形与神兼备,即不仅要写出人物的行为和事迹,更要展示其精神世界;二是言与行统一,人物语言、行为传达出人物的思想,写好了人物的言与行,无疑是写活了人;三是画龙必须点睛,如果说言行、事例、情节勾勒出人物的整体形象称为"龙",那么揭示人物行为意义,指出人物个性特点的评点便是"睛","画龙"用的是纪实的叙述、描写,"点睛"则是在此基础上的议论或抒情。

3. 关于叙事

通讯离不开写事,事件通讯更须完整地叙述事件的起因、人员、场面、结果等,以交代事件的复杂性和社会影响度。叙事要注意两点:

(1)理清主线、丰满细节。一个新闻事件的发生、发展过程中,有因有果,有人有事,头绪多而关系复杂。作者须理清主线,按事件原貌将其完整地、动态地、立体地展现给读者。而为实现这一目标,就须选择典型的细节。一篇优秀的事件通讯,必须有几个生动感人的细节来充分展示主线,使作品丰满而具现场感。

(2)时间为经,空间为纬。通讯须有一定的时空要领,因为事件总在一定的时间和空间中。组织好时空画面既是一个结构的问题,也是一个表达方法的问题。篇幅不长而情节不太复杂的事件通讯可多运用插叙、补叙、分叙等手段,充分展开矛盾和利用背景材料,使文章有变化起伏。容量大而情节复杂的事件通讯则常常运用时空交叉方式,以时间推进、空间变换等手段来切割事件,构成若干侧面,经过写作者精心的组合剪辑将事件完整利落地报告于世。

(二)通讯的结构

通讯分为标题、开头、主体、结尾四部分。

1. 标题

通讯标题的写作要求简洁、含蓄、生动、形象,富有艺术性、吸引力。

(1)具体形式。单行标题,如"大火无情人有情";正副标题,正虚副实,如"鱼水新篇——沂蒙山纪事""向着国旗敬礼——香港回归后天安门广场十万群众观升旗"。

(2)写法。直接揭示主题,如"为了六十一位阶级弟兄";提出问题,启发读者理解主题,如"她为什么犯罪?";形象地概括全文含义,如"一路春风";标出地点、人名,如"今日白帝城";感叹式,如"一百六十多个日日夜夜";富有鼓动性,如"奔向××××年";人物语言作标题,如"为了周总理的嘱托"。

2. 开头

(1)悬念式。在开头设置疑团、矛盾,造成悬念,而后追根溯源,一一道来,释消读者心头的悬念。这种结构形式顺应读者的心理需求,有引人入胜的效果。例如:

《"生死合同"背后:百名学生危房上课6年》

山西上社小学是一所农村学校。3月8日,校长赵智义为租用危房作为校舍,向房东签订"生死合同",约定师生如有安全事故,房东可不负责任。

（2）描写式。对主要事实或某一有意义的侧面作简洁朴素而又有特色的描写,以打造气氛。例如:

这里的太阳,凌晨四五点钟,便升了起来。

冰雪折射着金光,铺过沃野千里。远方的远方,还是冰雪。

抚远,位于黑龙江省最东端,也是中国的最东端,号称"东方第一城"。

距抚远县城东北11公里的黑龙江中,黑瞎子岛仍处于一片寂静中。

冰冻期的黑瞎子岛,一直很寂静——除了俄罗斯士兵庆祝圣诞节的鸣枪声。

这是一片沉寂了数十年的国土,但它即将回归。

再如:

《"天鹅"的爱情——记芭蕾舞演员朱美丽的高尚情操》

我见到朱美丽,是在芭蕾舞剧《天鹅湖》的舞台上。

绛绿色的帷幕徐徐拉开。台上出现了葱茏的密林,湖边耸立着一座阴森的古堡废墟。一群美丽的白天鹅,从碧波荡漾的湖面飘然而出。踏着柴可夫斯基那富有诗意的曲调,三个大天鹅舒展着柔美的双臂,轻盈起舞,领头的就是她——朱美丽。

（3）抒情式。以情动人,丰富联想。例如:

《十九点钟的太阳——记全国劳动模范、房修水电工徐虎》

在上海西北部的中山,甘泉街道居民区内,挂着3只不起眼的小木箱,无情风雨已在小箱上落下斑斑旧迹、道道裂痕,箱上的漆字模糊难辨,箱锁已被换了7次。10年寒暑,小木箱一天天陈旧,然而,寄托在他们身上的一个共产党员的人生观、世界观、价值观却日益放射出耀眼的光华,成为夜晚小巷内一道明亮的风景线。

这是3只"夜间水电义务报修箱"。10年过去了,主人痴心不改,这位普通的劳动者,用他那最平凡的劳动,实践着"为人民服务"这闪光的人生哲学,谱写出一曲20世纪90年代的雷锋之歌。

他,就是全国劳动模范,上海普陀区中山物业公司的一名普通的房修水电工徐虎。他坚持10年为居民群众夜间义务挂箱服务,被人们形象地喻为"十九点钟的太阳",用自己的赤诚之心温暖着千家万户。

（4）提问式。先揭露矛盾,鲜明地、尖锐地提出问题,再作简要的回答,引起读者的关注和思考。例如:

《井冈山市政府雇佣油漆工刷黑数百座墓碑》

这片墓地已静静地存在多年,而且办过有关手续,它招谁惹谁了？环顾四周,才发现这片坟山的近百个墓碑无一幸免——不管是大理石、花岗岩的,还是琉璃瓦、白瓷砖的,都被任意地、毫无章法地抹黑了。一道道黑漆好像泪水,凝固在墓碑上。

3. 主体

主体部分的结构类型主要有:

（1）纵式结构。按时间顺序、事物发展的顺序或作者对报道事物认识发展的顺序来安排结构。在这种结构里,时间发展的顺序、情节展开的顺序、作者认识事物的顺序成为行文的线索。在采用这种结构时,要详略得当,布局巧妙,富于变化,避免平铺直叙。

（2）横式结构（并列式结构）。横式结构就是用空间变换或按照事物的性质来安排结构。这种结构概括面广，要注意不同空间的变换，恰当地安排通讯所涉及的各方面问题。采用空间变换的方法组织结构时，要用地点的变化组织段落；按事物性质安排结构时，要围绕主题，并列地写出不同的几个侧面。

（3）纵横结合式结构。纵横结合式结构是以时间顺序为经，以空间变换为纬，以一系列情景、场面及特写镜头紧紧围绕一条主线展开。这种结构方式，往往用于写作反映事件较多、事件跨度较大、涉及的地点较广的通讯。《为了六十一个阶级弟兄》就是用这种形式结构文章的典范。

（4）其他结构。

第一，悬念式结构，在开头设置矛盾、疑团，造成悬念，而后追根溯源，一一道来，释消读者心头的悬念。这种结构形式适应读者的心理，有引人入胜的效果。这种结构方式实际上是纵式结构的变式。

第二，画面组接式结构，是把发生在不同地点的若干典型场面或同一问题的不同侧面的若干特写镜头组接在一起，表达同一主题的结构方式，类似电影的画面剪辑。这种结构方式实际上是按空间变换顺序安排层次的横式结构的变式。

第三，跳跃式结构，大致有两种情况：一种是截取人物活动过程中不同时期的几个典型生活片断，分先后间断地一一写出，将其间无关紧要的情节舍弃，中间也不写过渡性的文字，这属于跨度大、跳跃性很强的结构；另一种是双线交叉并进的跳跃式结构，即把新闻事件的发展线与新闻背景材料的展现线交叉安排，使结构呈现跳跃的形式，如1986年10月11日《体育报》上刊载的《汉城决战的最后四十秒——男子4×100米决赛画外音》。

4. 结尾

通讯的结尾，大体上有以下几种：

（1）画龙点睛，重言压阵。文章写到末尾，画龙点睛的议论往往能深化主题，独具韵味。

（2）提醒召唤，引起共鸣。在文章结尾处，就文中显示的内容从思想上、感情上提醒召唤一下，以引起读者共鸣。

（3）深入一步，扩大效果。故事叙述完毕，尚感言犹未尽，于是深入三两句，把读者的思考引向深入。

【例文参考】

"只有尊重老师，重视教育，国家才会兴旺发达"
——温总理到小学听课

秋高气爽，阳光灿烂。7日上午，第22个教师节前夕，中共中央政治局常委、国务院总理温家宝在中共中央政治局委员、北京市委书记刘淇，国务委员陈至立，教育部部长周济，北京市市长王岐山等陪同下来到北京市西城区黄城根小学，亲切看望师生，并和五年级学生一起上课。

8时30分，上课铃响了，在校长的引导下，身着便装的温家宝等人来到位于教学楼三层的五年级二班，在最后一排落座。

"今天我们继续学习第11课'新型玻璃'。"语文教师陈胜昔说，"请大家介绍一下,都有些什么样的玻璃。注意,要用'自述'的方式。"

"我是变色玻璃"、"我是吃音玻璃"、"我是吸热玻璃"……孩子们争先恐后,举手回答。

温家宝聚精会神,认真倾听,并不时在纸上写些什么。

"请大家说一下,喜欢课文里哪句话?"陈老师提问。

"我喜欢这一句。夹丝玻璃'非常坚硬,受到猛击仍安然无恙,即使被打碎了,碎片仍然藕断丝连地粘在一起,不会伤人'。"一位男同学回答。

"请大家读读这段,感受一下作者用词的精妙。"

伴随着整齐稚嫩的童音,温家宝打开课本,和孩子们一起朗读。

介绍查阅到的其他新型玻璃、述说梦想发明的新型玻璃……对孩子们的大胆想象和奇妙设想,温家宝报以会心的微笑;对老师的从容淡定和宽容鼓励,温家宝投以赞许的目光。

40分钟的课不知不觉间过去了。温家宝始终面带微笑,认真听课。

"老师,能不能请温爷爷说几句?"一个孩子大胆地问。

"老师讲得很好。同学们回答得也很好。"从头到尾听完一节课,使温家宝深有感触。他站起来说:"课本上讲了五种新型玻璃,你们不仅认真学了,而且还在思考、查资料,看世界上还有哪些新型玻璃。这些都很好。"

"但是还缺一条。"话锋一转,温家宝向学生发问,"除了查资料外,自己还看过什么新型玻璃没有?哪位同学能回答?"

一个男孩举起了右手。

"你看过什么玻璃?"温家宝笑着问。

"我见过水晶玻璃。"

"对。就是要这样。"温家宝亲切勉励孩子们,"我们一方面要查资料,一方面还要勇于实践。"

9时10分许,温家宝正准备离开,一位小同学勇敢地挤到桌前,请他写几句话。

略作思考,温家宝在一张白纸上,一笔一画地写下——博学之,审问之,慎思之,明辨之,笃行之。"学问、思辨、行动,就是这个意思。明白吗?"

"明白。"孩子们纷纷点头。

语文课结束,温家宝等人来到学校大会议室,与北京市部分中小学和职业学校校长、教师座谈。温家宝向参加座谈的教师,向全国的教师们致以节日的问候和崇高的敬意。

"我们刚刚听了一堂课。我想以这种特殊的方式向老师们表达敬意。"刚刚落座,温家宝开门见山,"我觉得,陈老师整堂课都讲得很好。她让孩子们讨论,让孩子们自己找资料、找答案。这就是启发式教学。她尊重每一个孩子,对孩子充满爱心,和学生交流,这就是教学相长。"

温家宝亲切地说:"这堂语文课也有值得改进的地方。比如,表达、用词、口语、习作的训练还可以加强一点。要告诉学生,一个事物,为什么这么表达?用你自己的话怎么表达?还有些词语的应用,可以讲得更宽一些,就像'藕断丝连'这个词,是一种形象的比喻,可以用在这里,也可以用在其他地方。陈老师,我说得对不对?"

"对。"陈胜昔点头。

座谈会上,教师和校长们踊跃发言,气氛热烈,他们向总理坦诚反映对今后教育改革和发展的建议。温家宝不时插话,和老师们进行交流。他说:"我最近一直在思考两个问题:一个是,素质教育绝不是不要考核,而是要求考核具有综合性、全面性和经常性。所谓综合性,就是要教学生既会动脑,又会动手;所谓全面性,就是要使学生德智体美全面发展;所谓经常性,就是要根据学生长期的学习表现决定成绩。第二个是,减轻学生负担绝不是对学生放松要求和撒手不管,而是给孩子们更多的时间接触世界,接触事物,接触生活,学习更多的知识,做更多的事,思考更多的问题,培养独立思维和创造能力。素质教育对学校、对教师、对学生的要求都更高了,而不是低了。"

温家宝说,没有高素质的教师,教学质量和教育水平很难提高。尊师重教,尊师在前。要为教师们创造更好的工作环境,进一步在全社会形成尊师重教的社会风尚。

座谈会一直开到 11 时许。会议结束时,温家宝意味深长地说:"只有尊重老师,重视教育,国家才会兴旺发达。"

(《温总理到小学听课》,《中国青年报》2006 年 9 月 9 日)

【简析】

这则通讯以纵向结构报道了温家宝总理在第 22 个教师节到来前夕的活动,以温总理的话作为结语,指出尊师重教的重要意义。言简意赅,影响深远。

五、通讯与消息的区别

(一) 时效性

1. 消息

迅速及时。例如:

中新网纽约 2007 年 4 月 16 日电(邓悦、刘小青) 弗吉尼亚理工大学校长和当地警方十六日下午五时左右在当地共同举办的新闻发布会上表示,一共有三十三人在该校的枪击事件中死亡,其中包括凶手本人,他最后举枪自杀。

2. 通讯

略可延迟。例如:

1982 年 7 月 26 日《光明日报》消息《对革命无限忠诚为"四化"忘我工作 副研究员蒋筑英为祖国光学事业奋斗终生》;1982 年 12 月 1 日《光明日报》通讯《为中华崛起而献身的光辉榜样——记中年光学专家蒋筑英》。

(二) 形式性

1. 消息

程式化,格式相对固定。

5 个 W——何时、何地、何事、何人、何故(有时"何时、何地、何事"3 个 W 即可说明问题)。例如:

中新网东京 4 月 16 日电 日本参议院 16 日开始审议允许就修改和平宪法而进行全民

公投的"国民投票法案"。

再如：

中新网4月19日电 据意大利《欧联时报》报道，为妥善处理罗马华商货物被查封事件，日前罗马市市长特别助理、罗马市议会亚洲区议员、爱斯库丽诺（Esqulino）地区市政警察局、商贸管理部门负责人再次与华商举行座谈，共同商讨如何妥善解决华商货物查封事件。

2. 通讯

多样化，手法灵活。例如：

散文式

莫高窟治"癌"
一次输不起的文明拯救

鸣沙山崖，大泉河边，蜂巢一样的洞穴累累叠叠，众神已越度千年。

4月16日晨，敦煌的天空瓦蓝，流沙澄黄，初升的阳光如万缕金箭在莫高窟攒动。又长又粗的铁链在铁门上滑动的声音让清冷的空气颤抖。打开铁门，下台阶，瞬间的黑暗，阴冷潮湿的气息。又是一道金属门，下台阶，再一次光明与黑暗的晕眩。第三道金属门，眼前第三次黑暗后，我们位于莫高窟五层洞穴最底层的85号窟……

描写式

狂买豪车
中国富家子弟在新西兰的轰动

在新西兰，一些中国留学生狂购豪车已成当地街谈巷议的新闻。一家电视台在采访当地宝马、保时捷甚至宾士经销商时，他们个个咧嘴而笑。一位宝马经销商说："这些中国孩子只爱好车，有几个每两三个月就买一台，一个孩子留学不到一年，就在这里买了一台Z5敞篷跑车，一台M3和一台X5宝马吉普。"

(三) 内在性

1. 消息

概括简洁。例如：

中新社北京四月十六日电（记者马海燕） 中国首位"诗人省长"、青海省副省长吉狄马加今天在国务院新闻办公室召开的发布会上，诚邀四海宾朋参加今年八月七日至十日举办的首届青海湖国际诗歌节。这位从文艺界转向政界的文人省长心中有一个梦想：誓把青海湖畔变成诗的海洋，使之与意大利圣马力诺国际诗歌节、德国柏林诗歌节齐名。

2. 通讯

详尽深入。例如：

毕加索与蒙马特的"洗衣船"

4月8日，是西班牙绘画大师毕加索逝世34周年的日子。这让我想起了两年前在巴黎游历蒙马特高地时所见到的与毕加索密切相关的洗衣船遗址。

巴黎塞纳河右岸的蒙马特高地有三个广场，依次分布在山底、山腰和山顶。高地底部的白色广场靠红磨坊聚集人气，高地顶部的小丘广场有圣心教堂吸引眼球，而位于山腰的埃米尔·古杜广场却没有什么耀眼的名胜，只能凭借一个古建筑的遗迹来招揽顾客。

这个遗迹所代表的名胜就是无数次出现在现代艺术史和众多画家传记中的"洗衣船"。

(四) 技术性

1. 消息

单纯严格,要求有时间、地点、事件,不得添加任何其他因素,不夸张,不藻饰。例如:

长崎市长竞选补充 2 名候选人竞争者

长崎市长竞选(22日开票)补充候选人报名于19日下午截止,伊藤(被枪杀前市长)的大女婿、记者横尾诚(40岁)与原市长田上久富被确认为候选人。

此外,还有无党派人士、大学讲师前川智子,共产党新人前市长议员山本诚一,无党派主妇前川悦子作为候选人加入市长竞选的竞争。

2. 通讯

手法层出不穷。通讯写作,可以运用虚构以外的多种文学表现手法,因而通讯写作手法可以说是层出不穷。如《国内10大夺命公路》围绕主题——公路危害组织素材,《北京地坛医院到底发生了什么?》则以议论展开写作。

【例文参考1·通讯】

研究生保送比例将扩大

今年,教育部将改革研究生推荐免试制度。对特殊人才的免试招生,将扩大比例。

昨天,教育部相关负责人透露,今年教育部将改革研究生推荐免试制度,在测评体系中更加强调创新能力,特殊人才经过严格程序可不排大队,扩大比例并公开监督。

具体改革政策将在今年9月份正式公布。

除此之外,初试科目及内容将重新科学设定。研究生考试将使业务课考试范围适度拓宽,同时初试不再侧重考查专业素质,而是重在基本素质和综合能力考查。在招生过程中,各环节都将坚持把能力考核放在突出位置,在复试专业考试中突出考查学生专业素质、发展潜力、创新精神和能力,考查的不仅是专业素质,而且包括文化素养、思想品德,考试的形式根据学科特点更加多样化,如笔试、面试、实验、心理测试等。"改革的特点之一就是加大复试权重。"考研专家表示。据专家预测,在2007年的复试过程中,一些学科会增加个性化考核,所以,考生备考状态要持续到复试才能结束。

(《研究生保送比例将扩大》,《北京晨报》2006年8月12日)

【例文参考2·消息】

海南省长卫留成"三不一要"政绩观:不搞花里胡哨

"路可以不修那么宽,广场可以不造那么大,办公楼可以不盖那么漂亮。"海南省长卫留成11日对全省各厅局、各市县主要官员说,"但是老百姓最关心的事一定要解决好!"

海南省长卫留成昨天下午在全省上半年经济形势分析会议讲话,三番五次说到自己的政绩观:不搞花里胡哨的东西,把真正为老百姓解决上学难、看病难、生活难问题当成"事"。

令卫留成省长欣慰的是,在财政困难情况下,海南率先减免了全省小学生学杂费。今年可望完成如下目标:全部完成首批农村中小学D级危房改造;农村15.4万贫困人口全部纳入低保;农村新型合作医疗覆盖全省;基本完成301个乡镇卫生院改造;推进社会主义新农村建设,实施一系列支农、惠民政策;等等。

"这是为海南老百姓做了得民心的事!"卫省长说道。

近年,海南多项措施加大社会主义新农村建设,实施新兴工业发展战略,工业反哺农业。上半年,海南多个中部贫困市县、黎苗少数民族地区经济发展指标居于前列。

说起到省政府上访的百姓,每天上班早到办公室半小时的卫省长看在眼里,痛在心里。他告诫台下的下属官员:群众利益无小事。要真正把老百姓的冷暖放在心上,把广大群众关心的热点问题抓在手上,一些遗留了多年的问题,要切实研究方案为老百姓解决!

上半年,海南全省生产总值实现490多亿元,比上年同期增长百分之11.6,创11年以来半年生产总值增长速度新高。一批重大的工业、旅游地产项目、政府社会事业工程正在开工建设。

"本届政府有一条铁的纪律,不产生新的半拉子工程,不发生新的工程款拖欠,不给后任留下麻烦!"卫留成坚决地说。

思考与练习

一、写一篇新闻,报道学校或班级新近组织的某项活动。时间、地点、事件要交代清楚,还要注意详略得当,有条有理。

二、实地采访,写一篇通讯。

附录　应用文书拟写拓展实训

一、单项拟写实训

拟写实训1　请示

实训目标

通过拟写训练,熟知请示文种格式、结构、内容要素、专业用语的要求,迅速完成实训任务。

实训项目完成结果

结果1:拟写格式和内容规范的请示。

结果2:回答问题。

实训提示

请示的结构:标题+主送机关+正文+落款。

实训任务

任务1:根据下面材料,拟写一份请示。

为了扩大万通太阳能空调公司产品的知名度,进一步将产品推向全国,万通太阳能空调公司辽宁分公司拟于今年6月6日在本公司举办新产品推介会。推介会拟推出摊位2000平方米,展团由本公司及各生产分公司派人组成,经费自理。

任务2:请对下面这篇请示作病文分析,简述存在的主要问题并说明理由。

关于举办团员干部培训班的请示报告

××市委:

目前我县团干部队伍的现状与形势和任务的要求极不适应。据查,全县专职团干部中36岁以上的40名,其中41岁以上的28名,大大超过了有关规定。从文化水平来看,大专文化的仅占6%。而且近年来,团干部更新较快,每年平均30%左右。在新老交替过程中青黄不接的现象也较为突出。

为了改变这种状况,我们曾办过几期团干部培训班,很受欢迎。现在根据我们的师资能力,拟于今年10月至明年4月再办一至两期团干部培训班。具体意见如下：

（一）培养目标：培养具有一定马列主义、毛泽东思想基础理论水平和党的政策思想水平，较全面地掌握青年工作理论和团的业务知识，热爱共青团工作，思想正派的团委书记和专职团干部。

（二）培训时间：3个月左右。

（三）内容安排：马列主义、毛泽东思想基础理论，约占总课时的65%；团的工作理论，约占总课时的30%；其他方面的知识，约占总课时的5%。考试及格者，发给毕业证书，承认学历。

（四）学员条件：拥护党的三中全会以来的路线、方针、政策；作风正派；热爱团的工作，有创新和献身精神；具有一年以上的团的基层工作经验，有初中或相当于初中的文化；年龄不超过25岁；身体强健。

（五）招收人数和报名办法：本次共招收40名，由各乡、直属单位、各系统的党委（组）和团委推荐，报县团委批准，填写一式两份的报名表。报名于7月20日截止。

为了适应飞速发展的新形势之需要，加强团干部的政治素质，完成培养有理想、有道德、有文化、有纪律的一代共产主义新人的使命，关键是建设一支符合四化要求的团干部队伍。办这个培训班就是为了这个目的。

以上意见，如无不妥，请转发有关单位。

××县团委

二〇〇六年十二月十八日

拟写实训2　批复

实训目标

通过拟写训练，熟知批复文种格式、结构、内容要素、专业用语的要求，迅速完成实训任务。

实训项目完成结果

结果1：拟写一篇格式和内容规范的批复。

结果2：依批复还原为请示。

实训提示

批复的结构：标题＋主送机关＋正文＋落款。

实训任务

任务1：根据下列材料中总公司与分公司的关系，拟写一份批复。

为了扩大万通太阳能空调公司产品的知名度，进一步将产品推向全国，万通太阳能空调公司辽宁分公司拟于今年6月6日在本公司举办新产品推介会。推介会拟推出摊位2000平方米，展团由本公司及各生产分公司派人组成，经费自理。

任务2：请将下面这篇批复还原转换成请示公文，并将缺损要素添加完整。

××省教育委员会关于××商务管理学院开设新闻专业的批复

××商务管理学院:

你院××××年×月×日×号请示收悉。

关于你院从××××年第一学期开设新闻专业的问题,我们已进行了认真的研究。鉴于你校的校舍、经费和师资条件有一定的困难,可暂缓进行。待××××年×月招生条件基本具备后,再写一份请示报来,经研究后,再作答复。

特此批复

××省教育委员会
××××年××月××日

拟写实训3 通知

实训目标

通过拟写训练,熟知通知文种格式、结构、内容要素、专业用语的要求,迅速完成实训任务。

实训项目完成结果

结果1:修改通知标题。
结果2:整合一篇规范格式及内容的通知。
结果3:拟写一篇规范格式及内容的通知。

实训提示

通知的结构:标题+主送机关+正文(+附件)+落款。

实训任务

任务1:修改通知标题。

成方化学制药厂关于转发成方化学制药分厂关于建立安全岗位责任制经验总结的通知

任务2:下面是一篇打乱了的通知的材料,请按照批转、转发性通知内容的逻辑关系将其重新整合成文。

国务院批转财政部等部门关于粮食政策性财务挂账停息报告的通知

各省、自治区、直辖市人民政府,国务院各部委、各直属机构:1999年11月29日财政部、审计署、中国人民银行、国家粮食储备局针对各地清理1996年度粮食财务挂账的情况,对挂账停息的有关政策问题进行了认真研究,提出了处理意见。国务院同意财政部等部门《关于粮食政策性财务挂账停息的报告》,现批转给你们,请认真贯彻执行。按照《中共中央国务院关于当前农业和农村经济发展的若干政策措施》(中发〔1998〕11号)的要求,中华人民共和国国务院国发〔1999〕62号。

任务3:国务院办公厅决定于2006年9月1日以国办发〔2006〕68号文将建设部、公安部《关于加强城市道路与交通管理工作的报告》发往各省、自治区、直辖市人民政府并国务院各部委、各直属机构,请代拟一份公文。

拟写实训 4　通报
实训目标
通过拟写训练,熟知通报文种格式、结构、内容要素、专业用语的要求,迅速完成实训任务。
实训项目完成结果
通过实训,掌握通报的内容、结构、格式及特殊用语的要求,熟练地拟写具有规范格式及内容的通报。
实训提示
通报的结构:标题+主送机关+正文(+附件)+落款。
内容要素的次序为倾向性导语、事件、对事件的认定、处理意见。写作应格式规范,语言严谨,篇幅适当,当事人姓名、时间、事件及处理意见要写清楚。
实训任务
根据下面材料,以九州储运公司的名义,拟写一份通报。
九州储运公司 26 号仓库保管员邱同列于 2007 年 10 月 4 日晚值班时,违反仓库规章制度,私自在仓库内用电炉做饭,不小心造成严重火灾,火灾迅速殃及 25、27、28 号库房,致使四个库房及库房内的货物完全烧毁,直接经济损失达 600 万元人民币。为此,邱同列受到了党纪国法的严厉惩处。

拟写实训 5　通告
实训目标
通过拟写训练,熟知通告文种格式、结构、内容要素、专业用语的要求,迅速完成实训任务。
实训项目完成结果
拟写一篇规范格式及内容的通告。
实训提示
通告的结构:标题+正文+落款。
实训任务
近一段时间以来,进入江海大学校园的人员不断增加,商贩随意进入,在校园里高声叫卖,附近居民将衣物拿到校园晾晒,一些小孩上课时间在校园里随意走动、喧哗……为此,学校决定加强管理,请你选择合适的文种,将学校规定向社会公布。
要求:文种正确,内容完整齐备,行文流畅,格式规范。

拟写实训 6　函
实训目标
通过拟写训练,熟知函的文种格式、结构、内容要素、专业用语的要求,迅速完成实训任务。

实训项目完成结果
结果1:整合一篇具有规范格式及内容的请批函。
结果2:整合两篇具有规范格式及内容的商洽函和答复函。
实训提示
函的结构:标题+主送机关+正文+落款。
实训任务
任务1:根据下面这篇批复函范例,拟写出与之对应的请批函。

市人事局关于批准市商业局录用高校硕士毕业生的函

市商业局:

你局《关于拟录用高校硕士毕业生的函》(×商函〔2006〕58号)收悉。

根据市委组织部、市人事局《关于2006年市级机关录用应届高校优秀硕士毕业生的通知》规定,批准录用×××等4名高校优秀硕士毕业生到你局机关工作。

特此函复

附件:录用人员名单

××市人事局
二〇〇六年十一月十日

任务2:根据材料内容,分别以南通××报社和南通××大学文学院的名义,选择合适的公文文种,写出明确规范的公文。要求字迹清晰、格式规范、内容完整。

南通××报社为了提高青年记者的业务能力,决定从现有记者中抽出15名青年到南通××大学文学院新闻进修班脱产进修一年,时间定于2005年8月到2006年8月,为此,南通××报社去文和南通××大学文学院进行接洽。至于有关进修费用准备按上级部门及学院的有关规定交纳。南通××大学文学院收到南通××报社的公文后,经研究,认为学院目前举办的新闻进修班刚设立不久,无论是教室等硬件设备还是师资力量方面都不能满足社会各方面的需求,只能接受该新闻单位10名青年记者的进修任务。

拟写实训7 会议纪要

实训目标

通过拟写训练,熟知会议纪要文种格式、结构、内容要素、专业用语的要求,迅速完成实训任务。

实训项目完成结果
结果1:拟写格式规范、内容全面的会议纪要。
结果2:改写格式规范、内容全面的会议纪要。
实训提示
会议纪要的结构:标题+成文日期+正文。
研读会议纪要写作的特定格式,选取素材,确定主旨。
实训任务
任务1:将下面这篇会议记录改编成会议纪要。

荣昌科技开发公司会议记录

时间:2008年4月28日
地点:第二会议室
出席人:公司各部门主任、项目经理
主持人:荣昌科技公司副总经理付彬彬
记录人:办公室秘书王玉杰
会议内容:

一、主持人讲话:今天主要讨论一下"办公室应用软件"是否投入开发以及如何开展前期工作的问题。

二、发言

技术开发部邢发:类似的办公室应用软件已经有不少了,如微软公司的Word、金山公司的WPS系列。我认为首要的问题是确定选题方向,最好搞出自己的特色,这样才能占领市场。

办公室主任武庄来:应该看到的是,办公软件虽然多得是,但从专业角度而言,并不是尽善尽美,我指的是编辑方面的问题。如Word中对于行政公文这一块干脆就忽略了,而书信这一块就没有,有的也是采用英文的习惯,我们又不是英国人,使用起来别扭。WPS倒是中国人开发的,在运用方面还是编辑得较简单了点,离专业水准还是有差距。我认为定位准确是个大问题。

市场部刘恒:我认为最关键的问题是应该好用、方便,速度也要快,还要考虑兼容问题。拿到市场上去,要明显地比其他的产品优势多些,那就好了。

……

会议决议:各部门都同意立项。初步的技术方案交给技术部完成。时间在40天左右结束。资料编辑由信息资料部完成。系统集成由技术开发部完成。该软件预定6月末投放市场。

散会。

主持人:(签名)
记录人:(签名)

任务2:根据下面会议纪要的主体内容,将其编写成条款式会议纪要,可将内容进行适当的增删。

会 议 纪 要

为了充分展示我公司产品优势,向顾客提供满意的产品和服务,2006年8月18日,董事长召集有关单位人员召开会议,就编写我公司"产品使用指南"一事进行了研究讨论,现将会议内容纪要如下。由销售处产品技术服务员任杰负责编写"产品使用指南"(要求按不同产品、品种单页设置)。其内容编写既要扬长避短,充分展示我公司产品优势,又要有针对性地满足不同层次用户的需求。各产品生产单位要积极配合大力协助,使"产品使用指南"编写任务能够及早完成。要求指定专人(技术人员)参与,认真负责、有的放矢地提供有关技术参数或质量指标。单位领导要严格把关,凡涉及我公司内部技术保密的有关内容不得入编。企管处负责"产品使用指南"的备案工作。本着"追求卓越,用户至上"的原则,主动与销售处沟通,及时了解掌握国内外市场动态,并根据用户需求不断修订和完善企业产品标准。为"产品使用指南"的编写提供相关资料,使其能够从另一个侧面展示我公司独具特色的风采。"产品使用指南"编制完成后,销售处须妥善保管,有针对性地发放给公司有关用户。不得随意滥发,给公司造成不必要的损失。

拟写实训8　便条

实训目标

通过拟写训练,熟知便条文种格式、结构、内容要素等要求,迅速完成实训任务。

实训项目完成结果

拟写一则合乎规范格式的便条。

实训提示

便条的结构:称谓 + 正文(事项) + 落款。

实训任务

根据下面所给材料,拟写一则便条。

信通电子开发公司已经成功地举办了新款电子产品咨询会议,公司经理要求吕芳菲秘书为其就此次会议的效果情况进行评估总结,其中具体任务如下:一是设计评估表格要考虑的因素,二是与会人员的发言记录。

对于上述内容,公司经理以便条的形式留给吕芳菲秘书。

拟写实训9　邀请信

实训目标

通过拟写训练,熟知邀请信文种格式、结构、内容要素的要求,迅速完成实训任务。

实训项目完成结果

拟写合乎规范格式的邀请回复信。

实训提示

邀请信的结构:标题 + 称谓 + 正文 + 落款。

实训任务

请就下面这份邀请信写一篇接受邀请的回复信函,将文中的人名、公司名称、日期具体化。

邀　请　信

×××先生/女士:

　　本公司新厂将于2月25日开始投产,希望您前来参加新工厂开工典礼,并就新产品研发中存在的一些问题作出商讨和改进。

如您所知，新厂的设立是本公司的一个里程碑。我们邀请了所有对本公司成功作出贡献的专家和学者，我们相信，您一定会赏光。

如您确能参加，请来函或来电告知您抵达的时间，以便我们提前做好接站安排。

敬请光临

××公司
××××年××月××日

拟写实训10　启事

实训目标

通过拟写训练，熟知启事文种格式、结构、内容要素、专门用语的要求，迅速完成实训任务。

实训项目完成结果

拟写一篇合乎规范格式的启事。

实训提示

启事的结构：标题＋正文＋附启＋落款。

实训任务

请就下面材料进行重新调整与增删，拟写一篇规范的招商启事。

大地产业集团南沟水泥厂招商启事

大地产业集团所属的南沟水泥厂，地处峰山东部地区，拥有两座水泥回转窑，年产水泥熟料200万吨，水泥300万吨，本地区拥有品位丰富的石灰石矿及煤矿；运输方便，场内有铁路专线。本厂欲扩大生产规模，急需生产经营合作伙伴，欢迎国内外客商联系洽谈。大地产业集团招商地址：峰山经济技术开发区南沟水泥厂（××路××街××号）邮编　电话　传真　二〇一〇年二月八日

拟写实训11　计划　总结

实训目标

通过拟写训练，熟知计划与总结文种格式、结构、内容要素、专业用语的要求，迅速完成实训任务。

实训项目完成结果

拟写合乎规范格式的计划与总结。

实训提示

计划和总结的结构：标题＋正文＋落款。

实训任务

根据下列所给材料，编写一份条文式的"丽美空调公司2012年度工作计划"，同时拟写与该计划相对应的工作总结。

丽美空调公司2012年生产计划

丽美空调公司发展规模：新建××车间，发展××产品的生产；扩建××车间，使××种产品的生产比上年提高××，年产量达到××万台；增加工程技术人员、技术工人和部分管理人员，使之从现有的××人增加到××人。

产品发展方向：与××研究所合作，积极研制新产品，其中××新产品达到国际水平。对现有××等同种产品进行技术改造，以符合国内和国际市场的需要。

总体目标：研制尖端产品，赶上国际先进水平；进行部分老产品的更新换代；新建和扩建部分生产车间；大力培训工人，促进技术进步；提高企业经营水平和经济效益。

主要技术经济指标：其一，提高劳动生产率。随着新设备、新技术的应用提高，全年全员劳动生产率比现在提高××%左右。其二，增加净产值。年生产总量达×××万元，比现在提高×倍。其三，降低可比产品成本。通过提高劳动生产率，节约原材料、燃料等消耗，使可比产品成本比现在降低××%左右。其四，加速资金周转。在产量增加的情况下，尽量不增加流动资金，缩短资金的周转期。其五，提高赢利水平。在增加生产、降低能耗的基础上，使利润从现在的××万元增长到××万元。

具体措施：一是举办各种培训班，提高工人文化素质。二是加强管理，制定严格制度。三是开展劳动竞赛，提高劳动生产率。四是严肃财经纪律。二〇一一年十二月二十日

拟写实训12　简报

实训目标

通过拟写训练，熟知简报格式、结构、内容要素、专业用语的要求，迅速完成实训任务。

实训项目完成结果

编写合乎规范格式的简报。

实训提示

简报的结构：报头＋报核＋报尾。

报头：简报名称＋秘密等级＋期号＋编印单位＋印发日期。

报核：（按语＋）标题＋导语＋主体＋结尾。

报尾：间隔横线＋发送范围＋印制份数。

模板提示

保密标志		
	简报名称	
	期号	
编发单位		印发日期
编者按语		
	标　　题	
正文		
发送范围		共印份数

实训任务

任务1. 评析下面一则病文。

××省一些旅游点附近的农民向外国旅游者强行兜售商品造成不良影响

4月20日上午，美国××旅游团外宾去××旅游点参观游览。客人一下车，一群手拿各种工艺品的农民就一窝蜂而上，大叫大喊着、争抢着要外宾买他们的东西。其中一些人手持唐代铜镜、铜钟及汉唐古钱等文物出售。外宾急于参观，打手势表示没有心思买东西。然而，这些农民仍围着不散。导游走过去，使眼色，说好话，一个个左劝右劝，这些人就是不想走，有些走开了一会儿又回来了，继续大声兜售商品，并且大声辱骂导游，有些话还十分难听，无法写出。当这个老外旅游团要离开××旅游点时，一群小孩还围住一位70多岁的穿中国红衣服的老太太外宾，非要她买不可。这位老太太外宾无路可走，山穷水尽，只好一步步向路边退下去，结果被挤得跌进了大路边一条不到2米宽的小水沟，造成右脚关节骨裂，呻吟不止，当即由导游叫来救护车，送进了医院。

最近，在××旅游点附近，围堵外宾，强行向客人兜售旅游商品的现象时有发生。

小提示：

（1）标题表述不够具体准确。

（2）结构安排不合理。导语应当概括主要事实，主体则将导语具体展开。

（3）对事实的叙述不够简洁。

任务2. 将下面这组材料做适当的摘要与组合，按照所给"简报"的模板，内容大致不变,拟写一篇格式规范的简报。

简 报

一、供应与成交

批准预售面积同比大幅度下降,1890套普通住宅上市销售

上一周,深圳市共有5个项目取得预售许可证,总建筑面积8.74万平方米,同比下降70.09%,总套数1010套,同比下降高达161.98%,其中住宅1108套/8.65万平方米,办公楼898.99平方米。这5个项目为茵悦之声花园3期、好运来大厦、怡瑞山居、山翠居、振业城,分别分布在龙岗、罗湖两区。

上一周,深圳市共有5个住宅项目入市销售,分别为龙岗区的"振业城"为市场提供30套/8280.27平方米商品住宅,参考均价16000元/平方米;龙岗区的"可园6期"为市场提供942套/93752.02平方米商品住宅,参考均价7600元/平方米;宝安区的"集信名城"为市场提供739套/104795.47平方米商品住宅;宝安区的"观澜湖高尔夫大宅",参考均价35000元/平方米;罗湖区的"好运来大厦"为市场提供209套/7668.87平方米商品住宅,参考均价11500元/平方米。除观澜湖别墅和振业城"汀墅"之外,其他3个项目总共为市场提供普通住宅1890套/20.62万平方米。

楼市日均成交314套

根据置业国际研究中心监测,上一周,全市住宅商品房成交套数2199套,环比增加65.34%;成交总面积20.89万平方米,环比增加74.52%;成交总金额20.94亿元,环比增加88.14%;成交均价10025元/平方米,环比增加7.80%。日成交314套,套均面积为95平方米。

数据显示,上周,本地市场各项指标均有不同幅度的上涨,究其原因,应与部分项目高价开盘并上市热销有关:"花里林居"开盘两周内即在国土局100%备案、"菁英趣庭"国土局备案率8成之多、"东方尊峪"备案4成以上,而这些热销的楼盘最低均价也高达9000元/平方米以上。

上一周,成交量最大的行政区仍为宝安,共成交850套/8.18万平方米;受"东方尊峪"成交的带动,成交均价最高的是罗湖区,为11679元/平方米,上一周,成交量位居前三位的楼盘分别是菁英趣庭(227套)、山翠居(161套)、花里林居(119套)。

二、市场与促销

布吉片区放量供应,可园六期低调发售

过去的一周,原本热闹的宝安中心区渐渐安静下来,市场上只有深业新岸线推出二期第二批单位。但龙岗的布吉片区在经历了一段时间的沉寂后,又成为市场关注的热点。

11月25日,中海瑞怡山居和信义假日名城5期同一天面市,前者以6500~7000元/m^{2}的价格售出大约80%的可售单位,后者的当天成交业绩并未公开,但以信义假日名城在当地的品牌和客户忠诚度来看,业绩应当不会令人失望。之后,佳兆业·可园6期942套单位在没有做任何开盘仪式的情况下悄悄开始发售,

一时间成为业内议论的话题。

　　置业国际研究中心认为,深圳市政府早有"取得预售许可证就必须公开销售"以及"不得采取'提前登记、集中开盘、分期销售'的销售模式"的规定,然而据透露,在市场操作过程中,仍有部分项目阳奉阴违、采用各种方法抵消规定的限制,可园6期这种完全摒弃了集中销售的方式,堪当范本。

　　三、政经动态

调控再发力,房价不受控将追究领导责任

　　针对当前房地产市场及宏观调控政策落实过程中存在的情况,全国房地产市场宏观调控部际联席会议近日已经印发《关于各地区贯彻落实房地产调控政策情况的通报》。根据这一通报,下一步的调控工作主要围绕四点展开,包括:加快住房结构调整、完善住房保障制度、大力规范市场秩序、继续抓好督促检查。

　　建设部部长汪光焘透露,建设部将会同全国房地产市场宏观调控部际联席会议成员单位,对各地落实住房建设规划尤其是廉租住房开工建设等情况进行检查。对调控政策落实不到位的城市,要限期整改并追究有关领导责任。

广东GDP将突破2.5万亿,有望2009年赶超台湾

　　11月23日,广东省省长黄华华在公开场合表示,今年1至10月,广东GDP同比增长14.1%,预计全年GDP将突破2.5万亿元。全年财政总收入预计可突破5000亿元。而外贸进出口总额前10个月同比增长25%,达到4200亿美元,预计全年将可达到5000亿美元,占全国总量的30%左右。

　　专家认为,至去年底,广东与台湾地区只相差近800亿美元,按照广东现在的发展势头,今后几年广东省每年的经济规模将至少新增300亿美元,而台湾地区每年的经济增长只有100亿美元,广东省在2008年就可以赶上台湾地区,2015年赶上韩国。

拟写实训13　请柬

实训目标

通过拟写训练,熟知请柬文种格式、结构、内容要素的要求,迅速完成实训任务。

实训项目完成结果

整合一篇合乎规范格式的请柬。

实训提示

请柬的结构:标题+称谓+正文+落款。

实训任务

将下面材料整理成请柬的规范格式文本,将文中的人名、公司名称、日期、地点具体化。

请　柬

　　×××女士/先生:仰首是春,俯首成冬。××公司又迎来了她的第十个诞辰。我们深知在公司发展的道路上有您太多的支持与合作。作为业绩更加突出的××公司,我们珍惜您作出的如此选择,我们也愿意与您共话友情,展望未来。

地点：××××，时间：××。如蒙应允，不胜欣喜。此致敬礼。××公司×××
×年××月××日

拟写实训 14　感谢信

实训目标

通过拟写训练，熟知感谢信文种格式、结构、内容要素、专业用语的要求，迅速完成实训任务。

实训项目完成结果

拟写一篇合乎规范格式的感谢信。

实训提示

感谢信的结构：标题＋称谓＋正文＋落款。

实训任务

根据下面材料，拟写感谢信。

腾达电梯制造公司今年营销利润超计划指标达 98.77%，几乎翻了一番。这让全体员工欢欣鼓舞。趁新年到来之际，公司准备向做出重大贡献的三位外聘科技人员颁发重磅奖金，并向三位发去一封热情洋溢的感谢信。

拟写实训 15　市场调查报告

实训目标

通过拟写训练，熟知市场调查报告格式、结构、内容要素的要求，完成实训任务。

实训项目完成结果

创制及填写一篇合乎规范格式的调查问卷。

实训提示

调查报告的结构：标题＋正文。

实训任务

下面这篇是根据调查问卷整理好的市场调查报告，试还原其调查问卷。

82%的公众最担心食品安全问题

"食品卫生"曾经是一个为公众所熟悉的术语，现在它似乎正在逐渐被"食品安全"所替代。

中国青年报社社会调查中心新近完成的一项有关食品安全的调查显示，近期发生的食品安全事件引起了公众的广泛关注，82%的公众表示，这些事件"肯定会"引发自己对周围食品安全问题的担心，13%的人表示"可能会"。27%的人认为，他们在日常生活中，"经常会遇到"食品安全问题；认为"有过，但很少"的，占64%；仅有9%的人回答"从来没有过"。

很多读者还在来信中提到了发生在自己身边的食品安全隐患。虽然这些问题并未产生大范围的影响，但对每一个遇到过这些问题的人来说，却造成了相当大的困扰甚至是伤害。

对于具体的食品安全问题,超过一半的受访者认为"达不到国家卫生标准的食品"最令他们感到担心。其次是"假冒知名品牌的食品",选择这一项的人达到了21%。另外,还有16%的人最担心"过了保质期还在销售的食品"。值得注意的是,"没有明确标志的转基因食品"似乎还没有进入大多数受访者的关注视野,仅有4%的人认为这一问题最令人担心。但也有一位来自安徽淮南的读者对某些生产企业的产品所含的转基因成分"既不标志也不承认"表示质疑,认为这是一种严重的"不诚信"。

"生产日期和保质期"被九成半的人认为是选购食品时通常会关注的问题。值得注意的是,关注"相关检验合格证明"的,不足半数;而关注"食品色泽和包装等外观因素"的,则略高于半数,为52%。对于"您认为造成目前食品安全问题频发的根本原因是什么"这一多选问题,大多数选择了"不法食品生产企业和个人利欲熏心",该选项的获选率达到87%。同时,相当多的受访公众认为"对失信的企业和个人的惩戒力度不够"也是主要原因之一,有68%的人选择了这一项。

政府职能部门在食品安全问题上"失位"同样引起公众的强烈关注。认为"各监管部门责任不明晰,互相推诿"的,达到了72%;各执法部门之间缺乏配合,"信息不沟通"以及"对相关执法部门人员不作为的惩戒力度不够",分别被64%和65%的公众认为是食品安全问题频发的根本原因。大量的受访者还提到了"民以食为天"这句话,他们希望自己对食品安全的忧虑不是"杞人忧天"。

调查背景:共收1113份有效问卷,其中男性占68%,女性占32%,受访者平均年龄为32岁。大专以上学历者占78%,月收入在2000元以下者占82%。

拟写实训16　市场预测报告

实训目标

通过拟写训练,熟知市场预测报告文种格式、结构、内容要素、专业用语的要求,迅速完成实训任务。

实训项目完成结果

分析市场预测报告,明确市场预测报告的写作要求。

实训提示

市场预测报告的结构:标题+正文。

实训任务

试分析下面市场预测报告中存在的问题。

××市劳保市场的发展趋势

随着我国改革开放的深入发展和人民群众着装条件的不断改善,××市劳保市场的商品正在向着美观化、多样化、高档化方向发展。

根据××市××统计局××××年对"××市劳保市场"统计资料,我们可以归结出以下的趋势:

一、高级布料所制的劳保服装越来越受欢迎,昔日的纯棉劳保服装越来越受到冷遇。从劳保服装的色泽来看,深灰、浅灰、咖啡、湖蓝、橘红、米黄、大红等鲜艳色调正在日趋取代传统的黑、蓝、黄、白"老四色"。

二、新颖的青年式、人民式、中山式、西装式劳保服装的销售形势长年不衰;而传统的夹克式、三紧式等劳动服销售趋势却长年疲软。

三、档次较高的牛皮鞋、猪皮鞋、球式绝缘鞋、旅游鞋已成了热门货;而传统的劳保鞋,如棉大头鞋、棉胶鞋、解放鞋等却成了滞销品。

四、劳保防寒帽,如狗皮软胎帽、解放式棉帽等几乎无人问津。

五、高质量而美观的劳保手套,如皮布手套、全皮手套、羊皮五指手套日趋成为"抢手货";而各种老式的布制手套、绒制手套、布闷子式手套的销量日渐下落。

六、色彩艳丽的印花毛巾、提花毛巾、彩纹毛巾等,已成为毛巾类商品的主销品;而素白毛巾的销量不断减少。

拟写实训17　可行性研究报告

实训目标

通过拟写训练,熟知可行性研究报告文种格式、结构、内容要素、专业用语的要求,迅速完成实训任务。

实训项目完成结果

拟写部分内容的可行性研究报告。

实训提示

可行性研究报告的结构:标题+署名+正文+落款。

实训任务

下面是一篇关于"工业技改项目可行性研究报告"的大纲。现摘录了原文第二层次的小题,隐去了第一层次的大标题,请你根据该报告内容表述的顺序将原文予以复原,并填写在括号里。

东北机车车辆厂生产线技术改造可行性研究报告

第一章　(　　　　　　　　　　)
一、可行性研究工作的依据
二、承办单位的概况
三、可行性研究报告的内容概要和结论
四、存在的问题和建议
第二章　(　　　　　　　　　　)
一、市场调查和供需预测
二、产品方案
三、生产规模的确定
第三章　(　　　　　　　　　　)
一、物质条件
二、外部协助援助条件
第四章　(　　　　　　　　　　)

项目在原厂进行

第五章 （　　　　　　　　　　　　）

一、工艺技术方案

二、技改主要内容和措施

三、生产设备的选择

第六章 （　　　　　　　　　　　　）

一、仓储与运输

二、厂房土建

三、供电

四、给排水

五、热力、通风、空调

六、计量检测

七、机修

第七章 （　　　　　　　　　　　　）

一、环境保护

二、劳动卫生与安全

第八章 （　　　　　　　　　　　　）

一、组织机构、定员及其来源

二、人员培训

第九章 （　　　　　　　　　　　　）

一、项目实施进展

二、新增设备投资估算

三、固定资产投资估算

第十章 （　　　　　　　　　　　　）

一、总投资估算

二、流动资金估算

三、资金筹措

第十一章 （　　　　　　　　　　　　）

一、评价说明

二、基本数据

三、财务评价

四、不确定性分析与预测

拟写实训18　招投标书

实训目标

通过拟写训练,熟知招投标书文种格式、结构、内容要素、专业用语的要求,迅速完成实训任务。

实训项目完成结果

分别拟写合乎规范格式的招标书和投标书。

实训提示

招标书的结构:标题+正文+尾部。

投标书的结构:标题+正文+尾部。

实训任务

利用下面有关招标公告的材料,经过适当修改,各完成一篇规范的条款式的招标书和投标书,并将文中的时间、日期、数字具体化,给涉及的公司或企业命名。

××装饰公司招标公告

青岛××物业发展有限公司独资兴建的××大厦精装修(室内外)及庭院建筑小品工程,经研究决定,即日起进行施工公开招标。

工程名称:青岛××大厦。

工程地点:青岛市东部开发区中心F-6地段。

工程概述:大厦主体为钢筋混凝土框架结构,地下2层、地上4层为商业用房,以上由一座25层写字楼和一座17层公寓楼组成,总建筑面积44426平方米。外墙采用全明框及全隐框相间的反光玻璃幕墙,配以部分墙面装饰,豪华气派,是青岛市山、海、城环境融为一体的优美建筑,各项安装工程交叉进行,预计2008年一季度全面进入装修阶段,全部工程于2008年12月竣工。

招标项目:除玻璃幕墙外,全部室内、外精装修及庭院建筑小品设计施工。

投标者资格:凡具有装饰二级以上设计施工企业,并对精装修设计施工有一定业绩或境外有相当资质者。

资格预审:投标者需持企业资质证明、营业执照(复印件)和近两年业绩项目表于2008年1月8日前到青岛××物业发展有限公司索取资格预审申请文件,参加资格预审。

招标方式:对预审合格者,招标单位将于2007年12月15日前发出正式邀请书,并请投标单位按邀请书中规定的内容、时间和方式前来索取招标文件及相关图纸参加投标。凡未接到正式邀请书者,均系未能通过资者预审,恕不一一回复。

招标单位:青岛××物业发展有限公司。

地址:(自填)

邮编:(自填)

电话:(自填)

传真:(自填)

拟写实训19 合同

实训目标

通过拟写训练,熟知合同文种格式、结构、内容要素、专业用语的要求,迅速完成实训任务。

实训项目完成结果

拟写一篇合乎规范格式的合同。

实训提示

合同的结构:标题+当事人+正文+落款。

实训任务

根据下面的材料,拟写一份合同。

材料:甲、乙、丙三方合作建一家大型超市,甲、乙方各出资50%,丙方出场地,三方法定代表人达成意向,请拟一份合同。

拟写实训20　审计报告

实训目标

通过拟写训练,熟知审计报告文种格式、结构、内容要素、专业用语的要求,迅速完成实训任务。

实训项目完成结果

拟写合乎规范格式的审计报告。

实训提示

审计报告的结构:标题+主送单位+正文+附件+落款。

实训任务

审计人员于2005年5月10日下午5时对某企业的库存现金进行审查,当天的现金日记账已登记完毕,结出现金金额27856元,经盘点现金,取得以下资料:

1. 现金盘点实有数8528.64元。
2. 下列凭证已付款但尚未入账。
(1) 职工杨青借学习培训费2000元,已经领导批准。
(2) 财务主管张东借款1000元,未说明用途。
3. 业务部经理送来当天营业货款3100元,附发票若干,未送存银行,也未入账。
4. 银行核定库存现金限额5000元。

假如你是审计人员,你该怎么做?分组讨论上面材料,指出该企业在现金业务中存在的问题。

拟写实训21　申诉状

实训目标

通过拟写训练,熟知申诉状文种格式、结构、内容要素、专业用语的要求,迅速完成实训任务。

实训项目完成结果

依据所给材料,摘要申诉状的内容。

实训提示

申诉状种类:刑事申诉状、民事申诉状和行政申诉状。

申诉状的结构:标题+申诉人的基本情况+案由+请求事项+申诉事实和理由+结尾(呈递法院名称、申诉人签字盖章、日期)+附项。

实训任务

按照申诉状的结构,摘要申诉状的内容。

行政申诉状

申诉人:×××,男,××岁,××族,××县人,教师,住××县××街××号。

申诉人:×××,女,××岁,××族,××县人,个体户,住址同上,系×××之妻。

申诉人因不服××县人民法院(××)康法行诉字第××行政判决和××市中级人民法院(××)定法行上字第××号行政裁定,特依法向你院提出申诉。

申诉请求:请求人民法院依法受理申诉人诉××县人民政府之不应经租房屋而经租引起产权纠纷一案。

事实和理由:

申诉人向××县人民法院提起诉讼的是一起落实解决私房改造遗留问题的案件。所争执之房屋现为××县××街××号(与申诉人现住房为一个房号)。该房系申诉人×××之父×××于20××年购得旧房后改建而成,面积281.76平方米。×××之父×××在该房建成后因劳累过度吐血死亡。20××年,申诉人×××之母×××因后夫×××的成分问题与后夫一起被迫迁往农村居住。其时,申诉人×××尚且年幼,在城里投靠亲友读书,房屋锁闭。此后,城关镇政府部门未征得房主同意擅自开门,先后安排东街伙食团和甜食店等单位使用,直至20××年,城关镇和县房管部门将东街17号纳入私房改造。20××年经县领导处理,该房全部退还房主,但在20××年申诉人一家又被强行赶出。申诉人全家6口无处栖身,不断申诉,要求退还私房。20××年××县人民政府以(××)××号文件决定发还其中72.9平方米作为补留住房。申诉人认为,××街××号确系申诉人一家的自住房,在私房改造前确无私人之间的租用关系,此情况本案一、二审代理律师的调查材料和知情的××街干部群众证明,县政府认为申诉人在私房改造前曾将该房出租作营业用房确无充分证据,因此,县政府将其纳入私改,实行经租,最后没收该房,违反了国家关于经租房屋的有关政策,也不符合××省基本建设委员会川建委发(××)城××号文件的规定,属于不符合私改条件而私改,应予纠正。故申诉人一直向县政府有关部门申诉,但均无结果,不得已向××县人民法院提起诉讼,希望能依据《中华人民共和国行政诉讼法》来保护自己的合法权益。但县人民法院在已经受理此案的情况下,又以此案不属于法院审理行政案件的受理范围为由裁定不予受理。上诉后,你院又以"最高人民法院、城乡建设环境保护部关于复查历史案件中处理私人房产的有关事项的通知精神"为由裁定驳回上诉,维持原裁定,致使申诉人有冤无处申,合法权益得不到保护。

申诉人认为,你院裁定驳回上诉,维持原裁定的理由不能成立。20××年×月×日施行的《中华人民共和国行政诉讼法》开宗明义,在第1条中就指出了颁布行政诉讼法的目的是"为保证人民法院正确、及时审理行政案件,保护公民、法人和其他组织的合法权益,维护和监督行政机关依法行使行政职权"。全国人大常委副委员长、法制工作委员会主任王汉斌同志在《关于〈中华人民共和国行政诉讼法(草案)〉的说明》中指出:"根据宪法和党的十三大的精神,从保障公民、法人和其他组织的合法权益出发,适当扩大人民法院现行受理行政案件的范围。"私房改造问题是个历史遗留问题,行政诉讼法当然不可能单独列出,所以该法第11条规定的受案范围才单列了第八项"认为行政机关侵犯其人身权、财产权"的案件,属于人民法院受案范围。根据该条该项的规定,人民法院应当受理本案,这样做也才能体现行政诉讼法的目的。

你院在(××)定法行上字第××号行政裁定书中作为驳回上诉的理由提到的"最高人民法院、城乡建设环境保护部关于复查历史案件中处理私人房产的有关事项的通知",想来就是最高人民法院会同城乡建设环境保护部于20××年×月×日发布的法(康)发(××)××号文件《关于复查历史案件中处理私人房产有关事项的通知》。该《通知》中指出了"私房因社会主义改造遗留问题——应移送当地落实私房政策部门办理"。申诉人认为,依据这一规定来确定人民法院受理行政案件也是错误的。第一,该《通知》只是提出了私房问题的一些处理方法,并不是对人民法院受案范围的规定;第二,城乡建设环境保护部只是一个政府部门,既无立法权,又无司法解释权,最高人民法院会同该部下发的文件并不具有司法解释更不具有立法的效力;第三,该《通知》发布于20××年×月×日,《行政诉讼法》生效于20××年×月×日,该《通知》显然不能用来限制或解释《行政诉讼法》。再者,本案是由县人民政府直接作出行政决定的,已经剥夺了当事人提出复议的权利,人民法院又拒绝受理,如何能实现和保护宪法赋予公民的合法权利!

由于申诉人的私房被错误私改,申诉人一家受到了极大的损害,全家6口只有一人有户口,子女入学、就业都无着落,全家仅靠申诉人摆地摊维持生计。为此,恳请贵院能依法撤销原裁定,受理本案,以保障申诉人的合法权益。

此致
××省××市中级人民法院

申诉人:×××　×××

××××年××月××日

附:1. 原向××县人民法院提交的《行政起诉状》一份
　　2. ××县中级人民法院康行诉字第××号裁定书一份
　　3. ××市中级人民法院(××)定法行上字第××号行政裁定书一份

拟写实训22　答辩状

实训目标

通过拟写训练,熟知答辩状文种格式、结构、内容要素、专业用语的要求,迅速完成实训任务。

实训项目完成结果

依据所给材料,回答问题,拟写答辩状。

实训提示

答辩状种类:刑事答辩状、民事答辩状和行政答辩状。

答辩状的结构:标题+答辩人的基本情况(行政机关名称、地址、法定代表人姓名及职务、委托代理人的工作单位和职务)+案由+答辩理由+答辩意见+结尾(答辩状送交法院名称、答辩单位和法定代表人签字盖章、注明年月日)+附项。

实训任务

按照答辩状的结构,摘要答辩状的内容。

行政答辩状

  答辩人:×××市工商行政管理局。
  法定代表人:王××,×××市工商行政管理局代局长。
  委托代理人:顾××,×××市工商行政管理局副局长。
  关于原告人黄××、××县农业机械公司和施××不服本局××工商发(××)第××号《复议决定书》提起行政诉讼一案,依法特作如下答辩:
  三原告人诉状中声称他们在1150型发电机组交易中的行为和经济收入是合法的,××县工商行政管理局对他们处理决定是错误的。根据事实和法律,我们认为:工商发(××)第××号《复议决定书》维持××县工商行政管理局××工商处(××)第××号的处理决定是正确的(略)。
  综上所述,××县工商行政管理局工商处(××)第××号《处理决定书》认定原告人黄××和××县农业机械公司在这台1150型发电机组交易中进行投机倒把的事实是清楚的,证据是确凿的,定性是准确的,处理是正确的。没收施××非法所得5000元也是正确的。故我们以××工商发(××)第××号《复议决定书》予以维持。同理三原告人的诉讼所请不能成立,应予以驳回。为维护国家利益和社会主义经济秩序,请人民法院依法予以判决。
  此致
××县人民法院

答辩人:×××市工商行政管理局(盖章)
××××年××月××日

二、综合拟写实训

综合拟写实训1
案例描述

  20世纪30年代,美国作家希尔顿在《消失的地平线》一书中描绘了一块永恒宁静的土地——香格里拉。那里是雪山、冰川、峡谷、森林、湖泊、金矿及纯净空气的荟萃地;是美丽、明朗、安然、闲逸、知足、宁静、和谐等一切人类最美好理想的归宿。那里就是人间乐园,就是世外桃源。
  然而,世界上真的有这样一个地方吗?《不列颠文学词典》说希尔顿或许是根据中国西部的一个地名译出了这一奇异名词。这样,香格里拉开始成为一个谜。半个多世纪以来,许许多多的香格里拉"信仰者",漂洋过海,万里迢迢地来到中国大西南,开始探寻这一充满诗意和梦幻、飘荡着田园牧歌的理想国度。香格里拉成为"地球村"里几代人的心中之谜。

香格里拉究竟是什么？它究竟在哪里？

因为享誉全球,香格里拉成了金矿；因为神秘,香格里拉的归属变得复杂。特别是对中国大西南可能是"香格里拉"的地方来说,香格里拉4个字无疑是一笔巨大的财富。因此,各地都宣称"香格里拉"就在当地,一场激烈的香格里拉争夺战就此拉开。四川稻城县,云南中甸县、贡山县、丽江地区香格里拉,西藏的昌都等地方都参与其中。从1995年开始,各地都打出了"香格里拉"旗号。云南省还组织专家对香格里拉的"归属"问题进行了一系列的考证,最后认为"香格里拉"是迪庆藏语方言；迪庆藏族自治州的自然地理环境与香格里拉完全吻合；《消失的地平线》中"香格里拉"喇嘛寺的原型在迪庆；东方学者对迪庆的描写也与希尔顿对香格里拉的描写如出一辙；而且云南省十分自信地宣称"唯有迪庆县具备香格里拉那样的社会环境"。

于是,1997年,在迪庆藏族自治州建州40周年暨第二届滇藏川青毗邻地区文化艺术节庆典上,云南省政府向世界郑重宣布,人们寻觅已久的香格里拉就在云南省迪庆藏族自治州。他们已准备向国务院申请把迪庆藏族自治州中甸县更名为香格里拉县。此消息一出立即震惊了世界。此后,四川、西藏对香格里拉的争夺并没有停止。直到2002年5月5日,经国务院批准,云南省迪庆藏族自治州中甸县正式更名为香格里拉县,这场旷日持久的香格里拉世纪之争终于宣告结束。香格里拉品牌从此归属云南,并由云南省工商部门对这个品牌实行特权保护。

当香格里拉"争名战"尘埃落定之后,川、滇、藏3省区便又开始在这一问题上打起了各自的"算盘"。

这一次,西藏走在了前面。2001年国际旅交会期间,西藏与云南在茶马古道的开发上进行了首次尝试,计划出台一个投资额达15亿元的"在香格里拉"计划。

2001年10月,在西南6省区市7方经济协调会第17次会议上,西藏自治区又提出了《川西、滇西北、藏东南三江流域生态建设与旅游资源综合开发建设的建议》。随后,在3省区党委、政府的共同倡导下,3方又共同提出了开发建设"中国香格里拉生态旅游区"国际精品旅游产品的区域性合作项目。

2002年5月27日至6月2日,首届川、滇、藏"中国香格里拉生态旅游区"座谈会在拉萨召开。国家有关部委领导和专家,四川省副省长王怀臣、云南省副省长邵琪伟、西藏自治区副主席次仁卓嘎和各地旅游局、招商局等部门有关负责人共聚一堂,最终达成一致意见——在未来的10年内,3省区共同投资500亿至800亿元,在川西南、滇西北、藏东南独特的自然资源、民族文化和区位优势的基础上,实施大规模的区域生态建设与旅游资源综合开发,将3省区交界处的9个地州打造成"中国香格里拉生态旅游区",建成国际一流的旅游"天堂"。

根据初步规划,这9个地州共涉及50个县域范围。包括四川的甘孜藏族自治州、凉山彝族自治州、攀枝花,云南的迪庆藏族自治州、大理白族自治州、怒江州、丽江地区,西藏的昌都地区和林芝地区。这里具有独特的高原雪山、湖泊、草原、森林、野生动植物等自然景观,正是举世闻名的"香格里拉"描绘的写照。

这期间,3省区还成立了"中国香格里拉生态旅游区"协调领导小组,并通过了《川、滇、藏"中国香格里拉生态旅游区"的意见》,将联合上报国务院审查批准;同时决定在今年在上海召开的中国国际旅游交易会上把"中国香格里拉生态旅游区"作为世界级旅游品牌向海外隆重推介。此外,3省区计划分别以康定、迪庆、昌都为核心,每年开展一个"香格里拉"节庆,联合制作宣传资料,联合对外促销。

据了解,"中国香格里拉生态旅游区"协调领导小组的组长、副组长将由川、滇、藏三省区政府领导轮流担任,每年召开一次会议。首届协调领导小组组长由西藏自治区党委副书记、自治区政府常务副主席徐明阳担任,副组长分别由四川省副省长王怀臣、云南省副省长邵琪伟、西藏自治区副主席次仁卓嘎担任,协调领导小组成员由三省区发展计委、经办、招商引资、经贸、建设、环保、林业、旅游、交通、民航、国土、科技等部门组成。

这样一个涉及众多政府部门的机构,显示了三省区实施计划的雄心,也预示该计划将由政府操刀。

作为"东道主"的云南省,甚至已经决定以非常具体而细致的"三八计划"将香格里拉建成自然界的"迪斯尼乐园"。按规划,云南省将重点推出"世外桃源"、南国冰雪、湖泊草甸、名江名峡、立体生态、民族风情、宗教文化、民间工艺8大旅游产品;药材及藏药商品、野生食用菌系列商品、高原花卉及花卉系列商品、野生动物及皮革制品、宗教文化用品复仿制品、藏式菜肴及民族风味食品、藏族民间手工艺品、香格里拉旅游纪念品8大旅游商品以及8条黄金旅游路线。

实训目标

请就上述案例内容分别拟写请示、批复、函、意见、计划、简报。

通过实训,掌握请示、批复、函、意见、计划、简报等六个文种的内容、结构、格式及特殊用语的要求,熟练完成拟写任务。

实训要求

要求1:根据案例内容,以云南省政府名义,向国务院写一份关于云南省迪庆藏族自治州中甸县更名为香格里拉县的请示。

要求2:根据案例内容,写一份国务院同意云南省迪庆藏族自治州中甸县更名为香格里拉县的批复。

要求3:根据案例内容,以西藏自治区政府名义,给四川省政府或云南省政府写一份关于共同开发建设"中国香格里拉生态旅游区"的函。

要求4:根据案例内容,以川、滇、藏三省区政府名义,联合给国务院写一份关于共同开发建设"中国香格里拉生态旅游区"的报告,并报送《川、滇、藏"中国香格里拉生态旅游区"的意见》。

要求5:根据案例内容,写一份"中国香格里拉生态旅游区"的初步开发计划。

要求6:根据案例内容,写一篇川、滇、藏三省区成立协调领导小组,将共同开发建设"中国香格里拉生态旅游区"的新闻发布会后的简报。

上述6个文种要求格式规范,内容正确,条理清晰,表达精确、合体。在4个学时内完成。

实训提示

1. 写给国务院的请示，应格式规范，语言庄重、严谨，应重点阐述清楚更名的充分理由。
2. 国务院同意云南省政府请示事项的批复，应态度鲜明，在先述下级来文的日期、标题和文号后，写明同意来文的请示事项，并写明具体意见和要求。
3. 函是不相隶属单位、机关之间商洽工作、询问和答复问题等时使用的公文形式，在写作中应注意使用恰当的措辞和语气。

综合拟写实训 2
案例描述

2008年3月8日，明阳市教委准备组织全区获"三八"红旗手称号的教师参加文艺晚会，文艺晚会的服装由市歌舞团提供，由区教委吴秘书与市歌舞团办事员小魏处理服装交接事宜。

实训目标

通过实训，掌握条据，即借条和收条的内容、结构、格式及特殊用语的要求，熟练地完成拟写任务。

实训要求

要求1：拟写一份借条。
要求2：拟写一份收条。

实训提示

应格式规范，语言严谨，篇幅短小，姓名、日期、物品及数量要注意写清楚；先完成借条，后根据借条内容写出收条，以双方经手人签字为准。两个单位的经手人要在"借、收"上明确关系。

借条模板：

借 条

　　今有×××向×××借款计人民币大写＿＿＿万＿＿＿千＿＿＿佰＿＿＿拾＿＿＿元整。小写＿＿＿＿＿元。上述欠款约定于20＿＿＿年＿＿＿月＿＿＿日前还清，逾期不还，借款人应承担违约金＿＿＿＿＿元。并且本纠纷由区人民法院管辖。

借 款 人：×××
身份证号：
借款日期：20＿＿＿年＿＿＿月＿＿＿日

综合拟写实训 3
案例描述

　　未来光耀安装公司刚刚招聘来一位高级技工，名叫丁大强，将安排他专门负责公司技术监察工作，但公司对他的工作履历一无所知。

　　工作履历具体内容应包括该同志的工作经历、主要工作业绩、获奖项目及原领导对其的综合鉴定。

实训目标

请分别以丁大强原工作单位与"我"单位人力资源部负责人的身份，拟写询问函和答复函各一份。

通过实训，掌握询问函和答复函两个文种的内容、格式、结构及特殊用语的要求，熟练完成拟写任务。

要求标题正确，正文、称谓正确，发文缘由正确，事项正确全面，尾语正确；落款和成文日期正确，格式正确，无错别字。

实训要求

要求1：拟写一份询问函。

要求2：拟写一份答复函。

实训提示

函的结构：标题 + 主送机关 + 正文 + 落款。

应包括该同志在贵公司的工作经历、主要工作业绩（技术专长）、获奖项目名称、有领导签字的鉴定书一份。两份文种要格式规范，用语严谨，篇幅短小，姓名、时间上下限、工种及单位名称务必要清楚。

综合拟写实训 4

案例描述

李先生与××科技公司签订了为期5年的劳动合同。双方约定，合同订立后，该公司向李先生免费提供三居室住房一套，如果李先生在××科技公司工作满5年，住房产权归其所有，否则，房屋由××科技公司收回。后来，李先生在该公司工作了4年零10个月，因某种原因辞了职，公司也表示同意。但李先生没有将房屋退还给××科技公司，双方因此发生了争议。后经双方协商，李先生与××科技公司达成了购房协议，但李先生一直拖着没有支付房款。××科技公司对李先生提起诉讼，要求李先生给付房款并支付自解除劳动合同后房屋的租金。

实训目标

试根据上述案例描述，分别以××科技公司和李先生的身份，完成起诉状和答辩状的写作训练。

通过实训，掌握起诉状和答辩状两个文种的内容、结构、格式及特殊用语的要求，熟练完成拟写任务。

实训要求

要求1：拟写一份起诉状。

要求2：拟写一份答辩状。

实训提示

以两个不同的身份拟写相反内容的文件，需要调整思维模式。要求写作的格式规范，语言严密，诉讼请求、事实与理由、证据和证据来源要写清楚。

综合拟写实训 5

案例描述

华北东阳大酒店室内装修改造水电安装工程,按照华北东阳管理办法《关于分包工程采取招标制的通知》之规定,本着公开、公平、公正的原则,通过投标竞争择优选定工程质量好、社会信誉高、价格合理、工期适当、先进可行的投标单位承包本工程的施工任务。

工程概况:

发包人:华北东阳大酒店有限责任公司(以下也称业主方)

承包人:沈城建筑安装工程有限责任公司(以下也称承包方)

工程名称:华北东阳大酒店室内装修改造水电安装工程

工程地点:东阳市北村大道 124 号

工程内容:华北东阳大酒店室内装修改造给排水及电气安装工程

实训目标

请分别以华北东阳大酒店有限责任公司和沈城建筑安装工程有限责任公司法定代表人的身份,拟写工程招标书和投标书各一份。

通过实训,掌握招标书和投标书两个文种的内容、结构、格式和特殊用语的要求,熟练完成拟写任务。

实训要求

要求1:拟写一份招标书。

要求2:拟写一份投标书。

实训提示

招标公告的正文由前言、主体和结尾组成。前言应写明招标单位的基本情况和招标目的;主体包括文件编号、招标项目名称、招标范围、招标投标方法、招标时限、招标地点等;结尾写明招标单位的名称、地址、电话号码和传真等。

先写招标书,后写投标书。招标方案应切实可行;招标标准应当明确,表达必须准确;规范格式应当准确无误。

综合拟写实训 6

案例描述

甲乙双方就地产项目达成协议。文本框架如下:

地产项目合作协议书

甲方:_____(以下简称甲方)

乙方:_____(以下简称甲方)

为使_____项目(以下简称本项目)在济南高新技术产业开发区实现产业化,根据国家及地方有关法律、法规,双方本着平等、自愿、有偿的原则,订立本协议。

一、土地问题

1. 土地位置及出让方式

甲方同意本项目进入济南出口加工区实现产业化。初步确定项目建设地点位于_____,占地约_____公顷。其中独自使用面积_____公顷,代征道路面积_____公顷,确切位置坐标和土地面积待甲方规划土地建设管理部门实测后确认。甲方将国有土地使用权以有偿出让的方式提供给乙方。

2. 土地价格

为体现对本项目的支持,甲方初步确定以_____万元人民币/公顷的优惠价格,将项目所需该宗土地的使用权出让给乙方,出让金总额为_____万元人民币。该宗土地征用成本与出让值差额计_____万元,由高新区参照项目单位纳税中高新区财政收益部分给予相同额度的扶持。

3. 付款方式

高新技术产业开发区规划土地建设管理部门与乙方签订正式土地使用权出让合同。乙方在该合同签订后15日内,一次性向甲方付清土地使用权出让金。甲方收到全部土地使用权出让金后,按国家有关规定,尽快办妥国有土地使用证等有关手续。

二、工程建设

1. 开工条件

(1)按照乙方建设规划要求,甲方承诺于××××年××月××日前,保证本期用地具备上水、污水、雨水、热力、宽带网、公用天线、通电、通信、通路和场平即"九通一平"的基本建设条件,确保乙方顺利进场。否则承担由此给乙方造成的一切经济损失。

(2)甲方积极协助乙方办理有关建设手续。乙方则负责按规定时间、额度缴纳有关费用。

2. 工程进度

乙方必须在××××年××月××日前进场开工建设,并严格按照施工进度计划投入资金进行建设,以保证建设进度正常进行。

3. 竣工时间

乙方必须在××××年××月××日前竣工,需延期竣工时,应于原定竣工日期前30日以上时间内,向甲方提出延期说明,以取得甲方认可。

三、违约责任

(1)如果乙方未按《土地使用权出让合同》约定及时支付土地出让金等其他应付款项,从滞纳之日起,每日按应缴纳费用的0.5‰缴纳滞纳金。逾期90日而未全部付清的,甲方有权解除协议,并可请求违约赔偿。

(2)乙方取得土地使用权后未按协议规定建设的,应缴纳已付土地出让金5%的违约金;连续两年不投资建设的,甲方有权按照国家有关规定收回土地使用权。

(3)如果由于甲方原因使乙方延期占用土地使用权时,甲方应赔偿乙方已付土地出让金5%的违约金。

(4)为避免国有资产流失,保证甲方对本项目的补贴在一定时间内得到补偿,自本项目正式投产起5年内,乙方向高新区税务机关缴纳的各种税金(退税或创汇奖励),低于乙方已报送给甲方的项目报告书中所承诺的相应税种(退税或创汇奖励)金额的50%时(优惠政策除外),乙方应赔偿给甲方其税金差额。即乙方在项目报告书中承诺的某一税种具体金额×50% = 乙方当年该税种实际缴纳的金额。

四、其他

(1) 在履行本协议时,若发生争议,双方应协商解决;协商不成的,双方同意向济南市仲裁委员会申请仲裁,没有达成书面仲裁协议的,可向人民法院起诉。

(2) 任何一方对于因发生不可抗力且自身无过错造成延误不能履行本协议有关条款之规定义务时,该种不履行将不构成违约,但当事一方必须采取一切必要的补救措施以减少造成的损失。并在发生不可抗力30日内向另一方提交协议不能履行的、部分不能履行的,或需延期的理由报告,同时,提供有关部门出具的不可抗力证明材料。

(3) 本协议一式两份,甲乙双方各一份。两份协议具有同等法律效力,经甲、乙双方法定代表人(或委托代理人)签字盖章后方能生效。

(4) 本协议于××××年××月××日在中华人民共和国山东省济南市签订。

(5) 本协议有效期限自××××年××月××日起××××年××月××日止。

(6) 本协议未尽事宜,双方可另行约定后作为本协议附件,该附件与本协议具有同等的法律效力。

甲方:(章)　　　　　　　　　　乙方:(章)
法定代表人(委托代理人):　　　　法定代表人(委托代理人):
法人住所地:　　　　　　　　　　法人住所地:
邮政编码:　　　　　　　　　　　邮政编码:
电话号码:　　　　　　　　　　　电话号码:

实训目标

根据上述材料,拟写一份正式合同书。

通过实训,掌握合同书的内容要素、结构、格式及特殊用语的要求,熟练地完成拟写任务。

实训要求

要求1:拟写一份正式合同书。

要求2:将空白处填上具体数据,使文本内容完整。

上述文件均在计算机上完成拟稿。文档要求格式规范,内容正确,结构完整,条理清晰,表达合体,编辑精美。要求在4个学时内完成。

实训提示

应格式规范,语言严谨,姓名、日期、物品及数量要注意写清。

参 考 文 献

［1］张建.应用写作[M].北京:高等教育出版社,2008.
［2］乔刚.大学实用文写作[M].上海:上海大学出版社,2009.
［3］孟庆荣.应用文写作[M].北京:清华大学出版社,2009.
［4］李国英.应用文写作[M].沈阳:辽宁大学出版社,2008.
［5］丁晓昌.应用文写作[M].苏州:苏州大学出版社,2009.
［6］李沉碧.经济应用文写作[M].北京:科学出版社,2004.